SOCIAL SECURITY

中国社会保障改革与发展研究丛书

■国家自然科学基金研究报告■

养老金调整指数研究

YANGLAOJIN TIAOZHENG ZHISHU YANJIU

■穆怀中 著

中国劳动社会保障出版社

图书在版编目(CIP)数据

养老金调整指数研究/穆怀中著. —北京：中国劳动社会保障出版社，2008

中国社会保障改革与发展研究丛书

ISBN 978-7-5045-7272-1

Ⅰ.养… Ⅱ.穆… Ⅲ.养老金-劳动制度-研究-中国 Ⅳ.F249.213.4

中国版本图书馆 CIP 数据核字(2008)第 135959 号

中国劳动社会保障出版社出版发行

(北京市惠新东街 1 号　邮政编码：100029)

出 版 人：张梦欣

*

北京北苑印刷有限责任公司印刷装订　新华书店经销

787 毫米×960 毫米　16 开本　19.5 印张　253 千字

2008 年 9 月第 1 版　　2008 年 9 月第 1 次印刷

定价：38.00 元

读者服务部电话：010-64929211

发行部电话：010-64927085

出版社网址：http：//www.class.com.cn

前　言

《养老金调整指数研究》是国家自然科学基金（70473034）“中国养老金调整指数研究”的研究成果。

中国在20世纪50年代初制定固定退休金计划，单位职工退休后所领取的养老金一般就不再变动。但是进入20世纪80年代后，随着市场经济的逐步深入，通货膨胀在中国也开始频繁发生，有时高达两位数字，这使按照标准工资的固定比例计算、发放的养老金遭到很大的侵蚀，即中国由计划经济体制转为市场经济体制后，通货膨胀直接导致进入退休状态的中国城镇老年人口固定养老金实际购买力下降，使得城镇退休人员的实际生活水平不断降低，老年人口的贫困率上升。

为了保障退休人员的基本生活，国家也几次规定在原有退休金的基础上增发一定的物价补贴和生活补贴，但是由于补贴不及时，补贴费用标准低下，退休人员的生活还是受到较明显的影响。可见，随着中国经济体制改革的不断深入和经济发展水平的不断提高，对养老金进行指数化调整是顺应时代发展的需要。

进入20世纪90年代中后期，中国各省市根据国务院的要求，陆续建立养老金指数化调整机制，但标准不一，随意性较大。如上海市

1994年规定，依据上一年度的消费价格指数（CPI）确定调整幅度，北京市1996年规定基本养老金依据上一年本市职工平均工资增长率的一定比例，会同有关部门提出调整意见，报市人民政府批准后执行。这样实施的结果是：一方面可能调整幅度过大，养老保险计划的福利水平过高，致使在职者税费负担和政府财政压力加重，甚至导致养老金制度崩溃；另一方面也可能调整幅度过小，退休人员的基本生活没有得到真正的保障。无论哪种情况发生，都不利于经济社会的稳定和持续发展。

发达国家在20世纪60—70年代普遍建立起公共养老金（与中国统筹养老金部分相对应）的指数化调整机制，但差异较大，其中以德国和美国为代表。德国1957年建立的对老年人口保障程度最高的总工资指数调整指数，在人口老龄化的背景下，导致在职者缴费率过快上涨，企业的劳动力成本不断加重，进而对就业产生负面影响，最终对经济社会的持续、稳定发展产生负面的影响。面对人口老龄化的压力，自1991年以来，德国对养老金调整指数进行了不断的削减改革，这在德国民众中产生不满情绪。美国1972年建立调整机制，采用对老年人口保障程度最低的消费价格指数作为调整指数，并运行至今。总体上看，美国公共养老金调整指数运行稳定，没有给经济发展带来不良影响。通过对德国和美国关于公共养老金调整指数运行状况的简单分析可知，对养老金设计适度的调整指数具有重要的理论和现实意义。

本书所研究的根本问题是：在中国现行养老保险制度框架下，“老人”“中人”和“新人”现收现付的统筹养老金如何科学、合理、规范的进行指数化调整，从而既能保障退休者的权益，又能减轻人口老龄化给养老金计划所带来的财务压力，减轻企业和政府的负担，这对中国经济的可持续发展和养老金制度的持续、稳定运行都是十分重要的。围绕这一根本问题，本书的结构安排如下：

第一部分理论篇，构建了中国养老金调整指数的理论分析框架。首先，本书以卡尔多—希克斯社会福利补偿理论为研究的切入点，推理出养老金调整指数的约束条件模型和约束因素模型，并通过动态分析得到中国养老金调整指数设计的理论指导原则；其次，本书以社会保障收入再分配优化理论中内部效率与外部效率双重因素为标准，构建中国养老金调整指数的检验依据；再次，本书以生产要素分配理论和课题组提出的生存公平理论为基础，确定养老金调整指数目标约束区间。

第二部分实证篇，主要包括两大方面内容。一方面，对典型国家——德国和美国养老金调整指数进行案例分析，为中国设计养老金调整指数提供可借鉴的经验。另一方面，是本书研究的核心内容，中国养老金调整指数的实证分析。在这部分研究中，本书运用目标定位分析方法，提出对“老人”“中人”及“新人”设计调整指数的总体思路；通过计量分析，科学地确定不同保障层次的养老金调整指数方案；运用保险精算分析方法，通过内部效率与外部效率的检验，推理出中国养老金现实最优调整指数方案；最后依据目标约束值检验，验证了现实最优调整指数方案的合理性。

第三部分对策篇，中国养老金调整指数的现实选择分析，是对第二部分实证篇研究结论的扩展。根据中国的国情特点，本书提出了中国养老金调整指数细化方案设计的战略目标与规划。在此基础上，提出中国养老金调整指数细化方案，以解决目前企业与机关、事业单位之间养老金差距大等难点问题。

本书通过上述三部分的研究，主要取得了以下几部分研究成果：

1. 构建了养老金调整指数理论框架和合理约束区间

中国养老金调整指数目标约束值包括上限值和下限值。其中，上限值的确定，是从经济社会的现实承受能力视角，依据收入分配理论，在分析与预测中国未来经济增长的基础上，利用劳动生产要素分配、在职者工资以及养老金之间的比例关系，逐步推理量化养老金的最高约束水平。下限值的确定，是以“生存公平理论”为基础，设定为城镇最低生活保障线——社会平均工资的 20%；养老金指数化调整的目标约束的上限和下限值为中国适度养老金调整指数的合理性提供了验证依据，养老金指数化调整方案必须保证养老金水平界于上限值和下限值之间，否则，养老金指数化调整方案不合理。

2. 建立了养老金调整指数数理模型

本书以卡尔多—希克斯社会福利补偿理论为切入点，进一步推理出中国养老金调整指数的理论标准。在养老金调整指数的理论标准推理中，本书构建了养老金调整指数约束条件模型及养老金调整指数的约束因素模型，并通过动态分析得出：随着人口老龄化的加剧，养老金所能够设定的最大临界值调整指数不断减小。因此，面对人口老龄化的不断深化，如果初始设定的养老金调整指数很高，接近或等于基于补偿标准的调整指数值，必然会带来调整指数不断削减的改革，进而容易引起年轻人的不满，甚至引起社会动荡。所以，在调整指数的设计中，不论社会价值取向如何，都应该坚持“公平与效率的统一与兼得”的原则，初始设定较小的调整指数，在人口老龄化的现实条件下，才能够避免由于养老金调整指数的不断削减所产生的社会动荡，保持养老金计划的持续性和稳定性。

3. 既模拟国内外养老金调整指数实践，又根据中国国情特点设计了养老金调整指数高、中、较低、最低四种方案，并对各方案的效果进行检验。其中，调整指数效果检验是以生存公平和资金收支平衡为依据，通过内部效率和外部效率双因素标准的实证检验，确定了养老金调整指数现实最优方案，并对现实最优方案进行了合理约束区间的检验

本书对中国养老金调整指数的实证分析表明：(1) 模拟德国初始设计的调整指数，采用完全总工资指数调整养老金，虽然会使内部效率达到最大，但不具有外部效率，因此，对中国养老保险计划来说，该调整指数不合理。(2) 中国各省市初始设计的对“老人”和“中人”普遍采用的无差异的、以社会平均工资增长率的50%为基础的调整指数，对统筹养老金调整幅度过高，对退休老人的保障程度过大，使得统筹养老金财务负担过重，对外部效率产生很大的负面影响；(3) 对“老人”“中人”和“新人”的统筹退休金采用消费价格指数作为调整指数会导致部分“老人”陷入贫困状态，即这一调整指数方案没能保证内部效率

的实现，因此，中国现行的统筹养老金计划不能盲目照搬美国养老金调整指数模式；(4) 在对不同群体统筹养老金采用差异性调整指数的各种方案中，保障“老人”日常相对消费水平不降低，“新人”衣食医相对消费水平不降低的较高调整指数方案；保障“老人”衣食医相对消费水平不降低，“新人”衣食相对消费水平不降低的中等调整指数方案；以及保障“老人”衣食相对消费水平不降低，“新人”食品相对消费水平不降低的较低调整指数方案，虽然这些调整指数方案能够实现内部效率，但是不具有外部效率，因此，这些调整指数方案也是不合意的。对不同群体采用差异性的调整指数方案中的最低方案——“老人”养老金调整指数为 $[1+\pi(t-1)+0.15g_w(t-1)]$，新人基础养老金调整指数为 $[1+\pi(t-1)]$，“中人”基础养老金调整指数为 $[1+\pi(t-1)]$，过渡养老金调整指数为 $[1+\pi(t-1)+0.15g_w(t-1)]$。该调整指数方案保障“老人”食品相对消费水平不降低，保障“新人”绝对生活水平不降低，进而“中人”基础养老金账户获得的保障水平与“新人”相同，过渡养老金账户获得的保障水平与“老人”相同，在该调整指数方案下，既保证了内部效率的实现，又保证了外部效率的实现，因此，该方案是中国现行养老金计划的现实最优调整指数方案。从“老人”角度看，这一方案能够保证其养老金收入不低于社会平均工资的20%这一指标，即保证了内部效率的实现；从在职者角度看，本书设计的个体工商户和企业的缴费率分阶段调整方案，能够满足统筹基金比在预测期内始终保持高于9%这一指标的要求，即保证了外部效率的实现。并通过目标约束区间的检验，验证了现实最优养老金调整指数方案的合理性。

4. 深入分析了国外典型国家养老金调整指数的实践情况，总结出对中国养老金调整指数确立的启示

德国1957年建立的对老年人口保障最高的总工资指数调整指数，在人口老龄化的背景下，导致在职者缴费率过快的上涨，企业的劳动力成本不断加重，进而对就业产生负面影响，最终对经济社会的持续、稳定发展产生负面的影响。面对人口老龄化的压力，自1991年以来，德

国对养老金调整指数进行了不断的削减改革，这在德国民众中产生不满情绪。美国1972年建立调整机制，采用对老年人口保障程度最低的消费价格指数作为调整指数，并运行至今。总体上看，美国公共养老金调整指数运行稳定，没有给经济发展带来不良影响。通过对德国和美国等关于养老金调整指数运行的实证分析，本书得出：一个国家关于养老金调整指数的选择是由该国的经济、制度以及文化价值观念等因素综合决定的。一般来说，在市场经济条件下，在设计养老金调整指数方案时，不论采用何种调整指数形式，都应该坚持“公平与效率的统一与兼得”的原则，才能保持养老保险制度的稳定运行，保持经济的持续稳定增长，实现社会福利的改善。

5. 加强了养老金调整指数对策研究，指出中国养老金调整指数方案设计的总体战略与规划，进而对“老人”“中人”“新人”养老金调整指数的具体操作方案进行了详实分析

中国养老金细化调整指数方案的总体战略为：建立规范、适时、合理的调整指数，以促进中国和谐社会的构建与完善；其具体目标为：调整促进经济发展，调整保障水平适度，调整促进分配公平；具体规划为：近期加速补偿与分地区设计、长期正常调整。

针对已退休“老人”和“中人”来说，养老金差距既表现为从属于不同单位退休的两类人口所带来的初始养老金差距，又表现为两类人口养老金指数化调整机制的不同所带来的差距，本书提出对企业退休的“老人”与“中人”，近期采用加速调整指数方案。针对中国目前各地区经济发展差异较大的现实，本书提出近期采取分地区设计养老金调整指数，对典型地区——北京市、辽宁省、河南省设计了养老金调整指数细化方案。

6. 本书对基于指数化调整的中国统筹养老金账户的资金收支平衡状况进行了深入分析，提出了对财政投入和个体工商户缴费改革的具体方案

基于中国统筹养老金财务紧张的现实，本书提出将个体工商户和企

业向统筹养老金账户的缴费率实施分阶段调整：个体工商户在2001—2005年保持10%，2006—2010年提高到12%，2011—2015年提高到14%，2016—2050年提高到15%；企业在2001—2040年保持20%，2041—2045年下调到18%，2046—2049年下调到17%，2050年下调到15%。精算分析表明：在现实最优统筹养老金调整指数方案下，基于上述缴费率的方案设计既能满足内部效率的实现，又能够提高外部效率，因此是中国统筹养老金关于缴费率参数设计的现实选择。这一结论佐证了中国政府在2006年初提出的将个体工商户向统筹养老金计划缴费率提高到12%的改革方案的合理性。

《养老金调整指数研究》是我主持的国家自然科学基金(NO.70473034)“中国养老金调整指数研究”的研究成果。本课题的研究是我和我指导的博士们集体劳动的成果。韩伟博士以此为博士论文选题进行了深入的研究。柳清瑞博士前期以养老金替代率为博士论文选题进行了相关的深入探索。金刚博士、王玥博士、洪铁男博士、邹丽丽博士和李珊珊博士等进行了大量的数量统计分析。在此向为本课题研究付出辛勤劳动和智慧的所有研究者表示感谢！感谢我爱人和女儿对我的期望和支持！

在此书出版之际，感谢国家自然科学基金委对本课题的资助！感谢中国劳动社会保障出版社领导和编辑们对我的鼓励！

还要感谢我的同行们对我的长期帮助，本书还请各位专家和读者赐教。

穆怀中

2008—7—20于沈阳

Contents 目录

理论篇

第一章　养老保险制度的经济学分析/3

第一节　养老保险制度的经济学理论基础/3

一、生命周期假说/4

二、代际交叠模型/4

第二节　政府介入基本养老保险制度的经济学依据/6

一、个人短视要求政府介入基本养老保险制度/6

二、道德风险的存在需要政府介入基本养老保险计划/8

三、逆向选择导致私有养老保险计划无法代替基本养老保险计划/9

四、代际和代内收入再分配的存在要求政府介入基本养老保险制度/9

第二章　养老金调整指数相关基础理论/13

第一节　旧福利经济学的庇古标准/13

Contents

一、旧福利经济学的基本思想/13
二、旧福利经济学社会福利函数的构建/14
三、旧福利经济学庇古标准的评价/14
第二节　帕累托的社会福利标准/15
一、帕累托法则——社会福利改进的基本思想及评价/15
二、帕累托最优——社会福利最大化必要条件的基本思想及评价/16
第三节　卡尔多—希克斯社会福利补偿标准/17
一、卡尔多—希克斯社会福利补偿标准的基本思想/17
二、卡尔多—希克斯社会福利补偿标准理论的借鉴/18

第三章　养老金调整指数的理论构建/20

第一节　建立养老金调整指数必要性的福利经济学分析/20
一、消费者生活水平的衡量标准/21
二、经济波动对消费者生活水平的影响/22
三、在职者与老年人口生活水平的比较/24
第二节　养老金调整指数的理论标准/25
一、养老金调整指数的约束条件/25

二、养老金调整指数约束因素分析/34
三、养老金调整指数的理论标准分析/36
第三节　社会保障收入再分配优化理论/37
一、社会保障收入再分配优化依据/37
二、社会保障收入再分配优化标准/39
第四节　养老金指数化调整的目标约束区间/41
一、养老金指数化调整的思维框架/41
二、养老金指数化调整的上限值和下限值分析/43
三、养老金指数化调整的目标约束区间图示/49

实证篇

第四章　国外养老金调整指数分析/53
第一节　养老金调整指数的类型及特点/54
一、国外养老金调整指数的基本类型/54
二、不同类型调整指数的特点/54
第二节　德国养老金调整指数运行分析/56
一、德国养老金制度简介/57
二、德国养老金调整指数设计的目标定位分析/59

Contents

三、德国养老金调整指数的改革历程/61

四、对德国养老金调整指数改革的评价/66

五、德国养老金调整指数设计的教训/71

第三节　美国养老金调整指数运行分析/72

一、美国养老金初始值的计算方法/72

二、美国养老金调整指数的建立/73

三、美国养老金调整指数分析/75

四、美国养老金调整指数运行的评价/81

五、美国养老金调整指数运行成功的经验/83

第四节　发达国家养老金调整指数运行对中国的启示/84

一、德国等国家养老金调整指数运行对中国的启示/84

二、美国养老金调整指数运行对中国的启示/85

第五章　养老金调整指数的实证分析/87

第一节　养老金调整指数建立的依据和原则/87

一、养老金建立调整指数的依据/87

二、建立养老金调整指数应遵循的基本原则/89

Contents

第二节　养老金指数化调整概述/93

一、养老保险制度结构改革概况/93

二、养老金指数化调整概况/95

第三节　养老金调整指数的目标定位/97

一、所保障的生活水平的基本目标定位/97

二、养老保险计划不同层次给付水平的目标定位/99

三、养老保险制度覆盖的不同群体保障水平的目标定位/102

第四节　养老金调整指数的建立/107

一、建立消费支出与工资收入之间数理模型的理论依据/108

二、模型的选择/111

三、样本数据的选取/112

四、满足不同层次消费支出的计量分析结果/113

第五节　养老金调整指数方案设计/115

一、不区分“老人”“中人”和“新人”的设计方案/116

二、对不同群体采用不同调整指数的设计方案/117

Contents

第六章　基于指数化调整的统筹养老金收支预测及精算平衡分析/122

第一节　统筹养老金缴费人口与退休人口预测/122

一、未来缴费人口和退休人口预测模型/122

二、未来缴费人口与退休人口的预测值/125

第二节　养老金供给预测/127

一、养老金供给预测的相关参数设定/129

二、统筹养老金供给预测/131

第三节　基于指数化调整的统筹养老金需求预测/132

一、未来统筹养老金需求预测模型/132

二、合意状态下基于指数化调整统筹养老金需求总额预测/134

三、现实条件下基于指数化调整的统筹养老金需求总额预测/134

第四节　基于指数化调整的统筹养老金精算平衡分析/135

一、合意状态下不同调整指数的统筹养老金收支缺口分析/135

二、现实条件下不同调整指数的统筹养老金收支缺口分析/138

第七章 养老金调整指数效率分析/150

第一节 调整指数对养老金替代率的影响/150

一、调整指数对养老金替代率影响的理论分析/150

二、调整指数对养老金替代率影响的实证分析/153

第二节 养老金调整指数对老年人口生活水平的影响/158

一、消费价格指数调整/159

二、完全的总工资指数调整/160

三、生活费用指数调整/160

第三节 调整指数对养老金制度缴费率的影响/161

一、调整指数对缴费率影响的理论分析/161

二、调整指数对养老金缴费率影响的实证分析/165

第四节 养老金调整指数对劳动供求的影响/177

一、对劳动供给的影响/178

Contents

二、对劳动需求的影响/178

第五节　养老金调整指数对出口竞争力的影响/182

第六节　调整指数对储蓄和投资的影响/184

一、调整指数对储蓄的影响/184

二、调整指数对投资的影响/186

第七节　养老金调整指数综合效率分析/187

一、过高调整指数/187

二、过低调整指数/188

三、适度的调整指数/189

第八节　养老金调整指数的目标约束值检验/191

一、养老金指数化调整目标约束区间检验标准/191

二、养老金指数化调整目标约束区间检验结论/193

对策篇

第八章　养老金调整指数细化方案设计/197

第一节　养老金调整指数方案设计的战略与规划/197

一、养老金调整指数细化方案的战略/198

二、养老金调整指数细化方案的总体规划/200

第二节 基于养老金差距的养老金指数化调整细化方案/202

一、企业和机关、事业单位离退休人员养老金差距现状/202

二、企业和机关、事业单位养老金差距形成的原因/204

三、企业、事业单位和机关离退休金补偿方案设计/206

第三节 典型地区养老金指数化调整细化方案设计/213

一、高收入地区养老金指数化调整细化方案——北京市/214

二、中等收入地区养老金指数化调整细化方案——辽宁省/218

三、低收入地区养老金指数化调整细化方案——河南省/222

Contents

第九章　基于指数化调整养老金面临困境与对策选择分析/225

第一节　基于指数化调整的养老金计划面临的困境/225

第二节　基于指数化调整的养老金计划现实对策选择/226

一、分阶段适当提高个体工商户对统筹养老金账户的缴费率/227

二、政府提供的专项财政支出/230

三、适当推迟退休年龄/232

研究结论/234

附表/238

参考文献/280

理论篇

Li Lun Pian

第一章
养老保险制度的经济学分析

养老保险制度在世界各国经济运行中发挥着非常重要的作用。在通常情况下，养老保险制度具有储蓄、再分配与保险的功能。当这些功能得以实现时，会带来社会帕累托效率的改进。但是，由于个人短视、道德风险等原因，要求政府必须介入一国的养老金计划。本章首先阐述养老保险制度的经济学理论基础，然后阐述政府介入养老保险制度的理论依据。

第一节　养老保险制度的经济学理论基础

从个人的角度看，养老问题是消费者对其退休前和退休后的储蓄和消费行为的一种跨时的安排；从社会的角度来看，则是如何对这一部分消费者的总和的养老金做出适当的安排。所以，养老问题实际上需要研究和分析的就是以什么样的方式，把多大规模当前创造的财富转移给退休的一代人，或者是以什么样的方式，把多大规模当前创造的财富保留到老年以后消费，才能达到帕累托次优或帕累托最优。[①] 因此，在分析消费者这一选择问题中，必然会涉及两个经济学理论——生命周期假说与代际交叠模型。

一、生命周期假说

莫迪利亚尼（Franco Mordigliani）生命周期假说（life-cycle hypethesis）的出发点是：一个典型的理性消费者追求的是其生命周期内一生效用的最大化，而其预算约束为生命周期内的收入与消费支出的持平。由此出发得出的结论是：消费者在其任何年龄上的消费支出并非取决于即期收入，而是要依赖于其一生的全部收入。因此，个人消费支出在其生命周期的各个年龄上都要选择一个稳定的、接近于他所预期的平均消费率进行消费，即消费者将把他的收入在其生命余年中按均匀的速度进行消费。如果消费者在老年期没有收入，那么他生命余命[②]的平滑消费就必须依靠工作期的储蓄来实现。因此，生命周期理论为研究养老金计划奠定了微观的理论基础。

二、代际交叠模型

阿莱（Allais，1947）、萨缪尔森（Samuelson，1958）和戴蒙德（Diamond，1965）等人所创立的代际交叠模型（over lapping generation model）是新古典养老金经济学的主要理论工具。上述生命周期假说是把一代人的寿命分为两个时期，并不涉及两代人之间的关系，而代

① 帕累托最优是指一个社会的资源配置已经达到一种状态：在不损害任何一个社会成员的前提下，重新配置资源已经不可能使任何一个社会成员的境况变好。帕累托次优是指如果在一般均衡体系中存在着某些情况，使得帕累托最优的某个条件遭到破坏，那么即使其他所有帕累托最优条件得到满足，结果也未见得是令人满意的，此时的结果可称为帕累托次优，换句话说，假设帕累托最优所要求的一系列条件中有某些条件没有得到满足，那么，帕累托最优状态只有在清除所有这些得不到满足的条件之后才能达到。

② 这里的余命是指退休后到死亡的时间——日历年数。

际交叠模型的出发点是：在任何一个时刻，都有不同代的人活着，每一代人在其生命的不同时期和不同代的人进行交易。

代际交叠模型的基本形式是一个跨时的一般均衡。它的基本思想为：假定人口是不断进行新老交替的，即新人不断出生，老人不断死亡。在任何时点上，经济均由年轻人和老年人两代人组成。表1—1表明，在 t 时期，经济中存在 $t-1$ 代人和 t 代人，对于 $t-1$ 代人来说是退休期，对 t 代人来说是工作期，随后，t 代人在 $t+1$ 期进入退休期。在第 t 时期，老年人拥有的资本和年轻人提供的劳动被结合起来生产产品，资本和劳动的报酬均为其边际产品，老年人同时消费其资本收入和现有财富（假设不存在遗赠动机），然后他们死亡并退出该模型；年轻人把其劳动收入分为消费和储蓄两部分，他们将储蓄带入下一时期，即他们的老年时期，这一过程会不断重复下去。在这样的人口结构框架下，分析为实现一生效用的最大化，如何分配不同时期的消费、投资等问题。

表1—1　　代际交叠模型人口结构变化解释表

时期 / 人口结构	$t-1$	t	$t+1$	$t+2$	$t+3$
老年人	$O_{(t-1)}$	O_t（$Y_{(t-1)}$）	$O_{(t+1)}$（Y_t）	$O_{(t+2)}$（$Y_{(t+1)}$）	$O_{(t+3)}$（$Y_{(t+2)}$）
年轻人	$Y_{(t-1)}$	Y_t	$Y_{(t+1)}$	$Y_{(t+2)}$	$Y_{(t+3)}$

注：1. $O_{(t-1)}$ 表示 $t-1$ 时期的老年人；

2. $Y_{(t-1)}$ 表示 $t-1$ 时期的年轻人，其也是 t 时期的老年人，依此类推。

代际交叠模型在社会保障方面有着广泛的应用，它经常作为分析建立合理的养老保险制度的分析框架，如"艾伦条件"（Aaron condition）的建立等。研究的核心问题是：对中国城镇养老金计划覆盖群体的退休金建立适度的调整指数，其资金主要来源于在职者的缴费，这样就要涉及代际间的收入再分配问题。因此，代际交叠模型中的人口结构特点也是进行理论分析和实证分析的基础。

第二节　政府介入基本养老保险制度的经济学依据

对消费者而言，如何选择老年保障的问题，会对其一生的效用产生重要的影响，进而对一国社会福利产生重要的影响。但由于个人短视等原因，导致消费者个人在选择老年保障问题时经常表现出不理性行为。本节从经济学视角，推理政府介入基本养老保险制度的依据。

一、个人短视要求政府介入基本养老保险制度

社会保障制度是一种通过社会方式直接应对个人所面临风险的制度。而基本养老保险的功能，在于应对在高龄时期由劳动能力下降所带来的风险。对经济个体而言，虽然这个风险通过商业保险、银行储蓄也能够在一定程度上得到解决，但是，并不是所有人都能为自己的将来进行充分的储蓄或主动、积极地向商业保险公司投保，而政府对老年人的悲惨生活这种风险又不能坐视不管。对于那些为自己退休期基本生活储蓄不足的人来说，到了老年，即使想改变生活保障的手段，但已经变得困难，也为时已晚。当然，由个人承担错误选择的责任是一种方法，但这种方法过于冷酷无情。因此，为了保持社会的稳定和持续发展，一国政府需要出面纠正人们的非理性行为。本节通过一个简单的优化模型来分析由于个人短视行为，政府介入基本养老保险制度的必要性。

（一）基本假设条件

1. 本节分析以代际交叠模型作为分析框架，即每代人口均生存两期，$T=0$ 为工作期，$T=1$ 为退休期。

2. 为了便于分析，将工作期的总收入标准化为 1，θ 为退休期的生活支出，$0\leqslant\theta\leqslant1$。

3. 为了简化分析，假设个人除工资收入外，无其他财产。

4. 为了简化分析，假设投资的利率为0。

5. 个人一生收入全部花掉，无遗产动机。

(二) 模型的建立

如果没有公共养老保险计划，对一个人来说，其一生效用函数可表示为：

$$\max_{C_0, C_1} U(C_0, C_1) = U(C_0) + rU(C_1)$$

其中，r 是对效用的主观贴现因子，取值范围是：$0 \leqslant r \leqslant 1$。当 $r=1$ 时，它表示消费者对未来消费和现时消费同等程度的关心，这时消费个体是完全理性的消费者；当 $r=0$ 时，它表示消费者对未来消费完全不关心；当 $0 < r < 1$ 时，它表示消费者对现在的消费关心得更多一些。在现实社会中，第三种类型人通常占多数，即通常条件下 $0 < r < 1$。

实现一生效用最大化的约束条件为：

$s.t.\ C_0 + C_1 = 1$，其中，$C_1 = \theta$，$C_0 = 1 - \theta$。

构造拉格朗日函数，以便求出效用最大值的一般条件：

$$L(C_0, C_1, \lambda) = U(C_0) + rU(C_1) + \lambda(1 - C_0 - C_1)$$

分别对 C_0、C_1 求偏导并令其等于零，得到：

$$\partial L(C_0, C_1, \lambda)/\partial C_0 = \partial U(C_0)/\partial C_0 - \lambda = 0 \quad (1\text{—}1)$$

$$\partial L(C_0, C_1, \lambda)/\partial C_1 = r\partial U(C_1)/\partial C_1 - \lambda = 0 \quad (1\text{—}2)$$

由式（1—1）和式（1—2）得到：

$$\frac{\partial U(C_0)}{\partial C_0} / \frac{\partial U(C_1)}{\partial C_1} = r \quad (1\text{—}3)$$

即：

$$\frac{MU(C_1)}{MU(C_0)} = 1/r \quad (1\text{—}4)$$

(三) 对模型的解释

通过以上的推导，得到了消费者实现一生效用最大化需要满足的一般条件，可以根据式（1—4）说明政府介入养老金计划的必要性。

当 $r=1$ 时，$\frac{MU\ (C_1)}{MU\ (C_0)} = 1$，由此可得 $C_0 = C_1 = 0.5$，即一个人在同

等重视工作期和退休期生活的条件下，会平均分配收入，以实现一生效用最大化，这也是最理想的状态，在现实生活中人们很难做到。当 $r=0$ 时，由效用函数的表达式 $\max\limits_{C_0, C_1} U(C_0, C_1) = U(C_0) + rU(C_1)$ 可知，人一生的效用完全取决于工作时期，即在职时期，由此得 $C_0=1$，$C_1=0$，他将工作期所获得的收入退休前全部花掉，这必然导致该人老年无法生存，在现实生活中也很难找到这种情况。当 $0<r<1$ 时，$\frac{MU(C_1)}{MU(C_0)} = 1/r>1$，由此得 $C_0>C_1$，即他不会平均分配消费，年轻时消费数额大，并且 r 值越小，说明其年轻时消费额占一生消费额的比例越大，这就可能导致用于老年支出的收入无法满足晚年的基本生活需要，造成老年贫困，现实社会证明这种类型的人口是存在的。

通过以上模型分析，可以得出结论，在存在个人短视的社会里，政府强制介入公共养老保险计划是十分必要的。

正是基于个人的短视性，即个人往往不是充分理性的，遇见不到自己在未来的境况，或是即便遇见到了也不愿意以牺牲当前的消费为代价而为以后做出事先的适当安排这一基本假设下，新古典学派的父爱主义论者认为，一国政府应该拟订一个向个人提供最低收入的计划——强制缴费的国家保险计划，以便为整个生命期的消费做出适当的安排。

二、道德风险的存在需要政府介入基本养老保险计划

长期以来，政府被假定负有保证老年人和弱势群体最低生活水平的某种责任。但是，这一最低保障的存在增加了道德风险存在的可能性，即一些社会成员会决定依赖这一最低福利而并不是自己预先做好退休的准备，并且这一水平越慷慨，道德风险存在的可能性越大。在这种状况下，谨慎的社会成员的优势被剥夺，因为他们不仅必须为自己的退休付费，而且必须为那些不谨慎者付费。所以，政府必须通过迫使所有有资格获得社会最低保障的人为他们自己的退休经济支持缴纳一定的费用，

谨慎者才可以达到保护自己的目的。①

三、逆向选择导致私有养老保险计划无法代替基本养老保险计划

私有（商业）养老保险并不能完全代替基本养老保险，其理由有以下两个：首先，如果完全依赖于私有养老保险，只有那些认为晚年生活自己无法维持的人才会加入私有养老保险，由此会带来保险费的不断提高，这会产生对保险加入者不利的“逆向选择”问题。由于基本养老保险是全社会成员必须加入的一种制度，因此，能够避免这个问题。其次，基本养老保险是一种对通货膨胀这种社会性风险通过全社会来承担或解决的制度。通货膨胀是一种社会性风险，仅仅能回避个人风险的私有养老保险从理论上来讲无法回避通货膨胀这一风险。现实生活中不存在保证养老金支付额实际价值的私有养老保险制度。而基本养老保险一般通过与物价挂钩等手段具备维持支付额实际价值的功能。但是，应对通货膨胀的保险并不是基本养老保险本来所具有的特征，而是在基本养老保险中引进与物价挂钩制度以后才有的功能。②

四、代际和代内收入再分配的存在要求政府介入基本养老保险制度

基本养老保险制度是指采用现收现付财务模式的养老金制度，在这种财务制度下，基本养老金具有“代际互助”功能，即代际收入再分配的功能，它是由“在职者”向基本养老金缴费，然后支付给生活在同一时期已退休的老人。在这种模式下，对于一个人来说，在中青年时缴纳的保险费与老年时领取的养老金可能并不完全相等，这就产生了得到利益的一代人与损失利益的一代人。世界各国的实践证实了这一结论。随

① 劳伦斯·汤普森．老而弥智——养老保险经济学．孙树菡等译．北京：中国劳动社会保障出版社，2003

② 钟仁耀．养老保险国际比较研究．上海：上海财经大学出版社，2004

着人口老龄化的不断深化，公共养老金制度采用现收现付筹资模式的世界各国，目前普遍的做法是：在不断提高缴费率的同时，公共养老金的静态目标替代率①在不断削减，如德国②。德国的年轻一代将其缴纳的保险费与其领取的养老金相比，发现他们的损失越来越大，即发生了年轻人口向老年人口收入转移的代际间的收入再分配。从保险精算的角度来说，这种代际间的收入再分配对年轻一代人口是不公平的。如果没有政府介入基本养老保险制度，在个人利己的假设下，越年轻的在职者退出基本养老保险制度的欲望越强烈，因此，没有政府强制力的干预，最终将导致公共养老保险制度的崩溃。

此外，如果现收现付的公共养老金制度对退休者采取等额养老金的给付，即无论个体缴费如何（前提是必须缴费），每个人都可以得到相同的养老金，如中国 20 世纪 90 年代至 21 世纪初期（至 2006 年）的基础养老金的给付，就会产生同代人之间收入再分配，即代内收入再分配。同样，如果没有政府的强制干预，就会使那些收入水平高于社会平均收入的理性个体退出公共养老金制度，结果最终会导致公共养老金制度崩溃。

下面通过简单的数学推理，说明基于代内收入再分配因素，政府介入公共养老金制度的必要性。③ 假设个人成年后的一生分为工作期和退休期，并且在年轻时进行养老保险缴费，缴费水平是其工资收入的 μ 倍，即缴费率为 μ；在老年时退休，获取养老金 B，其水平为工资收入的 ρ 倍，即 ρ 为替代率。依据上述条件，可以表达出第 i 个人的工资收入 y_i、保险缴费额 $C(y_i)$ 和养老金 $B(y_i)$ 之间的关系：

$$B(y_i) = \rho y_i \tag{1—5}$$

$$C(y_i) = \mu y_i \tag{1—6}$$

---

① 它是指职工退休第一年养老金收入与退休上一年工资收入的比率，该指标在本书第七章公共养老金调整指数效率分析中有更详细的解释。

② 参见第四章中有关德国公共养老金调整指数的分析部分。

③ 朱青. 养老保险制度经济学分析与运作分析. 北京：中国人民大学出版社，2002

如果有 n 个人参加公共养老金计划，其平均工资水平为 $\bar{y}$，那么保险计划的缴费总额为 $n\mu\bar{y}$，需要支付的养老金总额为 $n\rho\bar{y}$。假定养老保险计划采用完全基金式，即养老金完全由积累的缴费收入支付，如果市场利息率等于 r，则有：

$$n\mu\bar{y}(1+r)=n\rho\bar{y} \tag{1—7}$$

因此有：

$$\rho=\mu(1+r) \tag{1—8}$$

假如 r_i 代表保险计划中第 i 个人取得的收益率，就有：

$$1+r_i=\frac{B(y_i)}{C(y_i)} \tag{1—9}$$

将式（1—5）、式（1—6）和式（1—8）代入式（1—9），得：

$$(1+r_i)=\mu(1+r)(\frac{y_i}{\mu y_i})=(1+r) \tag{1—10}$$

由式（1—10）可以看出，如果采用完全的基金式养老保险计划，每个人的收益率都等于养老保险基金在市场上取得的投资收益率。这时保险计划没有发生代内收入再分配，保险计划也没有使人离开的诱因。因此，在完全的基金式养老保险计划下，政府没有必要介入养老保险计划。① 但是，如果养老保险计划要支付一种等额养老金 b，即无论个人缴费如何（但必须按照个人工资水平的固定比例进行缴费），每个人都可以得到相同的养老金，这时必然会发生同代人之间的收入再分配。如果等额养老金计划完全采用现收现付的筹资模式，则有：

$$nb=n\mu\bar{y}(1+r) \tag{1—11}$$

$$b=\mu\bar{y}(1+r) \tag{1—12}$$

将式（1—12）、式（1—6）代入式（1—9），得：

$$1+r_i=(1+r)(\frac{\bar{y}}{y_i}) \tag{1—13}$$

---

① 这里分析政府是否有必要介入养老保险计划仅仅是从养老保险制度是否存在代内收入再分配功能的角度考虑的。

由式（1—13）可以得出：对于一些收入较高（$y_i > \bar{y}$）的人来说，其参加政府养老保险计划取得的收益率会小于私人养老保险基金的收益率，即 $r_i < r$。当然，在这种情况下，高收入者会有很强的、退出公共养老金计划的动机，如果不实施强制性保险，高收入的受保人就会进行“自我选择”，退出这种保险计划。因此，政府要通过养老保险计划来实现同代高低收入者之间的收入再分配，就必须实施强制性养老保险计划。

第二章 养老金调整指数相关基础理论

由于养老金调整指数设计涉及代际间的收入再分配，需要在职一代人口将部分收入转移给退休人口，这可能带来整个社会福利的变化。但是，社会福利如何变化涉及价值判断，因此，本章重点阐述福利经济学中主要的社会福利改善和补偿标准，进而为下一章——养老金调整指数的理论构建找到基本的理论依据。

第一节 旧福利经济学的庇古标准

福利经济学起源于旧福利经济学，所以，本节主要阐述福利经济学鼻祖——庇古的社会福利衡量标准。

一、旧福利经济学的基本思想

对于社会状况变动中，有人状况改善，有人状况变差，这种情况如何评价，就涉及边际效用的可比性这一问题。旧福利经济学鼻祖——庇古以基数效用为基础，认为人的效用是可测量、可比较的。庇古进而认为富人的收入边际效用低于穷人的收入边际效用，“收入从较富裕者转移给具有类似气质的较贫困者，必定会使满足的总和增加，因为它以牺牲较弱的需求而满足了较强的需求”。所以，收入应该再分配，达到收入均等化。[①]

二、旧福利经济学社会福利函数的构建

庇古的社会福利标准是以叠加性社会福利函数为分析基础的。叠加性社会福利函数就是简单地将全体社会成员的个人福利函数加在一起，没有权数，即：

$$SW = u_1 + u_2 + u_3 + \cdots + u_n = \sum_{i=1}^{n} u_i \qquad (2—1)$$

其中：SW 表示社会福利函数的大小；u_i 表示个人福利函数，并且进一步假设：（1）个人效用函数是相同的，而且都是关于个人绝对收入的函数；（2）个人效用是收入的边际递减函数；（3）政府收入再分配政策对个人工作的积极性无影响。

三、旧福利经济学庇古标准的评价

从这三个假设条件看，（1）和（2）基本上可以接受，但假设（3）条件与现实情况是相背离的，通常政府收入再分配政策会对人们的工作积极性产生负面影响，即政府收入再分配政策会对在职者产生负效应。

---

① 通过求最优解，可以证明这一结论。依据庇古思想可设：$u_O = B^{\alpha}$，$u_Y = I^{\alpha}$，$SW = m \cdot u_O + n \cdot u_Y$，其中，$m$，$n$ 分别为穷人和富人的人数；B 为 m 个穷人初次分配的人均收入，I 为 n 个富人初次分配的人均收入，并且应该有：$m \cdot B + n \cdot I = M$，其中，$M$ 为社会初次分配的总收入；α 为效用对收入的弹性，且应该有 $0 < \alpha < 1$。依据庇古假设，为实现社会福利最大化，可以构造拉氏函数：$L(B, I, \lambda) = m \cdot B^{\alpha} + n \cdot I^{\alpha} + \lambda(M - m \cdot B - n \cdot I)$

将拉氏函数分别对 B、I 和 λ 求偏导并令其等于零，最后能够得到：$(B/I)^{\alpha-1} = 1$，因为 $0 < \alpha < 1$，所以可推断：$B = I$，该式表明，当实现收入分配均等化时，社会福利达到最大。

如果从动态的角度看，考虑这种负效应，将某一时期既定国民收入进行收入再分配，将富人的一部分收入转移给穷人，实现收入均等化，整个社会福利不一定会增加。这是因为，社会是在不断发展的，一国政府在该时期采用这一政策会对下一时期乃至未来人们的工作积极性产生负面影响，进而阻碍经济的发展，最终导致整个社会福利下降。因此，庇古的社会福利标准注重的是公平，而忽略了社会发展的另一个经济原则——效率原则，仅仅注重公平，而忽略效率对经济的持续稳定发展十分不利。

在中国养老金选择调整指数时，如果依据庇古的收入再分配原则，应该采用完全的总工资指数作为调整指数，使老年人口与在职人口同等程度地分享经济增长的成果。如果这样实施，从老年人的角度看实现了公平，但是，从在职者的角度来看，这种代际间平均分享经济增长的机制会严重影响在职者工作的积极性，从而对经济发展产生负面的影响，德国养老金调整指数的不断改革已经证实了这一结论。[①]

第二节　帕累托的社会福利标准

帕累托关于福利经济学的阐述，摒弃了旧福利经济学基数效用论的基石，采用序数效用论来分析社会福利的改进以及社会福利最大化等相关问题。

一、帕累托法则——社会福利改进的基本思想及评价

被人们普遍接受的一种判断社会福利好坏的标准就是 20 世纪初意大利经济学家帕累托提出的标准——帕累托法则。20 世纪初，意大利

① 德国公共养老金调整指数的相关内容可参见第四章国外养老金调整指数分析。

经济学家帕累托基于福利经济学序数效用论的观点——效用不能用数字精确衡量，但可以比较排序，提出了判断社会福利变化的标准：如果某种社会经济状况变化使某些人（或一个人）的福利状况改善，而无其他任何人的福利状况恶化，就认为是整个社会福利状况改进，是一种可取的价值判断。

但是，帕累托标准是一种条件很弱的价值判断标准。社会福利判断标准的条件越弱，说明其包容性越广泛，便于为广大具有其他判断标准的人所接受，即它越接近现实。具体来说，它包容从一个社会成员的福利改善到全体社会成员的福利改善这样一个序列，同时也包容从略微改善到显著改善的不同程度，但绝对不包含任何个人任何程度的福利减少。由于收入再分配是将一部分人的收入转移给另一部分人，这必然会引起一些人的福利减少，因此，帕累托福利改进标准不能用于评价收入再分配问题，当然，也不能用于基于养老金指数化调整的收入再分配问题的评价。也就是说，虽然帕累托改进标准是一种被广为接受的条件较弱的社会福利标准，但是，它无法对基于指数化调整的养老金计划的收入再分配状况给出评价，即如果一个经济中对养老金采用指数化调整，必然会使有的人（老年人）状况改善，有的人（在职者）状况变差，这时，社会福利会发生何种变化，依据帕累托改进标准无法判断，因此，需要其他社会福利标准。

二、帕累托最优——社会福利最大化必要条件的基本思想及评价

随着帕累托改进的提高，当全体社会成员都无法在不损害任何一个别的社会成员的福利条件下得到改善时，这时的社会状态就是所谓的帕累托最优状态，又叫帕累托效率。帕累托最优或帕累托效率是一种资源配置的最优条件，它以资源的既定生产效率为假设前提，追求最优配置。而所谓最优正是帕累托给出的各自都实现了各自的福利最大化。

但是，帕累托最优并不是社会福利最大化的充分条件，因为社会福

利具有不同的价值判断标准，导致社会福利函数的形式不唯一，因此，社会福利是否最大还受社会福利函数形式的影响。例如，一个社会穷人和富人都在不损害对方福利的条件下达到各自的福利最大，这是帕累托最优，但是，这种状态不一定是社会福利最大化。如果认为穷富都是天命，贫富差距多大都是正常的，那可以说是达到社会福利最大化；如果认为人人都应均贫富，则虽然穷人和富人各自都达到福利最大化了，但社会福利却没有达到最大化。所以，帕累托最优是社会福利最大化的必要条件，而不是充分条件，要实现“最大福利”，还必须满足其充分条件，即收入分配的合理性。

第三节　卡尔多—希克斯社会福利补偿标准

卡尔多—希克斯社会福利补偿标准是由英国经济学家卡尔多首先提出的，后来由英国学者希克斯加以完善，它是构建养老金调整指数理论框架的基础理论依据。

一、卡尔多—希克斯社会福利补偿标准的基本思想

卡尔多在 1939 年提出一种检验社会状况变动“有人变好，有人变坏”的标准。如果受益者在充分补偿损失者后，其状况仍能有所改善，就是社会福利的改进。希克斯进一步指出，从长期观察这种假想的补偿标准意味着：只要能够提高全社会的生产率，尽管在短时间内某些人会受损，但经过较长的时间以后，所有人的境况都会由于社会生产率的提高“自然而然”地得到补偿，人们将其称为希克斯的“长期自然的补偿原则”。可见，该标准是对卡尔多标准的进一步说明和补充。人们将卡尔多与希克斯对社

会福利变化的界定称为卡尔多—希克斯社会福利补偿标准。[1]

二、卡尔多—希克斯社会福利补偿标准理论的借鉴

通过社会福利函数可以分析出卡尔多—希克斯的社会福利补偿标准的条件。在由 m 个人组成的社会中，设 SW：$R^m \rightarrow R$ 为社会福利函数，$U=SW(u_1, u_2, \cdots, u_m)$ 为相应的社会效用函数。假定政府一项政策使个人效用发生的变化为 $du=(du_1, du_2, \cdots, du_m)$，相应地，社会福利发生的变化为 $dU=\sum_{i=1}^{m}\frac{\partial SW(u_1,\cdots,u_i,\cdots,u_m)}{\partial u_i}du_i$。当 $dU>0$ 时，表示社会在用增加的福利补偿了那些福利减少的人以后还有剩余，说明社会福利增加了，进而对长期经济发展会产生积极的影响；当 $dU<0$ 时，表示社会福利的增加不足以弥补个人福利的减少，社会福利将减少，进而对长期经济发展产生负面影响；当 $dU=0$ 时，表示那些效用增加的人所增加的效用，通过社会福利补偿正好补偿了那些福利减少的人所减少的效用，因此，不会对长期经济发展产生影响，这种临界状态即为卡尔多—希克斯的社会福利补偿标准。[2] 依据该标准，如果设计的养老金调整指数使当期社会福利净变化为非负，则该调整指数的实施不会对经济发展产生负面影响，这也正是基于指数化调整的养老金给付水平设计的最大临界值点。

本章用边际补偿率来反映一个人的福利减少需要另一个人的福利增加多少才能补偿的问题。假定一项政策出台后，i 的福利增加 du_i，才能正好弥补 k 的福利减少 du_k，于是，$\frac{du_k}{du_i}$ 表示 i 的福利增加一单位所能弥补的 k 的福利减少量，称 $\frac{du_k}{du_i}$ 为 i 对 k 的边际补偿率，记为 MRC_{ik}。这就是说，如果除了 i 和 k 外，其他人福利都不变，而 i 和 k 的福利变

---

① 厉以宁等. 西方福利经济学述评. 北京：商务印书馆，1984

② 武康平. 高级微观经济学. 北京：清华大学出版社，2001

化没有导致社会福利发生变化。于是，可以得出：$dU=SW_i'du_i+SW_k'du_k=0$，即：

$$MRC_{ik}=-\frac{du_k}{du_i}=\frac{SW_i'}{SW_k'} \tag{2—2}$$

由式（2—2）可知，i 对 k 的边际补偿率等于社会福利函数相应的偏导数之比。边际补偿率衡量着社会福利补偿原则下的补偿标准。对于一项政策而言，当 i 的福利增加时，如果 k 的福利损失低于补偿标准，社会福利将会增加，因此，该项政策的出台是合理的；反之，如果 k 的福利损失高于补偿标准，社会福利将会减少，因此，该项政策的出台是不合理的。

从卡尔多—希克斯的社会福利补偿标准可以引申出：如果对养老金建立指数化调整机制，进行代际间的收入再分配，在考虑老年人口公平问题的同时，必须兼顾经济发展的效率，只有这样才能满足卡尔多—希克斯的社会福利补偿标准。

因此，卡尔多—希克斯的社会福利补偿标准也是建立适度统筹养老金调整指数的基础理论和指导思想，即如果选择的调整指数既能对老年人口的退休金给予保障，实现公平，又不会对经济发展产生负面影响，保证经济效率，依据卡尔多—希克斯的社会福利检验标准，基于该指数化调整的养老金计划是合理的，能促进社会福利增加。

由上面的阐述可以看到，通过社会福利函数及卡尔多—希克斯社会福利补偿理论，人与人之间的利害冲突得到化解，一个人的福利减少可以由另一个人的福利增加通过社会福利函数得到补偿。这意味着每个人的效用都是基数效用，不同人的效用可以相互比较，因此，才有用一些人的效用增加来补偿另一些人的效用损失的说法，才有收入分配是否公平、合理的说法。所以，社会福利函数必然是基数意义下的效用函数。

第三章 养老金调整指数的理论构建

养老金调整指数理论框架的构建是养老金调整指数研究的核心内容之一。其中，第一节利用福利经济学间接效用函数等工具，阐述建立养老金调整指数的必要性；第二节以卡尔多—希克斯社会福利补偿理论为切入点，构建中国养老金调整指数的理论标准；第三节阐述社会保障收入再分配优化理论，以内部效率和外部效率双重标准作为养老金调整指数的检验依据，第四节依据社会保障收入再分配理论中的公平生存理论和生产要素分配理论，确定养老金调整指数的约束目标区间。

第一节 建立养老金调整指数必要性的福利经济学分析

本节利用间接效用函数的性质和效用曲线（无差异曲线）等工具，分析基于现收现付筹资模式的养老金计划建立调整指数的福利经济学理论依据。

一、消费者生活水平的衡量标准

在经济学中，消费者的生活水平是通过效用函数 $u(x)$ 进行度量的。其中，u 表示效用水平；$x=(x_1, x_2, \cdots, x_i, \cdots, x_n)$，即消费者消费的 n 种商品的数量；$u(x)$ 则表示消费者通过消费商品的组合所获得的满足程度，也即达到的生活水平。消费者通常会做出理性选择，使效用达到最大化。用公式表达为：

$$\max_{x \in R^+} u(x)$$
$$s.t.\ p \cdot x \leqslant y$$

该式表示：在各种消费品价格 $p=(p_1, p_2, \cdots, p_i, \cdots, p_n)$ 确定的情况下，理性的消费者会充分利用有限收入 y，最优组合各种商品的消费量，从而实现效用最大化，即生活水平达到最优状态。也就是说，通过上述表达式可以解出每一种商品的需求量 $x_i=f(p, y)$，该需求量是在一定的收入和价格约束下，消费者为获得最大效用所购买到的商品 x_i 的最优数量。由于最优消费量对应的是最大的效用，所以，在最大效用 $\max_{x \in R^+} u(x)$ 与 (p, y) 之间存在函数关系，记为：

$$v(p,y)=\max_{x \in R^+} u(x) \tag{3—1}$$
$$且\ s.t.\ p \cdot x \leqslant y$$

式中，$v(p, y)$ 被称为间接效用函数，该效用不是被表达为消费计划 x 的函数，而只是价格 p 与收入 y 的函数，即消费者的最大效用可以由 y 与 p 间接地表达出来，这正是间接效用函数的含义所在。利用间接效用函数的这一特点，通过观察经济波动所带来的物价与收入的变化，判断不同时期老年人口与年轻人口效用水平的变化，即生活水平的变化，从而确定社会福利的变化方向，由此分析建立公共养老金调整指数的必要性。

二、经济波动对消费者生活水平的影响

(一) 物价上涨对老年人口生活水平的影响

在代际交叠模型框架下，设 t 时期生活两代人口，即年轻人——在职者，老年人口——退休者。假设老年人口在退休初年的生活水平与在职者相同。在职者具有工资收入（缴纳各种税费之后的）[①]，其随物价和经济增长而提高，老年人口仅有固定养老金用于晚年生活消费。为了分析价格变化对两代人生活水平的影响，需要将 t 时期进一步细分为 t_0 和 t_1 两个子时期，并且在这两个子时期内，假设人口结构不发生变化。t_0 时期消费两类商品 X 和 Y，它们的价格分别为 P_{X0} 和 P_{Y0}，t_1 时期这两类商品的价格分别上涨为 P_{X1}，P_{Y1}。

由间接效用函数性质[②]可知，$v(p, y)$ 对价格 p_i 严格递减。因此，当消费品价格上涨时，仅具有固定退休金的老年人口所获得的间接效用降低，生活水平下降，这可以利用效用曲线显示。在图 3—1 中，当消费品价格由 $P_0(X_0, Y_0)$ 提高到 $P_1(X_1, Y_1)$，消费预算线会由 B_0 向内移动至 B_1，并且通常两类商品的价格上涨幅度不同，这里假设 X 商品价格上涨幅度大于 Y 商品价格上涨幅度，因此，消费预算线向内移动的同时斜率变大。价格变化的结果使老年人口能够获得最大满足程度的效用曲线 U_0 向内移动至 U_1，生活水平下降，并且老年人口作为理性的消费者，对两种商品消费的比例也会因价格的相对变动而发生变化，新的消费均衡点会相对上移。这主要是因为两类商品价格的相对变动，理性消费者会用价格相对下降的商品 Y 替代价格相对上升的商品 X，即产生了替代效应（X_0X_2 代表替代效应）。[③] 可见，对于老年人口来说，

---

① 具体指专门用于日常消费的工资收入，通常其为总工资收入的 60%左右。此外，在职者通常还有一部分收入用于储蓄、抚养子女等。这样假设的目的是使老年人口退休初年的生活水平与在职者相同，这一假设是符合现实的。

② 间接效用函数是收入的严格递增函数和价格的严格递减函数，并且具有零次齐次性质。

③ 这里假设两类商品之间具有一定的替代性。

如果退休金固定不变而物价上涨，会导致生活水平下降。

（二）工资增长对在职者生活水平的影响

1. 工资跟上物价上涨

为了便于分析问题，可以将在职者工资增长分解为两个部分，即首先跟上物价上涨，然后再随着经济的增长而增长。这样，当在职者工资收入随物价上涨时，意味着在职者工资收入的绝对购买力水平保持不变，在职者仍然可以消费物价和工资上涨之前的商品束（X_0，Y_0），新的消费预算线 B_2 必然通过（X_0，Y_0）点。同时，由于两类商品的消费价格发生了相对变动，会产生替代效应，结果新的消费均衡点移动到更高水平的效用曲线 U_2 上，如图 3—1 所示。这一结果也可以通过间接效用函数得到说明。当物价水平有一个大幅度提高的同时，工资收入也相应提高，抵消了物价上涨对工资收入实际购买力的影响，如果各种消费品价格上涨比例相同，根据间接效用函数的零次齐次性质，其间接效用会保持不变，在职者的生活水平也不会发生变动。但是，由于各种消费品价格上涨的比例不同所带来的替代效应，使在职者工资收入实际购买力上升，即相当于收入增加，由 $v(p, y)$ 是关于收入的严格增函数可以判定，这时在职者生活水平也会得到一定程度的提高。并且两类消费

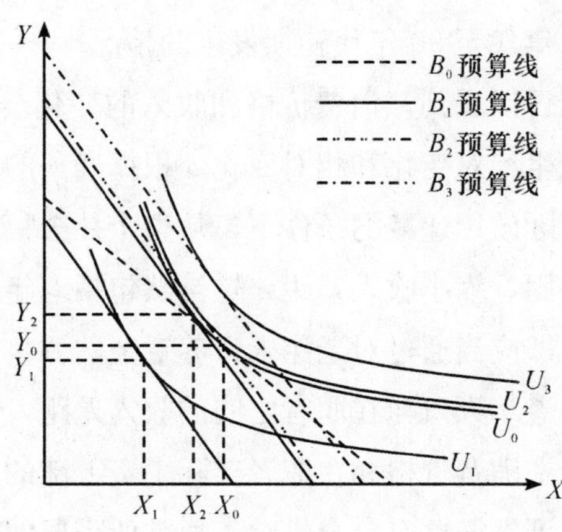

图 3—1　价格变化对消费者生活水平的影响

品价格相对变化幅度越大，相互替代性越强，其间接效用水平提高的越多，生活福利水平提高的越大。

2. 实际工资增长

当在职者工资收入不仅跟上了消费价格的上涨，而且实际工资不断增长时，依据 $v(p, y)$ 是关于收入 y 的严格增函数这一性质，$v(p, y)$ 会增加，即其生活水平会得到提高。具体来说，由于实际工资的上涨，代表在职者生活水平的效用曲线进一步向外移动至 U_3 曲线，如图 3—1 所示。由于在职者生活水平得到实质性的提高，消费的商品数量、种类、结构等将得到明显的改善。

三、在职者与老年人口生活水平的比较

通过图 3—1，可以比较分析老年人口与在职者相对生活水平的变化。对于老年人口来说，由于消费价格上涨，代表其生活水平的效用曲线由 U_0 左移至 U_1；由于在职者工资收入随物价和经济的增长而提高，代表其生活水平的效用曲线会由初始状态的 U_0 右移到 U_3。由此可见，由于经济波动，老年人口生活水平比自己初期的水平要有所降低，如果与在职者相比，其生活水平下降的就更多。这时经常会带来代际间贫富差距不断拉大，老年人口贫困率不断上升的情况。这也正是中国改革开放后的 20 世纪 80 年代至 90 年代初期发生的情况。

通过上述分析可以看到，消费价格和收入的变化会导致 t 时期的两代人口生活水平发生绝对变化和相对变化。根据经典的福利经济学收入再分配理论，在边际效用递减的条件下，从整个社会福利最大化的角度来说，应该减少贫困，缩小收入差距，这当然包括老年人口与年轻人口之间的代际情形，即应当通过对老年人口养老金的调整，以降低老年人口的贫困率，缩小老年人口与在职者之间的收入差距，提高整个社会的福利水平。但是，在消费价格和在职者实际工资上涨的条件下，对老年人口的退休金进行调整需要有资金供给，通常所需要的资金来源于在职者的缴费，这意味着在提高退休者养老金使老年人口福利水平提高的同

时，在职者因向公共养老金计划缴费而收入要相应有所下降，其福利水平必然相应降低，即在职者要有一些损失，借鉴前面所述的卡尔多—希克斯补偿原理，可以分析基于指数化调整对老年人口的养老金进行补偿的理论标准。

第二节 养老金调整指数的理论标准

对养老金调整指数的设计应该有理论指导。本节以卡尔多—希克斯社会福利补偿理论为切入点，构建养老金调整指数的约束条件模型与约束因素模型，并通过动态分析，推理出养老金调整指数设计中应遵循的理论标准。

一、养老金调整指数的约束条件

依据代际交叠模型，设某一时期生存两代人口——M个老年人口O（即为退休者）和N个年轻人口Y（即为在职者），养老金制度采用现收现付的筹资模式，可以分析适度养老金指数化调整的理论标准。

设$U=SW(u_{Y1},u_{Y2},\cdots,u_{YN};u_{O1},u_{O2},\cdots,u_{OM})$，$SW$：$R^{M+N}\rightarrow R$为社会福利函数，它是每个消费者效用的增函数，假设边际效用具有递减规律，则社会福利函数对消费者效用的二阶导数小于零；u_{Yj}，u_{Oi}分别是第j个年轻人和第i个老年人基于对养老金指数化调整的效用函数，设其具有标准效用函数的性质，并且有：

$$u_{Oi}=u_i[B(\rho,\delta)] \qquad (3—2)$$

$$u_{Yj}=u_j[I(\mu)] \qquad (3—3)$$

$$且\ \mu=\mu(\rho,\delta,M/N) \qquad (3—4)$$

其中 B 为养老金水平，I 为在职者可支配的工资收入[①]，μ 为年轻人向公共养老金的缴费率，ρ 为养老金的目标替代率[②]，δ 为公共养老金的调整指数。从各国实践来看，其取值通常在消费价格指数和总工资指数之间，但适度的调整指数通常取决于对老年人口的保障程度和对年轻人口负面影响的程度，对老年人口最低限度地保障确定的调整指数为适度调整指数的最低值，本部分基于卡尔多—希克斯社会福利补偿理论推导的养老金调整指数是指适度调整指数的最高值；M/N 为老年人口占年轻人口的比例，也即养老金制度的赡养率。为了简化分析，假设以平均养老金为基础设定调整指数，这样就有：

$$B=\delta\cdot\rho\cdot W \tag{3—5}$$

$$N\cdot\mu\cdot W=M\cdot B \tag{3—6}$$

$$I=W(1-\mu) \tag{3—7}$$

其中，W 为在职者向养老金计划缴费之前的工资（即税前工资）。[③]

由式（3—5）和式（3—6），可得：

$$\mu=\frac{M}{N}\cdot\rho\cdot\delta \tag{3—8}$$

将式（3—8）代入式（3—7），可得：

$$I=W(1-\mu)=W\left(1-\frac{M}{N}\cdot\rho\cdot\delta\right) \tag{3—9}$$

由于对老年人口的退休金进行指数化调整，则两代人口的效用所发

---

① 由于养老金指数化调整资金来源通常为在职者工资，因此，这里假设在职者仅有工资收入。实际上，有无其他收入对推导出补偿标准条件无影响。

② 这里仅分析关于指数化调整所带来的社会福利的补偿标准问题，所以，某一时期 ρ 为既定的常数值。

③ 对某一时期来说，W 不变。在职者的可支配工资收入和老年人口的养老金收入都是以在职者税前工资为基础计算的，如果考虑时间的变化，W 会不断提高，根据式（3—5）和式（3—7）可知，在职者和老年人口收入绝对收入水平会相应增加，严格来说两者的效用水平应相应地增加。由于分析的侧重点是基于养老金调整指数所带来的在职者缴费率变化，由此引起的老年人口和年轻人口效用的相对变化情况，也就是说，调整指数对两代人口效用的影响应该以两者相对收入变化为基础进行分析，因此，可以将 W 标准化为 1，进而老年人口和年轻人口的效用函数可以设为式（3—2）和式（3—3）形式。

生的变化可以用向量表示为：

$$du=(du_{Y1},du_{Y2},\cdots,du_{YN};du_{O1},du_{O2},\cdots,du_{OM})$$

其中，$du_{Yj}=du_j[I\ (\mu\ (\bar{\rho},\ \delta,\ \overline{M/N}))]$，$du_{Oi}=du_i\ [B(\bar{\rho},\ \delta)]$，$\bar{\rho}$表示某一时期养老金替代率水平保持不变，其他变量依此类推。为了简化分析，假设所有老年人口的偏好是一致的，所有年轻人口的偏好是一致的，则该社会N个年轻人口的福利变化完全相同，M个老年人口的福利变化完全相同。这样，依据卡尔多—希克斯社会福利补偿标准，N个年轻人口与M个老年人口之间基于养老金指数化调整的社会福利补偿标准应当表示为：

$$dU=\sum_{n=1}^{N}\frac{\partial SW}{\partial u_{Y_n}}\cdot du_{Y_n}+\sum_{m=1}^{M}\frac{\partial SW}{\partial u_{O_m}}\cdot du_{O_m}$$

为了简化符号，设：

$$\frac{\partial SW}{\partial u_{Y_n}}=SW'_{Y_n},\frac{\partial SW}{\partial u_{O_m}}=SW'_{O_m}$$

社会福利补偿标准可以表达为：

$$dU=N\cdot SW'_{YN}\cdot du_{YN}+M\cdot SW'_{OM}\cdot du_{OM}=0 \qquad (3—10)$$

该式说明基于养老金指数化调整导致老年人所增加的效用，通过社会福利补偿正好补偿了由于向老年人提供基于指数化调整养老金所需要的资金而导致的年轻人口减少的效用。这时的调整指数为所能够选用的最大调整指数，即为δ^*；此时缴费率达到临界值水平，即为μ^*。如果选用的是$\delta>\delta^*$，从而带来$\mu>\mu^*$就会导致$dU=N\cdot SW'_{YN}\cdot du_{YN}+M\cdot SW'_{OM}\cdot du_{OM}<0$，这时说明该调整指数的选择过大，从而导致社会福利下降；反之带来社会福利改善。①

下面通过数学推理来论证调整指数变化对社会福利的影响。

du_{YN}表示基于养老金指数化调整在职者的效用变化量。du_{YN}可以进一步表示为：

---

① 当$\delta<\delta^*$时，默认$\delta>\delta_{min}$，其中δ_{min}是对老年人口最低限度保障确定的调整指数，即适度调整指数的最低值。

$$du_{YN}=\frac{du_{YN}}{dI}\cdot\frac{dI}{d\mu}\cdot\frac{\partial\mu}{\partial\delta}d\delta \tag{3—11}$$

式中，$\frac{du_{YN}}{dI}$为在职者以收入衡量的边际效用，记为 $MU_{YN}(I)$；由式（3—9）知$\frac{dI}{d\mu}=-W$；由式（3—8）知$\frac{\partial\mu}{\partial\delta}=\frac{M}{N}\cdot\rho$。由此可得：

$$du_{YN}=\frac{du_{YN}}{dI}\cdot\frac{dI}{d\mu}\cdot\frac{\partial\mu}{\partial\delta}d\delta=-W\cdot\frac{M}{N}\cdot\rho\cdot MU_{YN}(I)d\delta \tag{3—12}$$

根据式（3—9）容易得知：

$$\frac{\partial I}{\partial\delta}=-\frac{M}{N}\cdot\rho\cdot W<0 \tag{3—13}$$

式（3—13）说明，在职者可支配的工资收入是调整指数的减函数，因此，随着调整指数的增加，在职者可支配收入不断减少，如果边际效用递减，可得 $MU_{YN}(I)$ 不断加大，即 $MU_{YN}(I)$ 与调整指数呈正相关关系。这一结论可以通过数学推理$\frac{\partial}{\partial\delta}\left(\frac{du_{YN}(I)}{dI}\right)$大于零得到证明。

$$\frac{\partial}{\partial\delta}\left(\frac{du_{YN}(I)}{dI}\right)=\frac{d^2u_{YN}(I)}{dI^2}\cdot\frac{\partial I}{\partial\delta} \tag{3—14}$$

如果边际效用递减，则式（3—14）中的$\frac{d^2u_{YN}(I)}{dI^2}=MU'_{YN}(I)<0$，再结合式（3—13），式（3—14）可表达为：

$$\frac{\partial}{\partial\delta}\left(\frac{du_{YN}(I)}{dI}\right)=\frac{d^2u_{YN}(I)}{dI^2}\cdot\frac{\partial I}{\partial\delta}=-\frac{M}{N}\cdot\rho\cdot W\cdot MU'_{YN}(I)>0 \tag{3—15}$$

这样，可将式（3—12）改写为：

$$du_{YN}=-W\cdot\frac{M}{N}\cdot\rho\cdot MU_{YN}(I)d\delta=-W\cdot\frac{M}{N}\cdot\rho\cdot MV_{YN}(\delta)d\delta \tag{3—16}$$

式中，MU_{YN}（I）$=MV_{YN}$（δ），MV_{YN}表示以每单位养老金调整指数变化衡量的在职者效用变化的边际值，由此可得：

$$\frac{\partial MV_{YN}}{\partial\delta}>0 \tag{3—17}$$

du_{OM}表示基于指数化调整老年人口效用的变化量。du_{OM}可以进一步表示为：

$$du_{OM}=\frac{du_{OM}}{dB}\cdot\frac{\partial B}{\partial\delta}\cdot d\delta \tag{3—18}$$

式中，$\frac{du_{OM}}{dB}$为老年人口以养老金收入衡量的边际效用水平，记为MU_{OM}（B）；由式（3—5）知$\frac{\partial B}{\partial\delta}=\rho\cdot W$，这样可以得到：

$$du_{OM}=\frac{du_{OM}}{dB}\cdot\frac{\partial B}{\partial\delta}\cdot d\delta=\rho\cdot W\cdot MU_{OM}(B)d\delta \tag{3—19}$$

由式（3—5）知：

$$\frac{\partial B}{\partial\delta}=\rho\cdot W>0 \tag{3—20}$$

式（3—20）说明，养老金水平 B 与调整指数呈正相关关系，因此，调整指数增加会带来养老金水平上升。如果边际效用递减，$MU_{OM}(B)$会不断减小，即调整指数与$MU_{OM}(B)$呈负相关关系。同样，通过数学推导$\frac{\partial}{\partial\delta}\left(\frac{du_{OM}(B)}{dB}\right)$大于零可以得到这一结论。

$$\frac{\partial}{\partial\delta}\left(\frac{du_{OM}(B)}{dB}\right)=\frac{d^2u_{OM}(B)}{dB^2}\cdot\frac{\partial B}{\partial\delta} \tag{3—21}$$

如果边际效用递减，则式（3—21）中的$\frac{d^2u_{OM}(B)}{dB^2}=MU'_{OM}(B)<0$，再结合式（3—20），式（3—21）可转化为：

$$\frac{\partial}{\partial\delta}\left(\frac{du_{OM}(B)}{dB}\right)=\frac{d^2u_{OM}(B)}{dB^2}\cdot\frac{\partial B}{\partial\delta}=\rho\cdot W\cdot MU'_{OM}(B)<0 \tag{3—22}$$

这样，将式（3—19）改写为：

$$du_{OM} = \rho \cdot W \cdot MU_{OM}(B)d\delta = \rho \cdot W \cdot MV_{OM}(\delta)d\delta \quad (3—23)$$

式中，MU_{OM}（B）$=MV_{OM}(\delta)$，$MV_{OM}(\delta)$ 表示以每单位养老金调整指数变化衡量的老年人口效用变化的边际值。由此可得：

$$\frac{\partial MV_{OM}}{\partial \delta} < 0 \quad (3—24)$$

这样，根据式（3—12）和式（3—19）得到基于指数化调整的社会福利补偿函数，可以表达为：

$$M \cdot \rho \cdot W \cdot SW'_{OM} \cdot MU_{OM}(B)d\delta - N \cdot \frac{M}{N} \cdot$$

$$\rho \cdot W \cdot SW'_{YN} \cdot MU_{YN}(I)d\delta = 0 \quad (3—25)$$

式（3—25）可进一步简化为：

$$SW'_{OM} \cdot MU_{OM}(B) - SW'_{YN} \cdot MU_{YN}(I) = 0 \quad (3—26)$$

$$\frac{SW'_{OM}}{SW'_{YN}} = \frac{MU_{YN}(I)}{MU_{OM}(B)} \quad (3—27)$$

并且，B 和 I 满足式（3—5）和式（3—9）。

根据式（3—16）和式（3—23）得到基于指数化调整的社会福利补偿函数可以表达为：

$$SW'_{OM} \cdot MV_{OM}(\delta) - SW'_{YN} \cdot MV_{YN}(\delta) = 0 \quad (3—28)$$

$$\frac{SW'_{OM}}{SW'_{YN}} = \frac{MV_{YN}(\delta)}{MV_{OM}(\delta)} \quad (3—29)$$

将式（3—27）和式（3—29）综合在一起，得到：

$$\frac{SW'_{OM}}{SW'_{YN}} = \frac{MU_{YN}(I)}{MU_{OM}(B)} = \frac{MV_{YN}(\delta)}{MV_{OM}(\delta)} \quad (3—30)$$

式（3—26）至式（3—30）表明，在某一调整指数下，当养老金调整指数增加 1 单位，由此带来的老年人口增加的福利通过社会福利函数正好补偿了年轻人口减少的福利时，该调整指数即为满足社会福利补偿标准的调整指数。如果设该调整指数为 δ^*，则有：

$$\frac{SW'_{OM}(u^*_{Y1},\cdots,u^*_{YN};u^*_{O1},\cdots,u^*_{OM})}{SW'_{YN}(u^*_{Y1},\cdots,u^*_{YN};u^*_{OM},\cdots,u^*_{OM})}=\frac{MU_{YN}(I^*)}{MU_{OM}(B^*)}=\frac{MV_{YN}(\delta^*)}{MV_{OM}(\delta^*)}$$

并且，$B^*=\delta^*\cdot\rho\cdot W$，$I^*=W(1-\mu^*)=W(1-\frac{M}{N}\cdot\rho\cdot\delta^*)$，$\mu^*=\frac{M}{N}\cdot\rho\cdot\delta^*$。此时，$dU=0$。为了判断 $\delta<\delta^*$ 和 $\delta>\delta^*$ 两种情况下的社会福利变化方向，需要分析 SW'_{OM}、SW'_{YN} 随调整指数 δ 变化的方向，即判定 $\frac{\partial}{\partial\delta}\left(\frac{\partial SW(u_{Y1},\cdots,u_{YN};u_{O1},\cdots u_{OM})}{\partial u_{OM}}\right)$ 和 $\frac{\partial}{\partial\delta}\left(\frac{\partial SW(u_{Y1},\cdots,u_{YN};u_{O1},\cdots,u_{OM})}{\partial u_{YN}}\right)$是大于零，还是小于零。

$$\frac{\partial}{\partial\delta}\left(\frac{\partial SW(u_{Y1},\cdots,u_{YN};u_{O1},\cdots u_{OM})}{\partial u_{OM}}\right)=M\cdot\frac{\partial^2 SW}{\partial u^2_{OM}}\cdot\frac{du_{OM}}{dB}\cdot\frac{\partial B}{\partial\delta}\tag{3—31}$$

如果边际效用递减，则式（3—31）中的$\frac{\partial^2 SW}{\partial u^2_{OM}}<0$；$\frac{du_{OM}}{dB}=MU_{OM}(B)>0$；由式（3—20）知$\frac{\partial B}{\partial\delta}=\rho\cdot W>0$，因此，可以判定：

$$\frac{\partial}{\partial\delta}\left(\frac{\partial SW(u_{Y1},\cdots,u_{YN};u_{O1},\cdots,u_{OM})}{\partial u_{OM}}\right)=M\cdot\frac{\partial^2 SW}{\partial u^2_{OM}}\cdot\frac{du_{OM}}{dB}\cdot\frac{\partial B}{\partial\delta}<0\tag{3—32}$$

同理，可以证明：

$$\frac{\partial}{\partial\delta}\left(\frac{\partial SW(u_{Y1},\cdots,u_{YN};u_{O1},\cdots,u_{OM})}{\partial u_{YN}}\right)=M\cdot\frac{\partial^2 SW}{\partial u^2_{YN}}\cdot\frac{du_{YN}}{dI}\cdot\frac{\partial I}{\partial\delta}>0\tag{3—33}$$

式（3—32）和式（3—33）说明，基于指数化调整，老年人口每增加 1 单位效用所带来的社会福利变化量随调整指数的增加而不断减少；年轻人口每减少 1 单位效用所带来的社会福利变化量随调整指数的增加而不断加大。在边际效用递减假设下，通过逻辑推理也可以得到这一结

论。对老年人口来说，随着调整指数的增大，老年人口收入不断增加，从而使总效用水平不断增加。由于边际效用递减，调整指数增加带来总效用不断上升时，每增加 1 单位效用所带来的社会福利的变化量（即边际社会福利或称为社会福利的边际值）逐渐减小。对年轻人口来说，随着调整指数的增大，年轻人口收入不断减少，从而带来的总效用水平不断下降。在边际效用递减的假设下，由调整指数增加带来总效用不断下降时，每减小 1 单位效用所带来的社会福利的变化量（即边际社会福利或称为社会福利的边际值）逐渐上升。

依据式（3—15）、式（3—22）或式（3—17）、式（3—24）和式（3—32）、式（3—33）可得，当 $\delta<\delta^*$ 时：

$$SW'_{OM}\cdot MU_{OM}(B)-SW'_{YN}\cdot MU_{YN}(I)>0 \quad (3—34)$$

或：

$$SW'_{OM}\cdot MV_{OM}(\delta)-SW'_{YN}\cdot MV_{YN}(\delta)>0 \quad (3—35)$$

此时，必有 $dU>0$，说明基于该指数调整的社会福利得到改善，这样可以得出结论，该调整指数是适度的。

当 $\delta>\delta^*$ 时，

$$SW'_{OM}\cdot MU_{OM}(B)-SW'_{YN}\cdot MU_{YN}(I)<0 \quad (3—36)$$

或：

$$SW'_{OM}\cdot MV_{OM}(\delta)-SW'_{YN}\cdot MV_{YN}(\delta)<0 \quad (3—37)$$

此时，必有 $dU<0$，说明由于调整指数过大而导致社会福利下降，因此，可以得出，该调整指数是不合理的。

从上述基于指数化调整的社会福利补偿标准可知，调整指数的选择有一最大临界值，在小于最大临界值的适度区域内，社会福利将会在一定程度上得到改善；如果调整指数选择过大，超过最大临界值（这里为 δ^*）会导致社会福利下降。

为了能够更清楚地看到基于养老金调整指数的社会福利的变化情况，可以将上述结果用坐标平面内的曲线加以说明。

为分析 $SW'_{OM}\cdot MU_{OM}$（B），$SW'_{YN}\cdot MU_{YN}$（I）函数随 δ 的变化趋势，需要求：$\frac{\partial}{\partial\delta}[SW'_{OM}\cdot MU_{OM}(B)]$和$\frac{\partial}{\partial\delta}[SW'_{YN}\cdot MU_{YN}(I)]$。

$$\frac{\partial}{\partial \delta}[SW'_{OM} \cdot MU_{OM}(B)] = MU_{OM}(B) \cdot \frac{\partial}{\partial \delta}[\frac{\partial SW}{\partial u_{OM}}] + SW'_{OM} \cdot \frac{\partial}{\partial \delta}[\frac{du_{OM}}{dB}] \quad (3—38)$$

在式（3—38）中，由经济学基本假设知 MU_{OM}（B）>0，$SW'_{OM}>0$；由式（3—22）和式（3—32）知 $\frac{\partial}{\partial \delta}\left[\frac{du_{OM}}{dB}\right]<0$ 和 $\frac{\partial}{\partial \delta}\left[\frac{\partial SW}{\partial u_{OM}}\right]<0$。由此可以得到：

$$\frac{\partial}{\partial \delta}[SW'_{OM} \cdot MU_{OM}(B)] = MU_{OM}(B) \cdot \frac{\partial}{\partial \delta}[\frac{\partial SW}{\partial u_{OM}}] + SW'_{OM} \cdot \frac{\partial}{\partial \delta}[\frac{du_{OM}}{dB}] < 0 \quad (3—39)$$

同理可得：

$$\frac{\partial}{\partial \delta}[SW'_{YN} \cdot MU(I)_{YN}] = MU(I)_{YN} \cdot \frac{\partial}{\partial \delta}[\frac{\partial SW}{\partial u_{YN}}] + SW'_{YN} \cdot \frac{\partial}{\partial \delta}[\frac{du_{YN}}{dI}] > 0 \quad (3—40)$$

如果设：

$SW'_{OM} \cdot MU_{OM}(B)$ $=SW'_{OM} \cdot MV_{OM}(\delta)$ $=l$，$SW'_{YN} \cdot MU_{YN}(I)$ $=SW'_{YN} \cdot MV_{YN}(\delta)$ $=h$，则 l 表示当养老金调整指数每增加 1 单位，从老年人口的角度分析，社会福利变化量；h 表示当养老金调整指数每增加 1 单位，从年轻人口的角度分析，社会福利变化量。于是，可将式（3—39）和式（3—40）加以简化，即：

$$\frac{\partial l}{\partial \delta} < 0 \quad (3—41)$$

$$\frac{\partial h}{\partial \delta} > 0 \quad (3—42)$$

根据式（3—41）和式（3—42），能够判断出 l，h 曲线随 δ 的变化趋势，即 l 随 δ 单调递减，h 随 δ 单调递增。并且，根据已设定的经济背景，养老金计划采用现收现付筹资模式，因此，在 δ 值较小的区域内，养老金水平要远低于在职者的可支配工资收入，在边际效用递减的假设下，会有 $l(\delta) > h(\delta)$，这样，就可以最简单的线性形式描述 l，h 曲线[①]，如图 3—2 所示。

由图 3—2 可知，当 $\delta < \delta^*$ 时，$l(\delta) > h(\delta)$，从而有 $dU>0$；当 $\delta > \delta^*$ 时，$l(\delta) < h(\delta)$，从而有 $dU<0$；$\delta = \delta^*$ 时，$l(\delta) = h(\delta)$，从而有 $dU=0$。因此，基于养老金指数化调整的社会福利补偿的调整指数 δ 有一极限值 δ^*。

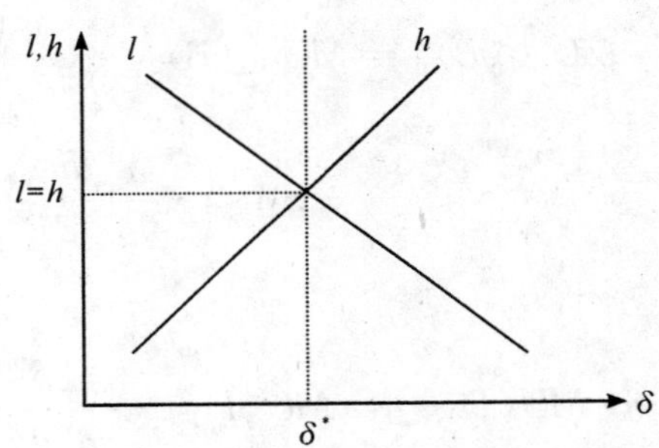

图 3—2　养老金调整指数的社会福利补偿标准图

下面通过社会福利函数的一般形式，来说明满足社会福利补偿标准的最大适度调整指数的确定问题。

二、养老金调整指数约束因素分析

依据边际效用递减假设，同时设定由老年人口与年轻人口决定的社会无差异曲线是凸向原点并向右下方倾斜的一般形式，这样，可以设定社会福利函数表达式，即：

$$SW = (M \cdot U_O^b) \cdot (N \cdot U_Y^a) \quad (3\text{—}43)$$

式中，M，N 分别为老年人口数和年轻人口数，根据前面的假设，

① 严格来说，l，h 曲线形状应该由函数的一阶导数和二阶导数来决定，由于此处的分析中，无法判断 l，h 函数的二阶导数正负，所以，以线性函数来表示 l，h 曲线。实际上，l，h 曲线是否为线性，对结论无影响。

M个老年人口的偏好相同，N个年轻人口偏好相同，U_O代表单个老年人口的效用水平，U_Y代表单个年轻人口的效用水平，a，b分别为社会福利对年轻人口和老年人口效用变化的敏感度，在社会福利构造中，也可以通过该指标反映两代人口的权重大小，因此，可设$0<a<1$，$0<b<1$，且$a+b=1$。

如果将工资收入标准化为1，并根据式（3—2）和式（3—3）及式（3—5）和式（3—9），设：

$$U_O = B^{\beta} \tag{3—44}$$

$$B = \rho \cdot \delta \tag{3—45}$$

$$U_Y = I^{\alpha} \tag{3—46}$$

$$I = 1 - \rho \cdot \delta \cdot M/N \tag{3—47}$$

其中，α，β分别是年轻人口和老年人口效用对收入变化的敏感度，如果边际效用递减，应该有$0<\alpha<1$和$0<\beta<1$，由于主要观察α，β相对变化对满足社会福利补偿标准的养老金调整指数的影响，因此，可设$\alpha+\beta=1$，实际上两者之和是否等于1对结论无影响。

根据式（3—27）的条件，分别求出相关变量的表达式：

$$SW'_O = M \cdot N \cdot b \cdot U_O^{b-1} \cdot U_Y^{a} \tag{3—48}$$

$$SW'_Y = M \cdot N \cdot a \cdot U_O^{b} \cdot U_Y^{a-1} \tag{3—49}$$

$$MU_O = \beta \cdot B^{\beta-1} = \beta \cdot (\rho\delta)^{\beta-1} \tag{3—50}$$

$$MU_Y = \alpha \cdot I^{\alpha-1} = \alpha \cdot (1 - \rho \cdot \delta \cdot M/N)^{\alpha-1} \tag{3—51}$$

由式（3—48）和式（3—49）可得：

$$\frac{SW'_O}{SW'_Y} = \frac{b}{a} \cdot \frac{U_Y}{U_O} = \frac{b}{a} \cdot \frac{(1 - \rho \cdot \delta \cdot M/N)^{\alpha}}{(\rho\delta)^{\beta}} \tag{3—52}$$

将式（3—50）、式（3—51）和式（3—52）代入式（3—27），得到：

$$\delta = \frac{1}{\rho} \cdot \frac{1}{[(\alpha/\beta) \cdot (a/b) + (M/N)]} \tag{3—53}$$

三、养老金调整指数的理论标准分析

由式（3—53）可知：

$$\frac{\partial\delta}{\partial\rho}<0 \tag{3—54}$$

$$\frac{\partial\delta}{\partial(\alpha/\beta)}<0 \tag{3—55}$$

$$\frac{\partial\delta}{\partial(a/b)}<0 \tag{3—56}$$

$$\frac{\partial\delta}{\partial(M/N)}<0 \tag{3—57}$$

式（3—54）说明，初始养老金替代率越高，所能够设定的最大临界值调整指数越小，反之亦然。式（3—56）说明，基于养老金指数化调整，随着在职者效用对收入变化敏感性相对于老年人口效用对收入变化敏感性不断提高，所能够设定的最大临界值调整指数不断减小。式（3—57）说明，基于养老金指数化调整，当社会福利对年轻人口效用变化的敏感度相对于老年人口效用变化的敏感度不断提高时，所能够设定的最大临界值调整指数不断减小。综合式（3—56）和式（3—57）可以得出，一个社会的价值取向会对该国基于社会福利补偿标准的养老金指数化调整设计产生很大的影响，即对调整指数的最大临界值产生很大影响，越注重老年人口公平的社会，基于补偿标准所确定的最大调整指数值越高；反之，越注重年轻人口效率的社会，基于补偿标准所确定的最大调整指数值越低。式（3—57）表明，从动态角度分析，基于养老金指数化调整，随着人口老龄化的加剧，所能够设定的最大临界值调整指数不断减小。因此，面对人口老龄化不断深化的现实情况时，如果初始设定的养老金调整指数很高，接近或等于基于补偿标准的调整指数值，必然会带来调整指数不断削减的改革，进而容易引起年轻人口的不满，甚至引起社会动荡。所以，在基于指数化调整的养老金计划中，不论社会价值取向如何，都应该坚持“公平与效率的统一与兼得”的原则，设计养老金调整指数时，初始设定较小的调整指数，在人口老龄化的现实条件下，才能避免对养老金调整指数的不断削减所产生的社会动荡，保持养老金计划的持续性和稳定性。可见，养老金调整指数的设计是十分重要的。

第三节　社会保障收入再分配优化理论

包括养老金指数化调整在内的社会保障制度属于收入再分配制度，也是一种生存物质资源最优化配置制度。国外学者对社会保障收入再分配优化配置制度的理论设计、检验标准等目前还没有系统的阐述。中国学者穆怀中以福利经济学理论为基础，系统阐述了社会保障收入再分配的优化依据和优化标准①，从而为适度养老金调整指数的建立提供检验依据。

一、社会保障收入再分配优化依据

公平与效率的关系问题始终处于国际社会保障经济理论研究的核心地位，这是国际社会保障经济理论最显著的特征。“公平”与“效率”的统一在社会保障收入再分配领域中体现为“生存”与“效率”的统一。“生存”与“效率”是确定社会保障收入再分配的基本依据。

（一）生存依据

进行社会保障收入再分配的首要原因是维持人的生存。生存是人的第一需要，社会保障的目的不是满足人的多种需要或高层次的需要，而是立足于满足人最基本的第一需要。所以，生存是社会保障收入再分配的首要依据。

---

①　穆怀中．国民财富与社会保障收入再分配．北京：中国劳动社会保障出版社，2003．157～160

生存之所以与社会保障收入再分配依据并存，是因为人有生存权和资源共享权。自然资源是人类创造物质财富的基础，每个人都有共享自然资源的权利，所以，对在自然资源基础上创造的物质财富以社会保障的方式进行收入再分配或资源再分配便具有合理性。同时，物质财富又是通过人的劳动过程在利用自然资源的基础上创造出来的，所以，收入分配应首先合理分配劳动者应得的利益，社会保障收入再分配应低于劳动者的直接收入水平，其比较合理的水平应以维持“生存”的基本生活为依据。在社会保障收入再分配依据中，人的生存权与资源共享权是统一的，人们以资源共享权为基础享受社会保障收入再分配中的生存保障权。

在社会保障收入再分配体系中，人的“公平”权具体体现为“生存”权。这里的公平不是平等分配，既不是劳动者与非劳动者之间的平均分配，也不是非劳动者之间的平等分配，它是指在享有生存权上的公平或公平地享有生存权。因此，社会保障水平所体现的公平是保障每个公民维持生存的基本生活。

（二）“效率”依据

收入再分配不是社会保障的目的，也不是社会保障的经济来源。社会保障的最终目的是保证劳动力资源供给、提高生产效率和推动社会经济可持续发展。社会保障的经济来源是生产效率的提高和生产力的发展。没有生产效率的提高和生产力的不断发展，社会保障收入再分配也就成了无源之水，所以，“效率”是社会保障收入再分配的重要依据。

社会保障收入再分配的效率依据分为“内部效率”和“外部效率”两种类型。“内部效率”是指社会保障收入再分配在保障人们基本生活上的效率的大小和有无。“外部效率”是指社会保障收入再分配对劳动者的激励作用和对社会经济发展推动作用的大小和有无。“内部效率”与“外部效率”的统一就体现了社会保障“保护与激励统一”的原则。

帕累托曾从交换条件、生产条件、生产与交换条件三个方面论述了生产资源的优化配置和效率最优化的实现问题。其实，社会保障收入再分配内部和外部也存在资金优化配置和效率最优化的问题。社会保障收入再分配能够达到内部效率的不断改进和外部效率的不断加强，既是社会保障收入分配最优化的主要目标，也是社会保障收入分配最优化的重要依据。

二、社会保障收入再分配优化标准

“生存”与“效率”是社会保障收入再分配的依据，与此相对应，社会保障收入再分配优化标准有“生存”标准和“效率”标准。

(一)“生存”标准

社会保障收入再分配优化的“生存”标准是保障公民的基本经济生活，具体标准是生活保障线。

生活保障线之所以是社会保障收入再分配优化的标准，是因为它符合社会保障收入再分配的“生存”与“效率”统一的两大依据。生活保障线的经济学价值在于：一方面，它保障受保障者的生存，为劳动力再生产和整体素质的提高提供保证；另一方面，它不至于挫伤劳动者的生产积极性，有利于生产效率的提高和社会经济的可持续发展。

生活保障线是社会保障收入再分配优化的“基本生存”标准，在具体的社会保障项目上，如养老保险等保障标准的确立，除了依据生存标准外，还要结合退休前的贡献大小，亦即兼顾“效率”标准，所以，这些项目的保障水平可能会高于生活保障线，但不会高于在职劳动者工资水平。高于在职劳动者的工资水平就会影响劳动者的生产积极性，违背“效率”标准。这正是对覆盖不同经济时代群体的统筹养老金要采用有差异性的调整指数的理论依据。

(二)“效率”标准

社会保障“效率”标准与其依据相对应，也存在着内部效率标准和外部效率标准。

1. 内部效率标准是社会保障福利自身效益的最大化。它包括社会保障资金在社会保障项目之间及其不同内容之间如何实现最有效的配置，也包括在资金筹集和给付中的代际转移、贫富转移、个人纵向转移分配等方面如何实现最有效的配置。在文中的内部效率标准主要是指养老金指数化调整对老年人口退休金保障程度的大小和有无。

庇古和帕累托的社会福利标准可以作为评价社会保障收入再分配的内部效率标准的重要组成部分。

（1）依据边际效益递减原理，在不减少国民收入条件下使财富从富人适度转移给穷人，这标志着社会保障收入再分配效率的增加和社会福利的改进（实现庇古标准）。

（2）至少有一个人的处境变好，同时没有一个人处境变坏；或者说在不使其他人处境变差的条件下使一些人处境变好。这标志着社会保障收入再分配效率的增加和社会福利的改进（实现帕累托标准）。

（3）在不减少国民收入的条件下，通过收入再分配实现保障公民生存的基本生活水平。这标志着社会保障收入再分配效率的增加和社会福利的改进（实现生存效率标准）。

（4）在不减少国民收入的条件下，社会保障水平沿着适度区域发展，或者社会保障在适度水平下，并在不增加生产要素消耗的同时使国民收入有所增加。这标志着社会保障收入再分配效率的增加和社会福利的改进（实现适度水平标准）。

2. 外部效率标准是社会保障收入再分配实现了维护社会的稳定和经济的可持续发展。其具体标准有：

（1）国内生产总值的增长；

（2）全社会居民生活水平的改善和提高；

（3）国民储蓄、投资、消费等经济行为的健康发展；

（4）社会的稳定和发展。

外部效率标准属于社会保障收入再分配的间接标准和宏观标准，它可作为社会保障收入再分配效率评价的参考标准。这种宏观标准与内部标准的结合构成对社会保障收入再分配效率的全面评价体系。

第四节　养老金指数化调整的目标约束区间

从各国实践看，养老金指数化调整是通过代际间的收入再分配实现的。这意味着，养老金指数化调整，一方面要对老年人口起到保障作用，另一方面调整指数的设计要在中国经济发展水平的承受范围内。所以，本节的目的在于找到养老金指数化调整的目标约束区间。

一、养老金指数化调整的思维框架

基于指数化调整，养老金水平在合理的区间范围内，就要保证基于指数化调整后的养老金水平位于最低下限值（养老金的最低标准）与最高上限值（养老金的最高标准）之间。依据生存公平理论，养老金水平的最低标准是确保退休人口生存，也可以称为养老金水平的低梯度标准；养老金水平的最高标准是在中国经济承受力范围内，确保退休人口充分享受经济发展成果，也可以称之为养老金的高梯度标准，即养老金水平随着人均国民生产总值的提高而提高，从效率的角度养老金占国民收入始终合理的范畴，以确保退休人口的相对生活水平不断提高。

因此，养老金指数化调整思路框架为：养老金指数化调整的目标约束区间介于养老金水平最低标准与最高标准之间，养老金指数化调整必须确保养老金水平高于最低标准并低于最高标准，因为养老金水平过低，不能保障退休人口的生活，不符合人类社会发展的公平生存原则；而养老金水平过高，退休人口享受过多的国民收入，不利于经济社会的可持续发展。

国民收入初次分配是生产活动的净成果在参与生产活动的生产要素的所有者及政府之间的分配。劳动力所有者因提供劳动而获得劳动者报酬；土地所有者因出租土地而获得地租；资本所有者获得利息、红利等不同形式的资本性收入[①]；政府获得生产税或支付补贴[②]。从分配角度分析，劳动者报酬是由劳动生产要素投入所创造的总产值部分，要通过工资等形式分配给劳动者。在职者的工资及收入、退休人口的养老金、少儿人口的抚养费用等所有用于“人”的支出都是通过国民收入的分配与再分配直接或间接地由劳动者报酬形成的。因此，可以从 GDP 中逐步将养老金分离出来。GDP、劳动者报酬、养老金以及养老金指数化调整的目标约束区间关系可以近似用图 3—3 与图 3—4 表示。

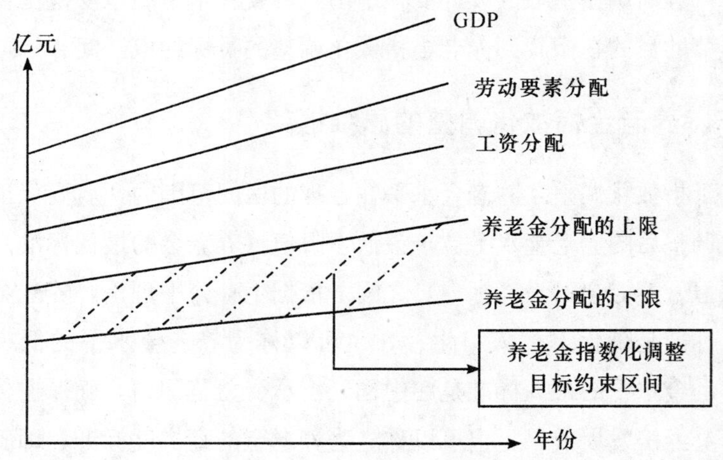

图 3—3　GDP、劳动者报酬和养老金关系思维框架图

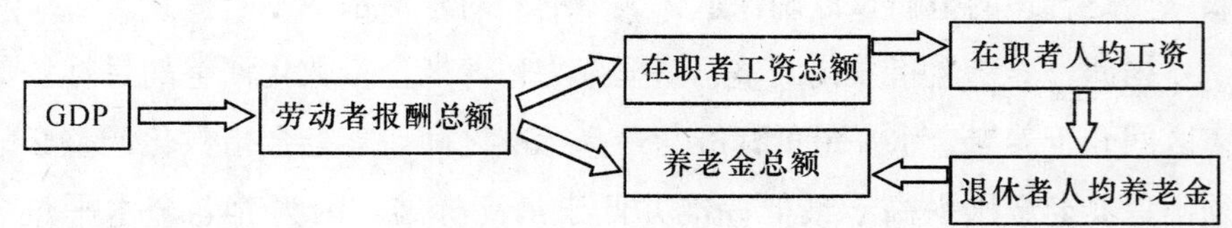

图 3—4　国民收入分配与养老金

在图 3—3 中，位于最上方的 GDP 总额经过国民收入初次分配之后形成劳动要素分配；劳动要素分配在经过税收等扣除之后，直接支付给

① 地租、资本性收入可统称为财产性收入。
② 生产税与补贴的绝对值之差为生产税净额。

劳动者形成工资；工资再以养老金等形式通过国民收入再分配支付给退休人口。而养老金水平最低标准可以作为养老金分配的下限，最高标准可以作为养老金分配的上限，两者之间的范围就是养老金指数化调整的目标约束区间。

二、养老金指数化调整的上限值和下限值分析

（一）养老金指数化调整上限值分析

从宏观层面分析，在职者工资总额被所有劳动者均摊，可以形成人均工资；养老金总额被所有退休者分摊，可以形成人均养老金。人均养老金与人均工资的比例可以定义为养老金的平均替代率，即人均养老金水平占人均工资的比例。因此，如果确定了合意的平均替代率水平，平均养老金水平就将以人均工资的一定比例（合意平均替代率）为目标，随着人均工资和合意平均替代率的变化而变化。

1. 养老金指数化调整上限值测算的基本模型

劳动生产要素分配系数是指国民收入中劳动者报酬所占的比例。即：

$$H=\frac{W}{G} \tag{3—58}$$

式中，H 为劳动生产要素分配系数，W 为劳动者报酬总额，G 为国内生产总值 GDP。即：

$$W=H\cdot G \tag{3—59}$$

设在职者工资收入总额占劳动者报酬总额的比例为 Q，则：

$$W_a=W\cdot Q \tag{3—60}$$

式中，W_a 为在职职工工资总额。

养老金水平可以利用式（3—61）和式（3—62）来确定。

$$p=\frac{G\cdot H\cdot Q}{Y}\cdot c=\frac{W_a}{Y}\cdot c \tag{3—61}$$

$$P=p\cdot O=\frac{W_a}{Y}\cdot c\cdot O \tag{3—62}$$

式中，p 为平均养老金，P 为养老金总额，c 为合意平均替代率，Y 为在职者人数，O 为退休者人数。

通过上述分析，在确定各年 GDP 以后，养老金指数化调整上限值的确定需要三个指标，分别是劳动生产要素分配系数 H、在职者工资收入总额占劳动者报酬的比例 Q 和合意替代率水平 C。下面具体分析一下这三个指标。

（1）劳动生产要素分配系数分析

劳动生产要素分配系数本身具有其合理的界限和范围。它的水平过低，则劳动生产要素投入所增加的总产值未实现应有的合理分配，劳动者及被抚养人口的生活不能随着经济发展而提高；它的水平过高，则资本要素所得被挤占从而影响生产和扩大再生产。

劳动生产要素分配系数的研究，重要的理论依据是“柯布—道格拉斯总量生产函数”。

$$G = AL^{\alpha}K^{1-\alpha} \tag{3—63}$$

式中，G 为总产出，A 为技术水平，L 为劳动要素，K 为资本要素。在该生产函数下，在经济均衡时，资本要素获得其边际产品，占产出的份额为 $1-\alpha$，劳动要素获得产出份额为 α。在利用历史统计资料的实证研究基础上推算出 $\alpha \approx 0.75$，即在产出中劳动要素获得的产出比例约为 75%。但这个结果更适于发达国家的情况，现实情况是：在经济的不同发展阶段，劳动力要素的收入份额不同。一般来说，随着经济的发展和社会的进步，劳动收入在国民收入分配中的比例逐渐增大。西蒙·库兹涅茨的研究表明，发达国家国民收入中劳动生产要素所得占国民收入的比例从 55%逐渐上升到 75%。

（2）在职者收入总额占劳动者报酬总额的比例分析

利用人口结构可以确定在职者收入总额占劳动者报酬的比例。按照年龄可以将总人口划分为三个组成部分：14 岁以下的人口为少儿人口，15～59 岁的人口为就业人口，59 岁以上人口为退休人口。按照公平的原则，劳动者报酬应该按照少儿人口比例、就业人口比例和退休人口比例分别对少儿人口、就业人口和退休人口进行分配，以使每个人获得相同水平的劳动者报酬。

在现实中，少儿人口的生活由就业人口负担，因此，就业人口应该获得的劳动者报酬比例为少儿人口比例与就业人口比例之和。将少儿人口比例与就业人口比例之和定义为在职者收入总额占劳动者报酬总额的比例。

$$Q=\frac{B+Y}{D} \tag{3—64}$$

式中，B 为少儿人口数，Y 为在职者人数，D 为总人数。

(3) 养老金合意替代率分析

就业人口获得的劳动者报酬要进行必要扣除，包括所得税、社会保险的缴费以及对儿童的抚养。老年人收入一般不用再经过扣除，而是可以全部用于自身生活。因此，从生存公平角度，每个老年人应该获得与每个在职人口经过必要的扣除后工资收入相等的收入作为养老金，用于老年人自身生活。

$$C=1-\beta \tag{3—65}$$

其中，C 为养老金平均替代率，β 为就业人员工资必要扣除的比例。

2. 相关参数设定

(1) GDP 增长率设定

综合考虑中共十六大报告提出的“2020 年 GDP 比 2000 年翻两番”，十七大报告提出的“2020 年人均 GDP 比 2000 年翻两番，2050 年达到中等发达国家水平”等内容，对 GDP 增长作如下假设：2006－2010 年 GDP 增长速度为 7%，2011—2030 年 GDP 增长速度为 6.5%，2031—2050 年 GDP 增长速度为 6%。以上设定为名义 GDP 增长速度。对消费价格指数增长率的假设为：2006—2010 年为 2%，2011—2030 年为 2.5%，2031—2050 年为 3%。

(2) 劳动生产要素分配系数设定

1990年以来，中国劳动生产要素分配系数总体呈下降趋势。特别是1998年至今，实际劳动生产要素分配系数呈明显下降趋势，从1998年的53.1%下降为2005年的41.4%，如图3—5所示。

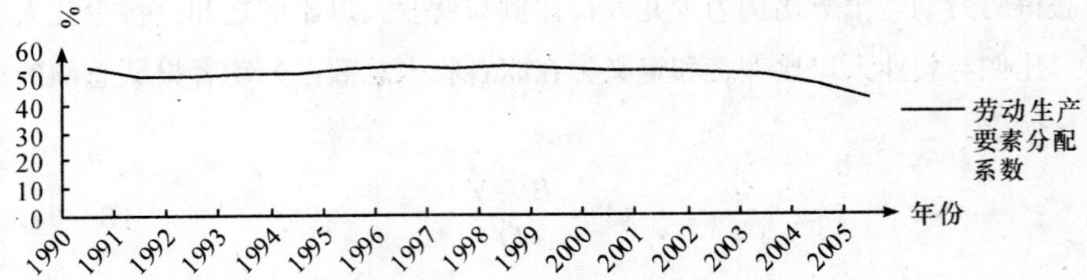

图3—5　1990—2005年中国劳动生产要素分配系数

注：1. 1990—1994年劳动生产要素分配系数转自白重恩、谢长泰和钱颖一《中国的资本回报率》比较（28），2007；

2. 1995—2005年各年劳动生产要素分配系数通过中国统计年鉴1996—2006中数据计算。

十七大报告提出，提高劳动报酬在初次分配中的比例，综合考虑发达国家国民收入中劳动生产要素所得占国民收入的比例（75%左右）以及中国2050年中等发达国家的发展目标，假设中国劳动生产要素分配系数至2050年提高至75%的水平。为了避免劳动生产要素波动对养老金水平推算结果的影响，假设1990年劳动生产要素分配系数为1990—2005年的算术平均数（50.7%），之后匀速上升至2050年75%的水平，如图3—6所示。

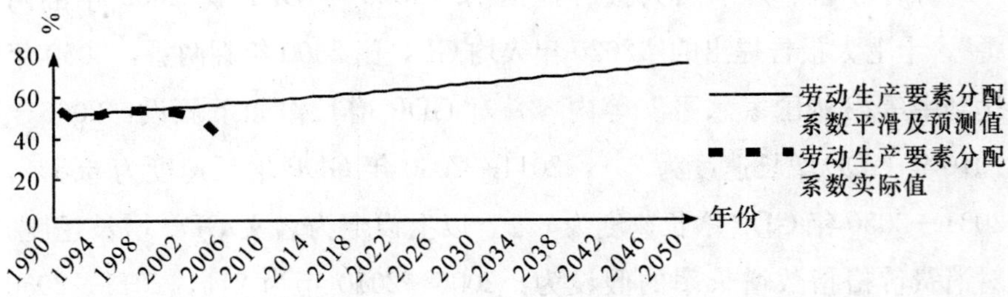

图3—6　劳动生产要素分配系数预测

（3）城镇在职者获得劳动者报酬比例的设定

本课题以城镇养老保险为研究对象，因此，需要进一步测算城镇人口获得的劳动者报酬，从而与研究对象与目的相衔接。

设：a＝城镇就业人员占总就业人员的比例；

b＝农民人均劳动报酬占城镇人员人均劳动报酬的比例；

则：城镇就业人员获得劳动者报酬总额的比例$=\frac{a}{a+(1-a)b}$。

利用城镇人口比例近似替代城镇就业人员比例。根据发达国家的情况以及中国1990—2005年城镇人口比例不断上升的实际，假设中国城镇就业人员占总就业人员的比例匀速上升至2050年60%的水平。1991—2006年，中国城镇就业人员占总就业人员的比例不断上升，从26.1%提高至36.2%的水平。2001—2005年城镇就业人员占总就业人员的比例如图3—7所示。

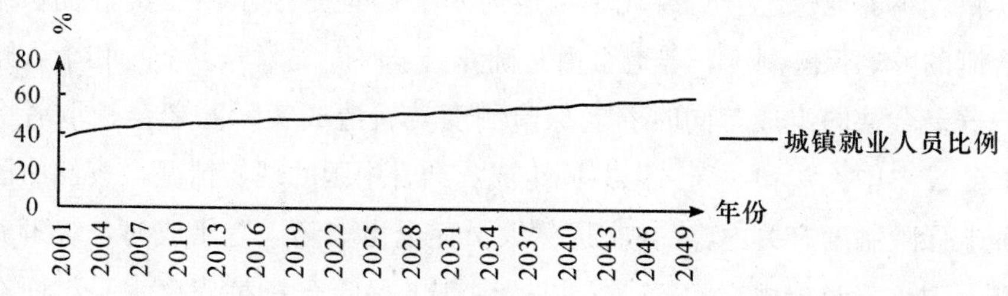

图3—7　2001—2050年城镇就业人员占总就业人员的比例

利用农民人均收入与城镇人员人均收入的比例近似代替劳动报酬比。近年来，农民人均收入与城镇人员人均收入的比例总体呈下降趋势，2001—2005年指标值分别为47.88%、42.17%、39.53%、39.67%、40.91%。根据发达国家城乡居民收入基本相等的情况以及同工同酬的原则，假定自2001年开始至2050年农村就业人员人均劳动报酬占城镇就业人员人均劳动报酬的比例匀速上升，2050年农村就业人员人均劳动报酬与城镇就业人员人均劳动报酬相等。为了避免指标值波动对结果的影响，取2001—2005年各年该指标的算术平均数作为2001

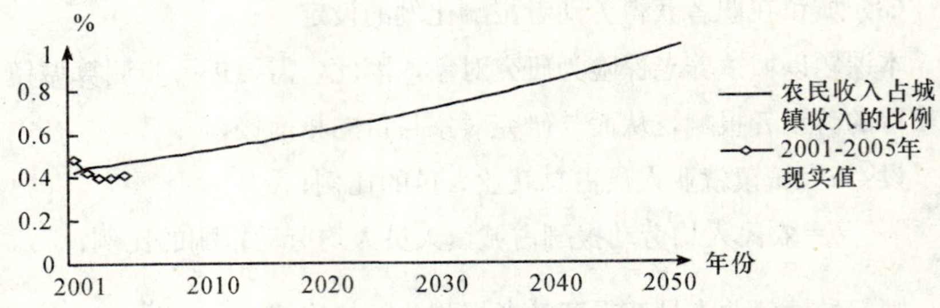

图 3—8　2001—2050 年农民人均报酬占城镇人均劳动报酬的比例

年指标值，之后匀速上升至 2050 年 100%的水平。

(4) 养老金合意替代率的设定

目前就业人员工资要扣除的主要有所得税、养老保险、医疗保险、失业保险、生育保险等项目，比例在 40%左右。实施现代社会保障制度的西方发达国家，职工税后纯收入比例在 70%左右。结合中国的现实情况将养老保险合意替代率设定为 65%。但是由于中国实行统账结合制的养老保险制度，养老金由基础养老金（即统筹养老金）和个人账户养老金共同组成，同时养老保险制度转轨造成实际养老金领取者由"老人""中人"和"新人"共同组成。结合中国的现实情况，按照中国养老保险制度有关内容[①]，在退休人员完全由"新人"组成时，统筹养老金约占养老金规模的 50%，以达到养老保险合意替代率水平；而在养老保险制度改革的初期和中期，退休人员主要由"老人"和"中人"组成时，统筹养老金的替代率从 65%开始逐步下降，直至退休人员全部为新人时达到 30%左右的水平。

3. 养老金指数化调整上限值测算结果

2001—2050 年中国养老金指数化调整上限值的测算结果见表 3—1。

① 按照《国务院关于完善企业职工基本养老保险制度的决定》（国发［2005］38 号），基本养老金由基础养老金和个人账户养老金组成。退休时的基础养老金月标准以当地上年度在岗职工月平均工资和本人指数化月平均缴费工资的平均值为基数，缴费每满 1 年发给 1%。

表 3—1　2001—2050 年中国养老金指数化调整上限值的测算结果

年份	人均养老金（元/年）	养老金总额（亿元/年）
2001	6 986.17	3 807.32
2005	8 476	5 333.11
2010	10 409.16	8 486.16
2015	12 944.28	13 488.53
2020	16 273.32	21 440.99
2025	19 965.43	33 083.10
2030	24 830.45	49 529.99
2035	30 555.62	68 657.37
2040	38 053.04	92 388.83
2045	47 713.78	121 528.56
2050	59 538.73	152 383.65

（二）养老金指数化调整的下限值分析

从保障老年人基本生存角度确定养老金指数化调整的下限值，即养老金指数化调整至少要使各年的人均养老金水平高于基本生存线，否则，养老金水平过低，不能实现保障老年人生活的目的。将社会平均工资的 20%设定为人均最低生活保障线，也作为养老金水平的最低标准，即养老金指数化调整目标约束区间的下限值。

三、养老金指数化调整的目标约束区间图示

在图 3—3 中，养老金指数化调整的目标约束区间介于养老金指数化调整上、下限值之间。根据前面对养老金指数化调整上、下限值的测算，进一步确定基于中国现实条件和未来发展预测的中国养老金指数化调整目标约束区间，如图 3—9 所示。

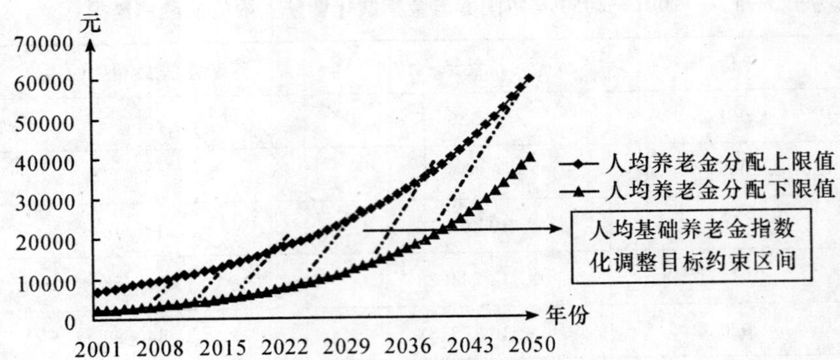

图 3—9　基于指数化调整的人均养老金目标约束区间

实证篇

Shi Zheng Pian

第四章
国外养老金调整指数分析

纵观世界各国可以发现，包括发达国家在内，在建立养老金制度的初期，都没有相应地建立规范的养老金指数化调整机制，对养老金进行规范的指数化调整都是在经济发展达到一定的水平，由于物价频繁波动等原因促成政府逐渐建立起该项制度。20 世纪 70 年代，发达国家已经普遍建立起该项机制。由于经济基础薄弱、经济体制等因素，发展中国家养老金调整指数机制建立的时间较晚，目前多数还处于起步阶段，中国就是其中之一。发达国家养老金指数化调整机制已经运行了相当长的一段时间，既有成功的经验，也有失败的教训，这对中国建立规范的统筹养老金调整指数是可以借鉴的。

第一节 养老金调整指数的类型及特点

一、国外养老金调整指数的基本类型

建立养老金调整指数，最基本的初衷是防范通货膨胀的风险，避免给退休者的养老金带来严重的损害，在此基础上，让老年人口适当分享经济增长的成果。所以，世界各国采用的养老金调整指数相近，但由于各国国情不同，经济发展水平不同，导致养老金调整指数表现出一定的差异性，见表4—1。具体来说，养老金调整指数可以概括为以下几种形式：(1) 根据物价指数（通常是根据消费价格指数CPI）的变化来调整养老金，采用这种调整指数的国家主要有美国、英国、加拿大等；(2) 根据工资指数来调整养老金，采用这种调整指数的国家主要有德国、匈牙利等；此外，有的国家同时根据物价指数和实际工资增长率的综合变化调整养老金，采用这种方式的国家主要有瑞士、瑞典等。

二、不同类型调整指数的特点

（一）根据物价指数（通常是消费者价格指数CPI）的变化来调整养老金

采用这种方式调整养老金通常是基于公共养老保险制度的最基本目标，即保证退休者最基本的生活水平，避免陷入绝对贫困的状态。在这一基本目标下，为了抵御通货膨胀的风险，依据消费价格指数调整养老金，使养老金免受侵蚀。这一调整指数的缺点是：它对养老金的调整幅度较小，对老年人口养老金补偿额度低，仅能够使退休者养老金的实际购买力始终维持在退休初期的水平，没能随着经济的增长，在职者生活水平的提高而提高，从而导致老年人口没有分享到经济增长的果实。它的优点在于：在长期运行中，由于对养老金补偿额度低，所以，基于指数化调整所需要的养老金资金需求低，这样能最大限度地避免养老金出现支付危机，稳定在职者的缴费率，见表 4—1。

表 4—1　　部分国家退休金计划的指数化特征（1991）

养老金调整指数特征	国　家
工资指数	奥地利、法国、德国、冰岛、匈牙利
物价指数	澳大利亚、加拿大、丹麦、芬兰、日本、英国、美国、波兰
物价工资综合指数	瑞典、瑞士
无调整指数	韩国、中国

注：1. 法国 1994 年后采用物价指数调整；

2. 1980 年以前，英国养老金是根据物价上涨率与工资上涨率中高的一个进行调整，但是从撒切尔执政以后，仅仅是根据物价上涨率来调整养老金；

3. 日本每五年左右要根据经济增长率的变化对养老金进行调整，以跟上生产率的提高，这样，日本实际采用的是依据工资所进行的指数化调整。

（二）根据货币工资增长率的变化来调整养老金

这种方式根据调整额度可以进一步分为两种类型：

1. 根据工资增长率的一定比例调整养老金

在通常的经济条件下，由于长期名义工资反映物价水平的变动，因此，从理论上说，根据名义工资增长率的波动调整已退休者养老金的给付水平能够使其免受通货膨胀的侵害，并且采用这种方式调整养老金，可以使已退休者能够部分分享经济增长的果实。但是，这种调整方式存在的问题是养老金的调节可能与通货膨胀率之间的关系不一致，从而不能实现养老金指数化调整的初衷。例如，假定名义工资增长率为 10%，并且由 2.5%的价格通胀率和 7.5%的真实工资增长率构成，那么，如果根据名义工资增长率的 50%调节养老金，则养老金待遇就要增长 5%，是通胀率的 2 倍。另外，如果通货膨胀率为 7.5%，真实工资增长率为 2.5%，并且仍然按照名义工资增长率的 50%调整养老金，那么养老金的调整就没有跟上物价的上涨。在这种情况下，这一调整指数没有达到保护老年人口的退休金免受通货膨胀侵蚀的目的。第一种情况对养老金体系来说可能代价昂贵，第二种情况又让退休人员难以接受。因此，这种以货币工资增长率的一定比例为基础的调整指数，在设计上是不合理的。

2. 根据完全的工资增长率调整养老金

采用该调整指数目的是使老年人口与在职者平等分享经济增长成果，这是对老年人口养老金最高程度的保障。在人口老龄化不断加剧的今天，该调整指数存在的主要问题，是会给养老金财务制度带来沉重的负担，导致在职者缴费率不断攀升，这一状况会迫使政府不断削减对养老金的调整幅度，结果会产生代际间收入再分配不公平的问题。①

（三）根据物价指数和工资增长率的综合变化调整养老金

这种方式是上述两种机制的综合。这种调整机制有多种形式，如瑞士以一半工资指数与一半物价指数相加后的指数作为养老金的调整指数。一般来说，这种调整指数首先保证老年人口养老金免受通货膨胀的侵蚀，在此基础上，使退休者适当分享经济增长的成果。

第二节　德国养老金调整指数运行分析

1922 年，丹麦是首先引入养老金调整指数的国家，但是，首先建立现代养老金指数化调整机制的国家是德国。1957 年，德国首创了一种动态的、与生产效率挂钩的养老金结构，使养老金额能参照工资进行指数化调整。

① 关于这一调整指数的论述参见本章关于德国公共养老金调整指数运行分析。

一、德国养老金制度简介

（一）德国养老金制度的构成

德国养老金制度由老年养老金、残疾养老金和遗属养老金三部分构成。[①] 其中，老年养老金是指支付给达到一定年龄的人[②]，残疾养老金是支付给由于疾病、残疾、身心衰弱而不能劳动的人，遗属养老金是指具有养老金领取权的人一旦死亡就支付给其配偶及其家属。

（二）德国养老金计算方法

德国养老金以一生的收入为计算的基础，然后再根据养老金的类型和退休年龄等进行调整。具体来说，养老金计算公式由四个要素构成[③]：

1. 收入点数（earning points，EP）

收入点数是指受保人个人年度报酬占所有受保人年度平均报酬的比例，例如，1EP 表示该雇员的相对收入处于社会收入的平均值位置，0.5EP 表示该雇员相对收入为社会平均收入水平的 50%，依此类推。因此，收入点数反映雇员的相对收入水平。雇员收入与其对养老保险的缴费相一致，收入越多，对养老保险的缴费也越多。

2. 服务年限（years of service life ，SY）

服务年限包括缴费期和代表雇员缴费期及没有缴费但算作缴费的期限，如失业期间没有向养老保险计划缴费，但视为缴费。

3. 调整因子（adjustment factors，AF）

调整因子有两种类型，一个是针对养老金类型设定的调整因子，其取值范围是 0.25～1 之间，如老年养老金 AF＝1，残疾养老金 AF＝0.6667；另一个是 1992 年改革方案确定的依据退休年龄设定的调整因

① 钟仁耀. 养老保险改革国际比较研究. 上海：上海财经大学出版社，2004，126

② 1992 年，德国公共养老金制度规定标准退休年龄为 65 岁。

③ Axel H. BÖrsch-Supan and Christina B. Wilke（2003）. The German Public Pension System：How It Was，How It Will Be.

子，针对不同年龄，调整因子有不同的取值，见表4—2。

通过表4—2数据比较可以得出，无论是在1992年的改革之前，还是在1992年的改革之后，德国养老金制度对提前退休的初始给付水平都十分慷慨，均高于基于精算的初始给付水平，而对推迟退休的初始给付水平却低于基于精算的初始给付水平，这种制度设计显然是不合理的。对初始给付水平的不合理设计必然会带来两个后果，一是激励德国在职者提前退休，导致德国养老金制度赡养率提高；二是为了保持养老金计划财务运行稳定，德国设定的养老金制度缴费率比较高。

表4—2　德国养老金依据退休年龄变化对初始给付水平所作的调整（AF单位:%）

年龄	AF在1992年前取值	AF在1992年后取值	基于精算平衡的AF取值
62	100.0	89.2	80.5
63	100.0	92.8	86.3
64	100.0	96.4	92.8
65	100.0	100.0	100.0
66	107.2	106.0	108.1
67	114.4	112.0	117.2
68	114.4	118.0	127.4
69	114.4	124.0	139.1

资料来源：Axel H. BÖrsch-Supan and Christina B. Wilke（2003），The German Public Pension System：How It Was，How It Will Be，14.

注：1. 1992年后将退休年龄与养老金给付水平挂钩是逐步实施的；

2. 精算中正常工作时间为20～65岁，使用的贴现率为3%。如果贴现率提高，会使AF值变化幅度更大。

4. 养老金现值（current pension value，PV）

养老金现值的大小取决于养老金调整指数的形式。德国养老金基本上采用的是以工资增长率为基础的工资指数作为调整指数，但不同时期也有一些变化，后面将会分析。

将上述 4 个因素合在一起，就可以计算出某一个养老金领取者 i 在 t 年能够获得的养老金值，具体公式为：

$$P_{t,i} = EP_i \cdot SY_i \cdot AF_i \cdot PV_t \tag{4—1}$$

在式（4—1）中，$EP_i \cdot SY_i \cdot AF_i$ 前三个因子的乘积决定了某个人 i 基本养老金的初始水平；PV_t 第四个因子决定了基于养老金的指数化调整所带来的收入在在职者与养老金领取者之间总的分配状况。PV_t 数值大小取决于依据总工资指数还是税后净工资指数调整养老金，PV_t 进一步表达为：

$$PV_t = PV_{t-1} \cdot PAI_t \tag{4—2}$$

式（4—2）表明，与 $t-1$ 时期相比，某退休老人 t 期养老金给付水平的调整幅度取决于调整指数 PAI_t。

（三）德国养老金指数化调整的资金来源

养老金指数化调整所需要的资金是德国养老金支出的一部分，同样采用现收现付筹资方式，70%左右的资金来源于社会保障税，如工薪税，由雇主和雇员平均分担，30%左右来自财政的专项税收和联邦政府的补贴，这些补贴也间接来源于政府的一般税收收入。从社会保障税的设置方式看，德国社会保障税为项目型社会保障税模式，即社会保障税的征收与相应项目建立起一一的对应关系，专款专用，返还性非常明显，而且可以根据不同项目支出数额的变化调整税率，也就是说，哪个项目对财力的需要量大，哪个项目社会保障税率就要提高，其缺点是各个项目之间财力调剂余地较小。这样，当基于指数化调整的养老金计划支出额不断增加时，必然导致养老金缴费率水平不断提高，雇主和雇员养老保险缴费的负担不断加重。

二、德国养老金调整指数设计的目标定位分析

（一）德国养老金调整指数设计的目标定位

1889 年，德国建立养老金制度，其目的之一就是将工人在工作期间获得的生活水平延伸到退休以后。此后，在 1957 年的《养老金改革

法》中，德国提出对退休者的养老金进行指数化调整，将其调整幅度定位在保证工人退休后能够维持其退休前的相对生活水平。[①] 这实际上就是说，工人退休后，能随着在职者生活水平的提高获得同等幅度的提高，即与在职者同等比例地分享经济增长的成果。因此，德国设计调整指数之初，采用总工资指数作为调整指数，目的就是使退休者的养老金能跟上在职者工资的增长，使退休者的相对生活水平保持不降低。

（二）德国养老金调整指数设计的目标定位分析

德国将养老金调整指数设计的目标定位在保持退休者的养老金跟上在职者总工资增长，使其相对生活水平保持不变，是由两方面因素综合作用促成的。

首先是制度因素。从建立养老金制度的初衷看，德国在 1889 年建立该项制度主要是出于政治上的考虑而进行的。具体来看，1837 年世界性经济危机的爆发，导致德国资产阶级对工人进行变本加厉的剥削和压迫，这激起了工人阶级的强烈反抗。为了缓和劳资之间的阶级矛盾，德国当时的俾斯麦政权在 1883 年颁布世界上第一部《疾病保险法》，随即又在 1884 年颁布《工伤保险法》，1889 年颁布《养老、残废、死亡保险法》，从而在德国初步确立其社会保障系统。可见，以俾斯麦为代表的德国政府将社会保障作为一种政治工具，采用“胡萝卜＋大棒”的策略，想利用养老金计划等一系列针对劳动者的福利待遇——社会保险，削弱工人阶级对社会主义支持的愿望，维持德国政治的稳定，而忽略了养老金制度等对市场效率可能产生的负面影响。因此，Gosta Esping-Andersen 将德国视为福利资本主义国家中保守的“国家合作主义”者的典型代表。[②] 德国在 1957 年的养老金调

① 尼尔·吉尔伯特. 社会福利的目标定位——全球发展趋势与展望. 郑秉文等译. 北京：中国劳动社会保障出版社，2004

② “国家合作主义”模式的特点之一是：将个体的忠诚直接系于君主或中央政府的权威，这也是俾斯麦促使国家直接补贴养老金给付的动机。“国家合作主义”的特点等内容参见：［丹］考斯塔·艾斯平—安德森. 福利资本主义的三个世界. 郑秉文译. 北京：法律出版社，2003

整指数设计中，同样体现出保守的“国家合作主义”福利资本主义制度的特点：为了最大限度地安抚退休者，从而维持社会政治稳定，采用了调整幅度最高的总工资指数作为调整指数，使退休者相对于在职者的生活水平保持稳定。

其次是经济因素。进入20世纪50年代，德国表现出富有活力的经济增长，物价稳定，在职者的工资水平不断上涨，在1953年至1957年间，年均增长率达到8.04%，而通货膨胀率仅为1.02%，[①] 因此，在职者的相对生活水平得到大幅度提高。作为保守的“国家合作主义”者，为了避免由于在职者与老年人口之间收入差距过大而引发社会不安定，于是，德国选择了总工资指数作为养老金的调整指数。

三、德国养老金调整指数的改革历程

（一）1957—1991年以总工资指数为调整指数的改革

德国在1957年的《养老金改革法》中，确定了将养老金进行动态调整，但是，法律没有明确规定采用何种调整指数调整养老金。在实践中，制度因素和经济因素共同促成它选择总工资指数作为调整指数，具体到养老金公式中，PAI_t 表达为：

$$PAI_t = [1 + g_W(t)] = [1 + \pi(t) + g_w(t)] = \frac{AGI_t}{AGI_{t-1}} \tag{4—3}$$

式中，$g_W(t)$ 为 t 年的货币工资增长率；$g_w(t)$ 为 t 年的实际工资增长率；$\pi(t)$ 为 t 年的通货膨胀率，$1+\pi(t)$ 为 t 年消费价格指数；AGI 为平均总工资收入（average gross income）；$\frac{AGI_t}{AGI_{t-1}}$ 为总工资指

① 联邦德国1953—1957年的通货膨胀率分别为－2.7%、2.8%、1.3%、1.6%、2.1%；工资增长率分别为9.6%、1.8%、12.3%、7.8%、8.7%。数据来源：［美］劳伦斯·汤普森．老而弥智——养老保险经济学．孙树菡等译．北京：中国劳动社会保障出版社，2003

数，用 GWI 表示。在实施过程中，由于数据的可得性，德国以上一年工资增长率确定的总工资指数作为养老金调整指数，相应地，PAI_t 为：

$$PAI_t = [1 + g_W(t-1)] = [1 + \pi(t-1) + g_w(t-1)] = \frac{AGI_{t-1}}{AGI_{t-2}} \tag{4—4}$$

（二）1992—1998 年以净工资指数为调整指数的改革

对养老金初始给付水平的不合理设计导致德国养老金制度的赡养率不断提高，加上对养老金给付水平采用总工资指数调整，导致在职者缴费率不断上涨，具体来说，由 1889 年德国养老金制度立法之初的 1.7%上升到 1990 年的 18.7%。1991 年，联邦德国与民主德国统一，养老金的缴费率略有下降，但仍然保持在 17.1%的较高水平。在缴费率保持较高水平的同时，征税封顶工资线也在不断攀升，并且其提高的速度要比工资增长的速度快得多，1980－1991 年期间，征税封顶工资线平均每年上涨 4.06%[①]，而工资增长率年平均值为 2.5%[②]，这意味着在职者的净收入相对于总工资的比例不断下降，在职者税费负担不断加重。而退休者养老金的指数化调整是根据总工资收入而非净工资收入的变化进行的，这使养老金领取者相对于在职者处于有利位置，这必然会使在职者产生不满情绪。同时，由于缴费率居高不下，使企业生产的劳动力成本过高，以自身利益最大化为目标的企业必然会减少对劳动力的需求，从而带来较高的失业率，进而对社会稳定和经济发展带来负面影响。为了维护政治的稳定，减少养老金计划对经济发展的负面影响，德国政府在 1992 年对养老金制度进行了改革，这次改革的主要内容就是将调整指数由总工资指数转变为净工资指数，即总工资扣除向养老金缴费后的工资为基数所计算的工资指数作为调整指数。在这次改革中，除对调整指数进行削减外，还附带将所有类型的养老金的标准退休年龄

① 钟仁耀．养老保险改革国际比较研究．上海：上海财经出版社，2004

② ［美］劳伦斯·汤普森．老而弥智——养老保险经济学．孙树菡等译．北京：中国劳动社会保障出版社，2003

提高到65岁（除残疾人养老金退休年龄定为63岁外），并将退休年龄与退休金紧密联系起来，德国对退休年龄进行改革的主要目的是减少人们提前退休的动机，以减轻养老金计划的财务压力。采用净工资指数作为调整指数的 PAI_t 表达式为：

$$PAI_t = \frac{AGI_{t-1}}{AGI_{t-2}} \cdot \frac{1-\tau_{t-1}}{1-\tau_{t-2}} \tag{4—5}$$

式中，τ 为在职者向养老金的缴税率。由于德国养老金缴税率总体上表现为不断上涨，因此，$\frac{1-\tau_{t-1}}{1-\tau_{t-2}}<1$，即采用净工资指数确定养老金调整水平，调整幅度有所减小。

（三）1999－2000年以消费者价格指数（CPI）为调整指数的改革

1992年使用新的净工资指数调整养老金给付水平后，人们清楚地看到，这次削减养老金调整指数的改革力度太小，来的太迟，很难使德国养老金制度回到财务稳定的路径上，即这次改革没有解决在职者对养老金制度缴费率和征税工资封顶线上升速度过快、在职者负担不断加重、养老金制度财务压力过大的本质问题。因此，德国政府不得不继续寻找能够解决这一问题的降低养老金调整指数的合理方案。

于是，前保守党政府提出带有所谓的“人口因子”的养老金调整指数改革方案。[①] 该方案拟按照未来人口预期寿命的不断延长，逐步削减养老金调整指数水平，以减轻在职者和政府养老金财务的负担，维持德国养老金财务制度的稳定。包括“人口因子”的 PAI_t 表达式为：

$$PAI_t = \frac{AGI_{t-2}}{AGI_{t-3}} \cdot \left[1 + 0.5 \cdot \left(\frac{LE(t-3)}{LE(t-2)} - 1\right)\right] \tag{4—6}$$

其中，LE表示在一个具体年份对65岁老人余命的预期，如LE（1999）表示在1999年对65岁老人余命的预期，由于老年人口余命不

① Hans Fehr and Christian Habermann. Pension Reform and Demographic Uncertainty. Würzburg Economic Papers No. 47，2004

断延长[①]，总体上应该有$\left[\frac{LE\ (t-3)}{LE\ (t-2)}\right]$数值略小于1，相应地，$\left[1+0.5\cdot\left(\frac{LE\ (t-3)}{LE\ (t-2)}-1\right)\right]$略小于1；0.5是关于在职者和退休者对老年人口余命延长风险负担比例的分配系数，这里为平均分配。从上述分析可知，该方案拟按照未来人口预期寿命的延长削减养老金调整幅度。

但是，这一方案由于1998年德国政府执政党的变更而被停止实施。面对养老金计划的财务压力，由于当选的德国政府没有找到关于削减养老金给付水平的合理调整指数改革方案，于是，在1999年和2000年临时采用CPI调整已退休者的养老金给付水平。采用CPI调整养老金的给付水平，仅能保证养老金的绝对购买力水平不降低。

（四）2001年Riester改革方案

2001年5月11日，德国一项新的养老金改革法案正式生效，人们称之为“Riester改革”（以德国劳动部长Walter Riester的名字命名）。这项改革将德国养老金由纯现收现付制度转变为多支柱制度[②]，即部分积累制，并在2002年1月1日开始生效。“Riester改革”有三个主要目标：一是可持续的养老金缴费率，二是保证养老金水平的长期稳定性，三是加大私人补充储蓄养老金份额。于是，2002年开始，一个更复杂的养老金调整公式开始生效，其具体表达式为：

$$PAI_t=\frac{AGI_{t-1}}{AGI_{t-2}}\cdot\frac{\frac{d_t}{100}-AVA_{t-1}-\tau_{t-1}}{\frac{d_t}{100}-AVA_{t-2}-\tau_{t-2}} \tag{4—7}$$

式中，AVA_t是对应于部分积累制度下的私人养老金账户虚拟的缴税率，其取值为：从2003年的0.5%逐步提高至2009年的4%，此后保持在4%不变；d_t为敏感因子，其取值为：在2010年之前为100，在

① 老年人口余命的延长是德国人口老龄化的主要原因之一。

② 从20世纪70年代开始，德国公共养老金储备基金非常低，如2003年8月，基金仅能够用于14天的公共养老金支出。

2010 年之后逐渐降低至 90。d_t 这样取值目的是：在 2010 年之后有效提高 PV_t 对养老金缴税率 τ 的敏感度。① 也就是说，德国拟通过对 d_t 的人为调整，实现对养老金指数化水平的控制，进而控制在职者缴税率的快速上涨。但是，德国学者模拟预测结果显示，在该方案中，这两个目标均无法实现。

（五）2002 年 Bert Rürup 改革方案

当人们清楚地看到，Riester 改革方案不能达到预定的缴费率和养老金水平后，一个新的改革委员会——“保持德国社会保障制度支撑能力委员会”在 2002 年 11 月成立，这个委员会被称为 Rürup 委员会（以其委员会主席 Bert Rürup 的名字命名），它的双重目标与 Riester 改革方案相同：既要稳定缴费率，又要保证适当的养老金给付水平。

为了实现双重目标，Rürup 改革方案中提出两项重要改革：一项是将标准退休年龄由 65 岁逐渐提高到 67 岁，另一项是在 Riester 改革方案中的养老金指数化调整公式基础上又引入一个因子——“支撑能力因子”（sustainability factor），它反映了缴费者与养老金领取者之间相对人口数量的变化情况，即制度赡养率的变化。Rürup 改革方案中新的养老金指数化调整公式形式如下：

$$PAI_t = \frac{AGI_{t-2}}{AGI_{t-3}} \cdot \frac{1-\delta_{t-2}-\tau_{t-2}}{1-\delta_{t-3}-\tau_{t-3}} \cdot \left[\left(1-\frac{PQ_{t-2}}{PQ_{t-3}}\right)\alpha+1\right] \quad (4—8)$$

式中，δ 表示在职者向私人养老金账户的缴税率；$\frac{AGI_{t-2}}{AGI_{t-3}} \cdot \frac{1-\delta_{t-2}-\tau_{t-2}}{1-\delta_{t-3}-\tau_{t-3}}$ 表示（$t-2$）年净工资指数，该指数在时间上又滞后一年，

① 设 $f=\frac{d_t/100-AVA_{t-1}-\tau_{t-1}}{d_t/100-AVA_{t-2}-\tau_{t-2}}$，可得：$\frac{\partial f}{\partial d_t}>0$，且 $\frac{\partial^2 f}{\partial d_t^2}<0$。$\frac{\partial f}{\partial d_t}>0$，说明当养老金缴费率不断提高时，通过人为下调敏感因子，对养老金的调整幅度减小，但是 $\frac{\partial^2 f}{\partial d_t^2}<0$，所以，调整指数的下降幅度会慢于敏感因子的下降幅度，从而实现设定的缴费率和养老金替代率双重目标。

这仅仅是由于数据的可获得性而采用的；PQ=养老金领取者人数/（在职者缴税人数+失业人口数），即为制度赡养率；$\left(1-\frac{PQ_{t-2}}{PQ_{t-3}}\right)$即为支撑能力因子，它反映了缴税者与养老金领取者之间相对人口数量的变化情况，即制度赡养率的变化；α 为人口老龄化所带来的养老金负担在在职者和已退休人口之间分配的权重值，在 Rürup 改革方案中，α 取值为 0.25，表明制度赡养率提高所带来的养老金财务负担在职者承担的比例大一些，养老金领取者承担的比例小一些，目的是实现 Riester 方案和 Rürup 方案中所提出的关于缴税率和养老金给付水平的双重目标。德国学者预测表明，德国养老金的制度赡养率会不断提高[①]，所以，$\frac{PQ_{t-2}}{PQ_{t-3}}$数值略小于 1，相应地，$\left[\left(1-\frac{PQ_{t-2}}{PQ_{t-3}}\right)\alpha+1\right]$数值应略小于 1。因此，Bert Rürup 方案使调整指数在净工资指数的基础上又有所削减。

模拟预测结果表明，当 $\alpha=0.25$ 时，到 2030 年德国养老金缴费率将略低于 23%；现收现付制下的养老金水平到 2030 年将刚刚超过总收入的 40%，基本上能够实现预定的改革目标。

四、对德国养老金调整指数改革的评价

（一）1957—1991 年采用的总工资指数作为调整指数的评价

德国在 1957 年采用总工资指数调整养老金的做法，曾在 20 世纪 60 年代非常盛行。这一调整指数德国一直使用到 1991 年，持续 34 年，经历了德国经济繁荣和衰退的不同时期，并经历了民主德国和联邦德国统一的过程。这一调整指数的运用，使德国老年人口在退休后能够与在职者平等分享经济增长的成果，使退休者不仅绝对生活水平获得很大提

① Axel H. BÖrsch-Supan and Christina B. Wilke（2003）. The German Public Pension System：How It Was，How It Will Be，MEA（Mannheim Research Institute for Economics of Aging）p34

高，而且相对于在职者的生活水平也能够保持不变。因此，这种调整指数的运用，得到老年人口的认可。在该指数运行的初期，由于养老金调整指数运行稳定，在德国民众当中已经产生了保险精算公平的感觉，因此，在职者认为向养老保险制度缴费是作为保险费，即自己投保的费用。

如前所述，以货币工资增长率为基础而建立的总工资指数调整指数的特点是：在人口结构稳定的情况下，养老金指数化调整的资金来源——社会保障税，如工薪税收入，与退休者所获得的养老金指数化调整的给付水平都将与总工资联系。这时，该调整指数能够避免养老金指数化调整的给付水平超过工薪税收入，即能保持养老金财务制度的稳定运行。然而，当人口结构发生变化时，以总工资指数为基础调整养老金给付水平，会使养老金计划的财务收支处于不稳定的状态。① 正如德国人口老龄化的不断加重，加上德国养老金针对不同退休年龄的初始给付水平设计不合理，导致提前退休人口增加，使德国养老金计划的制度赡养率不断提高，养老金制度面临财务危机。为了缓解养老金计划的财务危机，德国采取的措施之一就是不断提高雇主和雇员缴费率以及缴费工资封顶线，这一做法的结果是德国企业劳动力成本上升。企业为了保持竞争力，对此作出的反应是减少雇员人数，造成一定程度的失业率上升②，对经济的稳定增长产生不良的影响。另外，缴费率和工资封顶线的不断攀升，也侵蚀了在职者的税后净工资，导致退休者可支配收入的增加要快于在职者可支配收入的增加，产生了严重的代际不公平问题，因此，在职者对养老金制度产生了不满情绪。

（二）1992—1998 年采用净工资指数作为调整指数的评价

1992—1998 年间德国削减了养老金指数化调整的幅度，由总工资指数转为净工资指数，使退休者更公平地与在职者平等分享经济增长的成果。这一改革的结果是：养老金水平降低了，这并不是说养老金实际

① 该问题的理论推导过程参见第七章第三节中的详细论述。

② 该结论在第七章分析养老金调整指数对经济影响时进行了计量分析。

上减少了，而是每年调整量减少了。在人口老龄化不断加重，养老金制度的赡养率不断提高的情况下，这种调整指数的转变十分重要，它暗含着代际之间对人口老龄化负担的分担机制，即由于支付养老金的税率的提高，在职者净收入将减少，同时，通过把养老金调整指数建立在净收入的基础上，调整的量减少了，这就产生了几代人之间共同分担人口老龄化所增加的负担。因此，从代际之间收入再分配的角度说，净工资指数比总工资指数更公平。可以说，1992—1998 年间用平均净工资指数调整养老金给付水平解决了一些 1992 年前用总工资指数调整养老金中所产生的问题。但是，用完全的净工资指数调整养老金仍然会给德国退休者带来慷慨的退休收入，以中等收入水平的在职者为例，在 1998 年具有 45 年缴费历史的工人可以获得的净养老金替代率达到 70.5%，有 38 年缴费历史的工人可以获得 59.5%的净替代率。①

以净工资指数作为养老金的调整指数，同样的问题是，该指数对养老金制度的人口结构十分敏感。由于德国人口老龄化不断加剧，养老金制度赡养率不断提高，从资金上看，劳动生产率提高所带来的资金不可能支撑用完全的净工资指数调整养老金所带来的财务负担。不久，人们清楚地看到，1992 年以削减养老金调整指数为重点的改革力度太小，没能解决德国养老金制度中在职者缴费负担过重、制度财务压力过大的本质问题。

（三）1999—2000 年以 CPI 作为调整指数的评价

1999 年和 2000 年由于德国政府的变更，临时采用了仅保证绝对生活水平不降低的调整指数——CPI，即依据上一年 CPI 调整养老金的给付水平的变动。采用 CPI 作为调整指数，其特点如前所述，能够保证退休者的退休金跟上通货膨胀的变化，保障其退休金的绝对购买力水平不变，但相对购买力水平可能会不断下降。这是因为：从长期来看，一国

---

① Axel H. BÖrsch-Supan and Christina B. Wilke. The German Public Pension System: How It Was, How It Will Be. 34；净替代率是指养老金占平均净工资的比例。

经济发展的平均水平会不断提高，采用 CPI 作为调整指数使老年人不能同在职者分享经济增长的成果，其退休后，相对生活水平就必然会不断降低。但是，德国采用 CPI 作为养老金调整指数仅有两年时间，并且这两年中工资和物价总体变动都不是很大，因此，对德国老年人来说，这两年期间采用 CPI 作为养老金调整指数并没有使其相对生活水平发生明显的变化。

（四）2001 年 Riester 改革方案中的调整指数的评价

2001 年 Riester 改革方案中的调整指数是在 1992—1998 年使用的净工资指数基础上进一步的削减与修正。它主要是为了应对人口老龄化危机，人为设定一个敏感因子 d_t，使退休者的养老金指数化调整水平缓慢下调，抑制在职者缴费率的不断提高，目标是控制缴费率到 2020 年低于 20%，到 2030 年低于 22%；到 2030 年保持养老金的标准替代率水平在 67%以上。[①] 但是，经过德国学者的模拟预测，结果显示：采用 Riester 调整公式，到 2014 年缴费率将超过 20%，到 2022 年缴费率将超过 22%；未来养老金水平将比政府预期的水平下降更多，在 2030 年以前的很早时间替代率就会降至低于 67%，在 2042 年将降至 62%。[②] 因此，从德国预期的目标设定角度说，这一调整指数的改革方案是不成功的。

（五）2002 年 Bert Rürup 改革方案中调整指数的评价

在 2002 年的改革方案中，又对 2001 年改革方案中的调整指数公式进行了进一步的修正，在净工资指数的基础上，将人为调整的敏感因子转变为自动调整的支撑能力因子，使养老金指数化调整的下调幅度更加规范化。这一调整指数实际上就是在净工资指数的基础上，让老年人口适当分担了一部分人口老龄化所带来的养老金计划的财务负担。

---

① 标准替代率是指德国一个具有 45 年工作历史的工人获得的养老金与所有在职者平均净收入的比值。

② Axel H. BÖrsch-Supan and Christina B. Wilke. The German Public Pension System: How It Was, How It Will Be. 34

但是，从对α取值可以看到，在人口老龄化不断深化的条件下，德国政府将养老金制度赡养率提高所带来的养老金财务负担让在职者承担了75%，而养老金领取者仅承担25%，即尽可能保护老年人口的利益，这又可以从德国保守的“国家合作主义”的福利资本主义制度得到解释。随着德国人口老龄化的不断加速，65岁及以上人口占总人口的比例越来越高，在2000年达到15.9%，高于OECD国家的平均水平14.1%，更高于世界的总体平均水平6.8%。[①] 这一结果导致：一方面，增加了需要养老金的人数；另一方面，增加了在政治上支持、维护对养老金给予较高调整指数的改革方案的人数。[②] 在这个保守的“国家合作主义”福利国家，为了维护政治稳定，获得老年人口的支持，必然会选择对养老金调整指数削减幅度较小的改革方案。虽然德国对Bert Rürup改革方案中调整指数经过精算预测后，认为基本能够实现预定的改革目标。但是，这一改革方案在设计上仍然要尽可能坚持保障老年人口相对生活水平不降低，从而进一步带来在职者缴费率的提高和在职者承担的养老金负担的加重。

德国对养老金调整指数的不断改革，以及对养老金慷慨度的不断削减，导致人们对养老金制度十分不满，特别是那些年轻的在职者，据调查显示：到2001年，德国民众普遍认为，对养老金缴费是一种税收，这说明人们已经认识到，自己未来的养老金收入可能要小于自己的缴费。但是，这种不满情绪并没有阻止德国政府进一步削减养老金调整指数。究其原因在于：一方面，在职者缴费率不断上涨所导致的生产成本的提高，带来失业率水平的上涨，已经影响德国社会的稳定和经济的发展；另一方面，如果德国不进行改革，其结果是养老金的缴费率会以更

① 科林·吉列恩，约翰·特纳等编．全球养老保障——改革与发展．杨燕绥等译．北京：中国劳动社会保障出版社，2002

② 如在1984年，德国32%的选民是老人。随着人口老龄化的加剧，老年人口在选民中所占的比例越来越大，所以他们不见得非要正式组织起来才会在养老金问题上产生巨大的政治影响。

快的速度上升，这样发展下去的最终结果是德国养老金制度的崩溃。因此，从养老金制度持续发展的角度考虑，德国政府必须对养老金制度进行改革，而削减养老金指数化调整幅度的空间比较大，因此，它成为德国削减养老金成本的主要方式。但是，从德国养老金调整指数的改革过程看，除了1999—2000年调整指数的改革外，每次调整指数改革削减的幅度都很小，都是围绕净工资指数进行修正，没有实质性的变革。所以，每次改革结果都不能令人满意，缴费率仍然在不断攀升，在职者负担在不断加重。

五、德国养老金调整指数设计的教训

德国在设计养老金调整指数时，其最大的教训是目标定位过高，调整指数过大，养老金给付水平的调整幅度过大。在1957年养老金调整指数设计中，将目标定位在保证工人退休后，能够维持其退休前的相对生活水平。因此，德国在建立调整机制之初，采用完全的总工资指数调整养老金，完全分享经济增长的成果。

正如第三章中新阐述的那样，依据社会福利补偿标准，在人口结构不断变化的社会中，如果保持养老金计划持续稳定的运行，养老金调整指数的设计就应该坚持“公平与效率的统一与兼得”的原则，初始应设计较小的调整指数。可以从另一角度阐述坚持这一原则的合理性。一般来说，社会保险项目资金支出规模庞大，尤其是养老金制度，资金支出具有刚性的特点，易升不易降。同时，对已退休者的养老金指数化调整所需要的资金来源于在职者的缴费，这样，如果调整指数设定过高（从老年人角度看公平），在人口老龄化的现实条件下，会导致在职者负担不断加重，生产的劳动力成本上升，企业竞争力下降，影响经济发展，最终无法支付养老金调整指数所需要的资金。因此，设计养老金调整指数时，不能仅仅注重公平，同时要考虑效率。如果只注重公平，而忽略了效率，虽然短时期内，老年人口基于养老金的指数化调整获得了慷慨的给付（如德国），但是，从经济长远的发展来看，这种慷慨的调整指数导致在职者缴费率不断提高，企业劳动力成本不断上升，竞争力不断下降，最终导致经济发展受阻，从而使养老金指数化调整资金筹集发生困难，这也正是德国养老金调整指数不断改革、调整幅度不断削减最根本的原因。

第三节　美国养老金调整指数运行分析

美国是西方主要工业化国家中较晚实施社会保险立法的国家，因此，其养老金调整指数建立时间相对来说也较晚。美国的养老金制度是指老年、遗属社会保险（old age，survivorship insurance，OASI），它与残疾社会保险（disability insurance，DI）和健康保险计划（health insurance，HI）共同构成美国三大独立的社会保障基金。养老金指数化调整是美国公共养老保险制度的重要内容之一。

一、美国养老金初始值的计算方法

美国养老金初始支付额的计算基础是再评价后月平均工资（average indexed monthly earnings，AIME)，它成为所有社会保障支付的基础。具体来说，把受保人达到 60 岁以前各年社会保障税的征税工资进行指数化调整，以补偿全国实际平均工资和物价的上涨，然后按照这个指数化的年收入找出该人 61 岁以前从高至低进行排列的 35 年的平均工资，并加和后除以 420（即 35 乘以 12)，这样就得到再评价后月平均工资 AIME。其次，利用 AIME 计算个人初始退休养老金额（primary insurance amount，PIA)，即 PIA 是以 AIME 为计算基础的，其具体计算公式为：

$$\text{PIA} = 0.90 \cdot A + 0.32 \cdot B + 0.15 \cdot C \qquad (4—9)$$

式中，A，B，C 为基准金额，它们是根据平均标准收入每年进行修订的，表4—3给出了美国1998年和2005年AIME中的A，B，C取值范围。

表4—3　美国1998年和2005年AIME中A，B，C取值范围

再评价后月平均工资（AIME）		比率
1998年[1]	2005年[2]	
A：AIME中，477美元为止的部分	A：AIME中，627美元为止的部分	0.90
B：AIME中，477～2 875美元的部分	B：AIME中，627～3 779美元的部分	0.32
C：AIME中，2 875美元以上的部分	C：AIME中，3 779美元以上的部分	0.15

资料来源：1. 钟仁耀. 养老保险改革国际比较研究. 上海：上海财经大学出版社，2004. 46.

2. CBO（2005），The 2005 Annual Report of the Board of Trustees of the Federal Old-age and Survivors Insurance and Disbility Insurance Trust Funds，99.

利用式（4—9）计算后，PIA再依据其他一些因素进行调整，如果提前退休，养老金要进行一定幅度的削减等。另外，在领取养老金时，如果领取人还得到一定的其他收入，还要根据每个领取人的年龄分别设定养老金的支付限制标准，见表4—4。

表4—4　美国根据收入对养老金的支付限制标准

受保人	减少支付额的结构
70岁及以上	全额支付
65～70岁	对年收入超过14 500美元的人，其收入每超过3美元，养老金就减少1美元
<65岁	对年收入超过9 120美元的人，其收入每超过3美元，养老金就减少1美元

资料来源：钟仁耀．养老保险改革国际比较研究. 上海：上海财经大学出版社，2004. 48

二、美国养老金调整指数的建立

（一）建立背景

同德国一样，20世纪30年代，美国在建立养老金制度之初，并没有相应地对退休金建立规范的指数化调整机制。1950年以后，特别是20世纪60年代以后，美国的物价与工资不断提高，导致已退休者固定退休金的购买力不断下降，生活水平不断降低，老年贫困人口增多。在

这种背景下，美国政府从 1965 年起，7 年时间里将已退休的老年人口的养老金给付水平临时提高过三次，它们分别为：1965 年提高 13%，1970 年提高 15%，1971 年提高 10%。这三次临时调整使 1965 年 2 月至 1971 年 1 月美国养老金平均水平累计提高了 43%，而这期间消费者价格指数 CPI 仅增长了 27%①，可见，这三次临时的调整导致养老金给付水平的调整幅度远远超过了 CPI 的上涨幅度。基于这种情况，美国许多议员认为，建立规范的养老金指数化调整机制，将养老金给付水平的调整与 CPI 相联系，有助于降低社会保障成本。于是在 1972 年的社会保障修正案中增加了依据 CPI 自动调整养老金的方案，并在 1975 年开始正式实施。

（二）目标定位

1975 年，美国开始对养老金进行指数化调整，采用的调整指数为消费价格指数——CPI，这一指数是用来反映各个时期居民消费的商品和劳务价格平均变化的动态指标，是通货膨胀的晴雨表，因此，CPI 也被称为生活成本指数。通过这一指数的选择可以推断，美国对养老金建立指数化调整机制的目标定位是：仅保证老年人口的退休收入免受通货膨胀的侵蚀，保障退休金的绝对购买力水平不降低，不保障老年人口由养老金所提供的生活水平跟上在职者生活水平的提高。

（三）资金来源

美国养老金指数化调整所需资金主要来源于 OASI 信托基金。该基金采用现收现付的筹资方式，主要财源包括：（1）企业与职工以及自营业者所缴纳的工资税，即社会保障税；（2）当 OASI、DI 和 HI 三大社会保障基金的任何一方在某一时期出现财务困难时，均可以从其他两方借入资金；（3）在 1983 年的社会保障改革中，开始对高养老金收入的退休者征税，并将该收入和 OASI 信托基金的利息收入也作为养老金和指数化调整所需要的一部分资金来源。

---

① CBO（1982），Financing Social Security：Issues and Options for the Long Run，p. 43

（四）调整方式

在1972年的社会保障修正案中规定，从1975年开始，用CPI调整养老金给付水平。具体调整方法是用本年1季度至上一年1季度的CPI的比值[①]确定本年的调整幅度，并将养老金给付的增加额记到已退休者本年6月份养老金账户上，在7月份开始支付。此外还规定：只有当CPI的增长超过了3%，养老金水平才进行调整，如果没有超过，本年不调整，下一年则用上两年CPI增长的总值确定调整幅度。[②]

三、美国养老金调整指数分析

在美国养老金计划中，信托基金比是衡量养老金计划是否出现财务危机的主要指标。所谓信托基金比，就是某年年初信托基金的资产额与该年养老金预期支出额的比值。因为OASI信托基金的税收流入和养老金支出存在时差，支出在前，收入在后，所以，每个财政年开始时的信托基金比至少应为9%（1/12×100%＝8.3%）。如果信托基金比小于9%，说明OASI信托基金的财务运行出现准备金不足的问题；否则，说明OASI信托基金的财务运行比较稳定，现金流动通畅。如果信托基金比大于100%，说明OASI信托基金财务运行良好，资金充足，能够保证当年的支出；当信托基金比等于或小于0时，信托基金将会面临财务危机。

图4—1显示了美国历来OASI信托基金比的变动情况。从图中可见，美国从1975年开始进行公共养老金指数化调整以来，大体经过了两个发展阶段，OASI信托基金比的变动轨迹呈“U”形曲线。下面对“U”形曲线的前半段与后半段进行分别研究，以了解美国公共养老金调整指数的运行状况。

（一）“U”形曲线的前半段（1975—1983）分析

在图4—1中，1975年到1983年这段时间里，美国OASI信托基金

① 计算出来的结果即为年度CPI。

② CBO（1982），Financing Social Security：Issues and Options for the Long Run，p. 48

比一路下滑，到 1983 年达到最低值 14%。但是，该值始终大于 9%，这说明美国对养老金进行指数化调整并没有引发公共养老金财务危机。

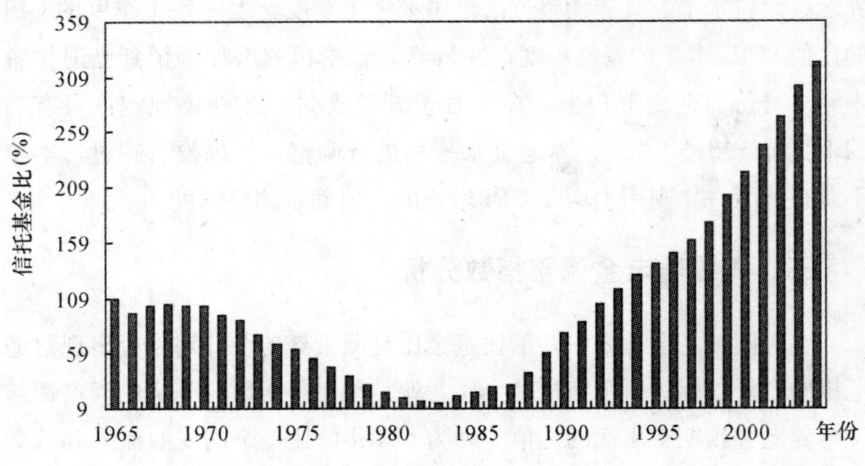

图 4—1　美国历年信托基金比

资料来源：CBO（2005），The 2005 Annual Report of the Board of Trustees of the Federal Old-age and Survivors I nsurance and Disbility Insurance Trust Funds：128—129

这一时期美国 OASI 信托基金比持续下降，主要是由两个原因造成的。一是高通货膨胀率和低工资增长率交叉影响。美国 OASI 的资金来源是工资税，即以工资收入作为缴税的基础；而基于指数化调整的 OASI 支出是以 CPI 的变化为基础进行的。美国在 1975－1983 年的 9 年里，有 6 年工资呈现负增长[①]，这使 OASI 信托基金比不断下降。二是高失业率与制度赡养率的综合影响。从 20 世纪 70 年代开始，美国经济滑坡导致失业率居高不下，1975—1983 年期间的失业率平均达到了 7.58%[②]，这造成向 OASI 缴税的在职人员数量减少。同时，在这一时

① 1975—1983 年美国通货膨胀率依次为 9.2%、4.6%、6.2%、7.7%、12.6%、14.1%、9.1%、2%、1.3%，工资增长率依次为－1.5%、1.1%、－0.4%、0.2%、－2.4%、－3.9%、－0.2%、－0.5%、1.8%。数据来源：［美］劳伦斯·汤普森．老而弥智——养老保险经济学．北京：中国劳动社会保障出版社，2003．119～120

② 国际劳工组织网站，http：//laborsta．ilo．org/cgi-bin/brokerv8．exe．2005

期，美国 OASI 的制度赡养率总体上稳定，即 OASI 制度人口结构比较稳定，保持在 27%左右（见图 4—2）。这样，在制度赡养率稳定的情况下，高失业率也将导致 OASI 信托基金萎缩。

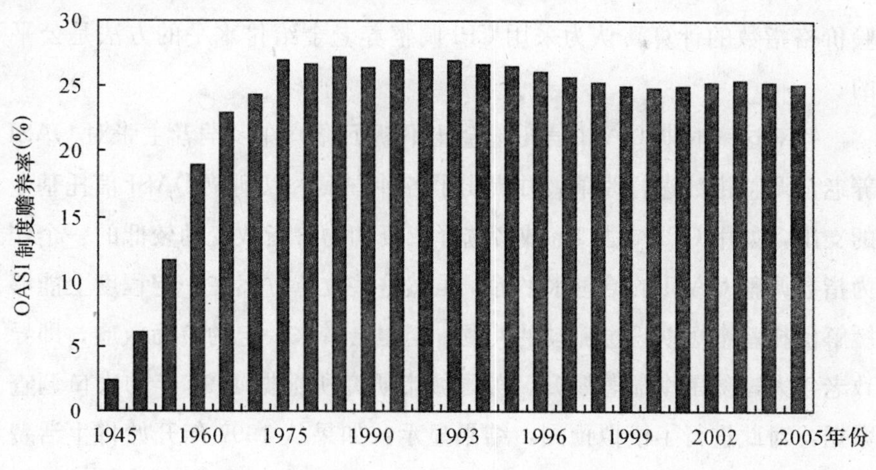

图 4—2　美国历年 OASI 制度赡养率

资料来源：CBO（2005），The 2005 Annual Report of The Board of Trustees of The Federal Old-Age and Survivors Insurance and Disability Insurance Trust Funds：47

注：OASI 制度赡养率是根据 OASI 制度覆盖的在职者与受益者人数计算而得。

20 世纪 80 年代初，虽然美国经济开始进入复苏时期，但是，实际工资呈现负增长，从而导致养老金支出仍超过其缴税收入，信托基金比进一步减小。1983 年，随着美国经济的进一步复苏，实际工资开始正增长，但是，由于失业率进一步攀升，达到 9.6%，导致美国 OASI 信托基金比又下降 1 个百分点，降至 14%，成为美国历史上养老金计划信托基金比的最低点。

这一时期 OASI 信托基金比不断下跌，引起了人们对养老金调整指数 CPI 的怀疑。一些学者认为基于保证老年人口绝对生活水平不降低而采用 CPI 测定通货膨胀来调整养老金给付水平的方法，可能夸大了生活费用的实际增长，进而导致不必要的 OASI 支出的增加。美国专门研究 CPI 的鲍斯金委员会则对 CPI 是否过高估计生活费用的问题进行了实证分析，最后，在 1996 年得出结论：采用 CPI 调整生活费用，由于一些偏差的存在[①]，确实导致平均每年过高估计生活费用约为 1.1%。[②] 但是，美国劳动统计局根据对 1982—2002 年间老年人口生活消费的经验价格指数的计算，认为采用 CPI 调整养老金给付水平的方法是公平的。

针对这一时期 OASI 信托基金比不断下降，许多学者主张对 OASI 养老金调整指数进行改革，并提出了各种方案，以削减 OASI 信托基金的支出，如用 CPI 减去 1%或者选择工资和物价指数变动较低的一个作为指数调整 OASI 的给付水平等。虽然这些改革方案在一定程度上能够缓解信托基金短期现金流动的问题，但也会带来一定的负面效应，即导致老年人口贫困率显著攀升。美国城市研究所根据 1998 年的人口调查数据，对此进行了模拟预测，结果显示：如果从 1997 年开始将生活费用的调整由 CPI 下调为 CPI 减去 1%，则美国老年人口中，收入低于贫困线水平的比例将由 1997 年的 14.1%提高到 20 年后的 18.8%，即 20 年里，老年人口贫困率由于 OASI 调整指数的降低而上升 33%。政府为了信守诺言以保护老年人和残疾人免受通货膨胀的影响，当 OASI 调整指数降低时，为解决那些新增老年贫困人口的基本生活，就需要社会保障其他方面的开支增加，如基于家计调查为基础的补充收入计划。这样做显然会产生“气球效应”，即如果基于调整指数的降低使 OASI 信托基金支出减少，那么，社会保障其他项目的支出就必须相应增加。因此，虽然这一时期 OASI 信托基金比不断下滑，甚至濒临财务危机，美国政府也没有削减 1975 年建立的基于 CPI 的养老金调整指数，没有削减对养老金的调整幅度。

---

① 许多学者认为，美国 CPI 可能过分偏离所需要的生活费用调整 COLAS（Cost of Living Adjustments）。用 CPI 测定生活费用的变化可能会产生几种偏差：（1）商品替代偏差；（2）购买地偏差；（3）商品质量偏差等。

② ［美］安塞尔·M·夏普等．社会问题经济学（第 15 版）．北京：中国人民大学出版社，2003．265

（二）"U"形曲线的后半段（1984—2004）分析

为了缓解OASI等社会保障信托基金的财务困难状况，美国在1983年社会保障改革中，对1975年养老金指数化调整方案进行了调整。一是为了缓解OASI信托基金短期内的财务压力，把OASI给付的指数化调整实施时间向后推迟半年，即根据本年第3季度到上一年第3季度CPI的变动情况确定调整幅度，在下一年1月份开始支付。二是在资金准备率较低的情况下，将采取调整指数与物价指数和工资增长率之间低的一方联动的措施。实际上，从1984年至今并没有具体实施这项措施，即现在的养老金指数化调整基本上沿用原来的模式。在1983年的社会保障修正案中，除了对养老金调整指数相关内容进行改革外，还采取了如下一些改革措施：（1）提前实施社会保障税率的提高计划。由于美国社会保障税率相对来说较低，因此，这一计划的实施没有给美国经济的发展带来明显的负面影响。（2）提高自雇佣者的工资税率。在1965—1983年间，企业和职工的缴税率比自雇者缴税率年平均高出约36.9%（见图4—3），但是，他们初始养老金的计算方法却完全相同，从社会保险公平的角度说，这种税率的设置是不合理的。为此，从1984年开始，美国将自雇者的缴税率提高到10.4%，与企业和职工合计缴税率达到相同的水平。（3）对高收入者的养老金（1983年规定为25 000美元）实行征税，最高可以达到养老金的50%，这些收入也作为OASI信托基金的一部分。（4）从2003年起至2022年，对老年养老金的初始支付年龄分阶段逐渐由65岁提高到67岁。相应地，还进一步削减了提前退休的初始养老金给付水平。[①] 改革目的是进一步提高OASI基金的收入，减少养老金支出，以适应人口老龄化所带来的OASI制度赡养率的提高，避免OASI基金出现财务危机。

在这一时期，美国经济好转、人口结构改善等因素也促使OASI信

① CBO（2005），The 2005 Annual Report of the Board of Trustees of the Federal Old age and Survivors Insurance and Disability Insurance Trust Funds：110

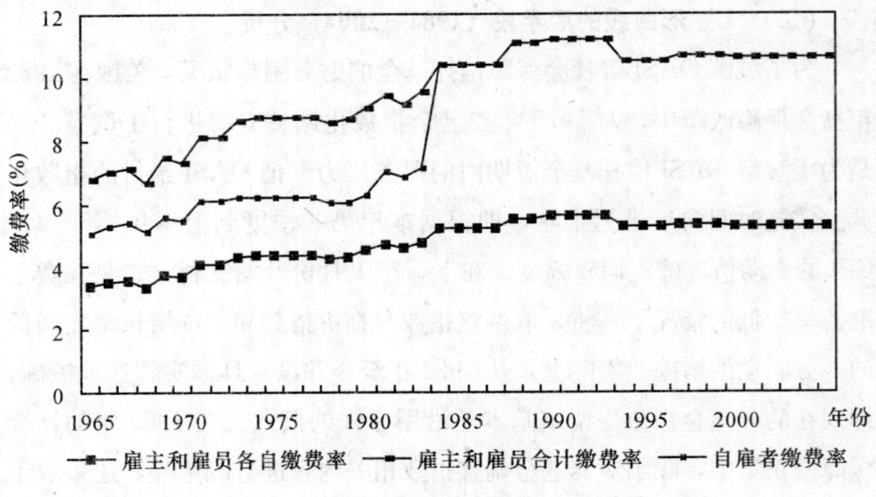

图4—3　美国OASI缴费率变化图

资料来源：CBO（2005），The 2005 Annual Report of the Board of Trustees of the Federal Old-age and Survivors Insurance and Disbility Insurance Trust Funds，p124—125

托基金比持续上升。首先，1983年以后，随着美国经济形势的好转，工资增长总体上表现为正增长。其次，生育高峰一代扩大了美国劳动力规模，导致缴税人数增加，进而OASI制度赡养率水平略有下降。两者的综合作用使OASI信托基金比持续上升。虽然在这期间美国经济也发生了几次小幅波动，实际工资出现负增长，但是，这几次经济波动幅度较小，给OASI信托基金所带来的负面影响较小。另外，信托基金比不仅取决于实际工资是否表现为正增长，还取决于养老金初始给付水平的调整、征税工资封顶线的提高①、制度赡养率的变化等。这些因素的综合作用使美国OASI信托基金比不断提高，养老金财务盈余不断增加。到2004年，信托基金比已经达到322%，OASI信托基金资金充足，财务运行稳定。

① 按照美国社会保障计划，随着经济的增长，在职者工资水平不断提高，因此，征税工资的封顶线也应相应提高。

四、美国养老金调整指数运行的评价

（一）调整指数选择谨慎，调整幅度适度

美国采用CPI指数作为养老金给付水平调整的标准，隐含着对养老金计划的受益者仅提供绝对生活水平不降低的保障，不提供相对于在职者生活水平不降低的保障。从长期来看，这种指数化调整方式是最低的保障方式。美国之所以会采用这种最低的指数化调整方式，可以从美国的经济发展水平、美国人的思想意识等方面找到答案。

第一，美国总体的经济发展水平高，人们的收入来源多元化。在美国老年人口中，如果将65岁及以上的老人按收入高低分为五个阶层，即使是收入最低的第一阶层和第二阶层，社会保障养老金也不是其唯一的收入来源，除社会保障养老金外，平均来说，他们还有20%左右的其他收入来源。[①] 因此，多数老年人口在退休后，自己具有一定的收入可以用于晚年基本生活水平的提高。第二，第二次世界大战以后，美国成为世界第一经济强国，在20世纪70年代中期，经济发展已达到较高水平，恩格尔系数值在20%以下[②]，这一数值表明美国居民的平均生活水平已经达到极富裕状态。根据需求价格弹性和需求收入弹性的定义，生活必需品的这两个弹性值应该是小于1的，同时，根据人的生理需求规律，当生活水平达到相当高时，如美国达到极富裕状态，这两个弹性值将趋于稳定，变化较小。[③] 因此，对美国人来说，随着经济的进一步发展和收入水平的提高，满足人们最基本生活需要的日常消费品的种类和构成基本稳定。第三，由于美国经济发展水平的基数很高，这

---

① 钟仁耀．养老保险改革国际比较研究．上海：上海财经大学出版社，2004．50

② 在1977年恩格尔系数达到19.5%，1990年至1991年保持在17.0%，1992年至1993年进一步下降为16.0%。参见：穆怀中．国民财富与社会保障收入再分配．北京：中国劳动社会保障出版社，2003．30

③ 这一结论可以通过第五章养老金调整指数的实证分析中关于中国城镇居民不同收入阶层的需求收入弹性（如食品类各种生活必需品的需求弹性）的变化率的实证分析中得到证实（见表5—6）。

意味着，在老年人退休后的十年或二十年的余命时间里，工资不会出现过大幅度增长，如 1975 年至 2004 年间，美国平均每年实际工资增长率仅为 0.54%。这样，如果老年人口退休后再存活 10 年，在职者工资累计增长 5.4 个百分点；如果存活 20 年，在职者工资累计增长 10.8 个百分点。可见，在 10～20 年里，在职者工资增长不会很高。因此，养老金采用 CPI 作为调整指数，不会使老年人口与在职者在满足基本生活需要层次上的相对生活水平有很大差距。综上所述，从经济因素分析，美国对 OASI 制度采用 CPI 作为调整指数是合理的、适度的。

另外，从制度经济学的角度分析美国养老金采用 CPI 作为调整指数的合理性，应该说更具有说服力。根据丹麦著名社会学家考斯塔·艾斯平—安德森对福利资本主义国家的分类，美国是典型自由主义式的福利国家，这一特点在其建立社会保障制度的目的上也表现得十分突出。在处理公平与效率之间的关系上，自由主义者认为应由最大限度的自由市场和最低限度的国家干预来铺平平等与繁荣之路，即促进公平时不能损害市场效率，在公平与效率之间应该更注重效率。因此，美国政府在 1935 年建立社会保障制度时十分小心谨慎，对 OASI 在内的社会保障制度受益者的给付运用消极手段，只是保证最低限度的给付，并将其作为刺激美国经济发展的手段。在 1972 年社会保障法案的制定中，对 OASI 计划福利水平的调整采用调整幅度最低的 CPI 指数，目的是最大限度地维护市场效率；而且从传统的文化价值观念方面看，美国强调个人主义、自力更生的价值取向，因此，联邦政府选择调整幅度较低的 CPI 作为调整生活费用的指数，能够为民众所接受。正是由于制度、文化等方面的因素，导致美国联邦政府在面对 OASI 制度的财务问题上，经常考虑的是如何削减指数化调整水平、削减社会保障制度的财务支出等因素，很少利用临时性地提高缴费率等增加社会保障资金供给的措施，以保证不损害市场效率。

总之，美国联邦政府在 OASI 计划调整指数的选择上，由于制度、文化价值观念和经济发展水平等各方面因素的综合作用，促使其采用了调整幅度较低的 CPI 作为 OASI 养老金给付水平的调整指数。

（二）调整指数运行良好，OASI 信托基金财务稳定

通过上面的阐述可以看到，美国自 1975 年对社会保障制度的给付水平实施自动的 CPI 指数化调整以来，虽然许多学者对 CPI 调整指数提出过质疑，建议对养老金调整幅度进行削减，但是，在实际运行中，这些建议均没有被采纳，仅仅是在 1983 年的社会保障改革方案中对养老金给付水平的调整时间进行了适当的推迟。从 1975 年采用 CPI 指数化调整机制以来的 OASI 财务制度的运行状况来看，虽然在 20 世纪 70 年代至 80 年代初，OASI 信托基金比不断下滑，但是，总体上来说，这一调整指数的选择没有给 OASI 信托基金带来严重的财务问题，信托基金比没有低于过 9％这一临界值，OASI 信托基金运行比较稳定。因此，可以说，美国选择 CPI 作为养老金调整指数是成功的。

五、美国养老金调整指数运行成功的经验

美国养老金调整指数从 1975 年运行至今，之所以能够稳定运行并获得成功，主要归因于美国政府能够处理好公平与效率之间的关系，即兼顾公平与效率，并且坚持“效率优先，兼顾公平”的原则。如前所述，包括养老金指数化调整在内的养老保险是社会保险的一部分，而社会保险的主要项目应该坚持“公平与效率的统一与兼顾”的原则，如果不坚持这一原则，在养老金的调整指数设计中，容易出现调整指数设定过高、在职者负担过重、企业劳动力成本过高、产品竞争力下降等问题，进而影响经济的发展，这样循环的结果最终无法支付养老金调整指数所需要的资金。因此，可以说，美国在养老金调整指数的选择及运行中，坚持“公平与效率的统一与兼得”的原则，是其获得成功的原因所在。

第四节 发达国家养老金调整指数运行对中国的启示

通过前面两节的分析，可以看到，不同国家在不同的经济发展水平和历史背景下，采用了不同的养老金指数化调整方式，进而带来不同的效果。

一、德国等国家养老金调整指数运行对中国的启示

由前述知，在人口老龄化不断加剧的背景下，德国以工资增长率为基础的养老金调整指数，调整幅度过大，导致养老金计划的财务负担不断加重，进而进行一系列削减调整幅度的改革，以维护经济正常运行。

除了德国以外，世界上还有许多国家在养老金调整指数方案设计之初，采用了调整幅度过大的指数化调整机制，如英国。具体来看，英国在1975年开始对养老金实行指数化调整，当时以价格或工资提高幅度较大的一个作为对养老金进行指数化调整的基础。这意味着，英国比德国初始采用的养老金调整指数还要大。经过几年的运行，英国发现，这种养老金指数化调整方式成本过高，于是在1980年撒切尔执政后，将养老金的调整指数进行削减，改用物价指数RPI（retail price index）[①]作为调整指数，目的是减轻指数化调整给养老金计划带来的财务压力。从德国和英国养老金调整指数的改革历程可以看到，养老金指数化调整幅度过高，在人口老龄化的背景下，会带来缴费率的过快增长，最终影响经济的发展。面对这一结果，又不得不在缴费率不断提高的同时对调整指数不断进行削减，这对未来的在职者是十分不公平的，这一点在德国的在职者中反应已相当强烈。

---

① 英国采用的RPI与同美国的CPI基本相同。

中国作为一个发展中国家，经济基础还比较薄弱，在这样的经济背景条件下，要对目前的养老金建立指数化调整机制，不能采用调整幅度过高的指数，否则，随着人口老龄化的不断深入，必然会导致企业向统筹养老金的缴费率的不断提高，进而影响经济的持续发展，使社会福利下降。经济发展下滑，反过来会使统筹养老金指数化调整获取资金的源泉萎缩，甚至导致中国整个养老金制度的崩溃。因此，中国在建立养老金调整指数时，不能仅考虑公平，即保障老年退休者消费水平与在职者同步，而且要兼顾效率，坚持“公平与效率的统一和兼顾”的原则，这对中国经济的可持续发展是十分重要的。另外，对养老金建立适度的调整指数，避免由于初始调整幅度过大而带来的不断削减改革，这对未来的在职者也是公平的。

二、美国养老金调整指数运行对中国的启示

美国是世界经济水平位居第一位的强国，养老金调整指数在建立之初采用的是 CPI，该指数已经运行了 30 年，期间对养老金给付水平的调整幅度从没有发生过变化，这归因于美国对养老金指数化调整的幅度低，仅保证已退休的老年人口的养老金避免通货膨胀的侵蚀。

对于中国来说，经济正处于快速发展时期，人们基本生活水平有很大的提高空间，对满足基本生活需要的消费品种类和结构的提高有很大的弹性空间，并且现行的养老金制度所覆盖的人口十分复杂，他们经历了中国不同的经济发展时期，而且他们对中国经济发展所作的贡献和他们所获得的回报也有很大差异。因此，目前乃至未来几十年，中国统筹养老金调整指数既不能过高，如德国，会导致制度不断进行改革，也不能过低，完全照搬美国的模式，而应是对不同人群的统筹养老金应考虑采用不同的调整指数，这样，既有利于不同人群的公平问题，又不至于由于采用相同的调整指数可能带来的调整幅度过大或过小，从而造成社会不安定，影响中国经济的可持续发展。

通过对德国和美国等关于养老金调整指数运行的实证分析，可以得

出结论，一个国家关于养老金调整指数的选择是由该国经济、制度以及文化价值观念等因素综合决定的。一般来说，在市场经济条件下，无论依据工资增长率还是物价上涨率，或者两者的结合建立的养老金调整指数，都应该坚持“公平与效率的统一与兼得”的原则，以提高社会福利水平。

第五章 养老金调整指数的实证分析

通过对典型国家养老金调整指数的分析，可以看出：养老金指数化调整通常是在一定的背景下建立的，并且存在适度与否的问题。这一章主要讨论中国现行的城镇养老金计划调整指数建立的相关问题。

第一节 养老金调整指数建立的依据和原则

中国由计划经济转向市场经济后，为何要对养老金建立指数化调整机制以及选择的调整指数应遵循哪些原则是本节所要讨论的问题。

一、养老金建立调整指数的依据

(一)《国际社会保障公约》[①] 中相关规定

国际劳工组织在 1952 年制定的《社会保障（最低标准）公约》中

① 以下简称《公约》。

关于定期支付应遵循的标准中规定："关于老龄、工伤（不能工作除外）、残疾和供养人死亡的现行定期支付率，应随生活费用的实质性变化导致的一般收入水平的实质性变化而随时加以复审。"[①] 在2000年，国际劳工组织又进一步提出了相关的养老保险制度的目标之一是对养老金收入加以调整，以适应通货膨胀以及至少在一定程度上适应生活标准的普遍提高。虽然国际劳工组织的《公约》对各国社会保障制度的建立没有强制的约束力，但是，世界各国普遍以此《公约》为参考，并结合本国国情和经济发展水平建立相应的社会保障制度。

在改革开放前，中国实行计划经济，物价由中央统一调控，因此，不需要考虑建立养老金的调整指数问题。改革开放后，随着市场经济的引入，不可避免地出现物价的波动，因此，依据《公约》，应该对养老金建立规范的指数化调整机制。

（二）共有资源的收益索取权[②]

在当代社会，老年人分享经济社会发展成果的权益早已是许多国家的法律规范，并受到相关制度安排的保证，这主要是因为"劳动是财富之父，土地是财富之母"，在一定时期内物质财富主要是由在职劳动者创造的，但这种财富的产生与积累却离不开上一代人创造和奠定的经济和社会基础，因此，老年人与年轻人对资源的权益应当是相同的，进而老年人分享经济社会发展成果的权益显属天经地义。全世界有170多个国家建立了养老保险制度，并普遍采取弹性养老金制，即养老金指数化调整，以确保养老金能够随着物价变动与收入水平的提高而提高（商业性人寿保险恰恰缺乏这种弹性机制），这种惯例正是让退出劳动岗位的老年人分享经济社会发展成果的一个标志。

---

① 参见《国际社会保障公约》第十一部分第66条的第八条款。转引自：阎坤. 中国养老保障制度研究. 北京：中国社会科学出版社，2000. 221

② 郑功成. 中国养老保险制度的未来发展. 劳动保障通讯. 2003，3：22

二、建立养老金调整指数应遵循的基本原则

随着世界各国经济的发展，对退休者的养老金进行指数化调整已成为世界各国社会保障制度的一项重要内容。从第一章对养老金调整指数的理论标准可知，养老金调整幅度的高低会对社会稳定和经济发展产生很大的影响。如果调整指数大，虽然老年人口的生活水平得到保障，但是，导致在职者负担过重，影响经济发展；反之，如果调整指数小，又无法保障老年人的生活免受经济波动的影响，给社会的稳定构成威胁，进而也会影响经济的可持续发展。因此，建立适度的养老金调整指数十分重要。这就要求在建立养老金调整指数前，要先把握建立调整指数应遵循的基本原则。根据养老金调整指数的理论标准，同时结合中国的现实国情，并吸收发达国家养老金调整指数运行的经验与教训，本章提出关于中国建立养老金调整指数应遵循的基本原则。

（一）“公平与效率的统一与兼得”的原则

通过对第一章中关于养老金调整指数的福利补偿标准得出，在人口老龄化的背景下，设计调整指数时坚持“公平与效率的统一与兼得”的原则是必要的。对于公平与效率相结合的原则，社会保障不同项目体现公平与效率的程度不同。社会救济、优抚安置和部分社会福利事业支出主要由国家财政负担，凡符合条件者可以无偿使用，因此，主要体现公平的原则；社会保险的主要项目虽然也应该充分体现互助互济功能，但其资金主要来源于在职者缴费。依据第一章卡尔多—希克斯社会福利补偿理论以及养老金调整指数的理论标准，养老金指数化调整作为养老社会保险的一部分，同样也要坚持“公平与效率的统一与兼得”的原则，其理由如上一章所述：通常社会保险项目资金支出规模庞大，尤其是养老金制度，给付水平通常具有刚性的特点，易升不易降；而对已退休者的养老金指数化调整所需要的资金来源于在职者的缴费，这样，如果调整指数设定过高（从老年人角度看公平），会导致在职者负担过重，企业劳动力成本上升，竞争力下降，经济效益下降，最终养老金指数化调

整所需要的资金供给也陷入困境。1995 年，《国务院关于深化企业职工养老保险制度改革的通知》中指出，中国社会保障制度改革应遵循的原则包括：保障水平要与社会生产力发展水平几个方面的承受能力相适应。这进一步强调了社会保险项目福利水平的设定一定要在经济发展的承受能力范围内，保持经济发展的效率，同时兼顾公平，这与基于指数化调整的社会福利补偿标准完全吻合。可以说，坚持“公平与效率的统一与兼得”的原则是对养老金建立调整指数所要遵循的首要原则，是坚持其他原则的基础。

（二）仅保障最基本生活需要的原则

依据“公平与效率的统一与兼得”的原则，在人口老龄化不断加剧、养老金收支缺口较大、企业缴费率较高的现实约束下，中国作为一个发展中国家，在经济基础还比较薄弱的条件下，为了保持经济的持续稳定发展，对养老金进行指数化调整的幅度不能过高，只能保障最基本的生活需要，以保持城镇企业的竞争力。这也就是说，中国适度养老金调整指数的建立是在仅满足最基本生活需要的框架下进行的。

（三）养老金计划收支均衡的原则

根据世界各国的经验，基于指数化调整的养老金资金供给主要来源于在职者的缴费，中国也不例外。因此，对中国城镇养老金建立指数化调整机制时，应适当考虑养老金计划资金供给的现实情况，以养老金收支均衡作为约束条件。

（四）不同群体调整指数的差异性原则

中国经济经历了由计划经济向市场经济的转轨，导致现行养老金制度[①]覆盖了处于不同经济时代的人口——“老人”“中人”和“新人”。由于他们所处经济时代的不同，导致他们的劳动贡献与所获得报酬之间可能并不对等。

---

① 本章中所使用的公共养老金概念特指现收现付养老金，即中国统筹养老金，与中国通常定义的公共养老金的含义不同。

对于“老人”，他们在职期间主要是中国的计划经济时代。在计划经济体制下，中国实行重工业发展战略，实行“低工资，高积累”的政策，在职者所创造的财富融入了社会积累，用于扩大再生产，形成了一部分国有资产，而在职者获得的工资仅能够满足基本生活需要，低于其创造的财富，基本上没有积累。当在职者退休时，其退休金是以本人退休时的基本工资为基础，根据个人工龄的长短，按一定的比例发放，也就是按照档案工资计发退休金，不包括奖金和工资性津贴，并且职工退休后不能晋级增加收入。这样，由于国家经济政策等因素导致多数“老人”退休时无积累收入，退休后养老金成为其唯一的收入来源，在中国现行养老保险制度下，“老人”养老金全部来自基于现收现付制的统筹养老金。

“新人”完全是在市场经济条件下工作的一代人，他们的工资收入随经济增长而不断提高，分享到了经济增长的成果。“新人”养老金包括现收现付基础养老金和个人账户养老金两部分。

“中人”是在 1997 年前参加工作，并在 1997 年后退休的一代人，他们中的大多数既在计划经济下工作过一段时间，又在市场经济下工作过一段时间；既经历了计划经济下低工资、高积累政策所带来的低消费时期，又经历了市场经济条件下工资制度的改革。他们的养老金能够体现“中人”所经历的时代的变化。具体来说，“中人”基本养老金由基础养老金、个人账户养老金和过渡性养老金构成，其中过渡性养老金是对 1997 年前没有建立个人账户的工作年份应积累的个人账户资金的补偿，同时，也是对多数“中人”经历的计划经济时代的低工资的适当补偿。

可见，中国目前养老金制度所覆盖的人口由于经历的经济时代及相应的养老金计划存在一定的差异，因此，建立养老金指数化调整时，也应区别对待，只有这样，才能实现代际之间的公平。

（五）不同群体调整指数相互衔接的原则

中国现行养老金制度所覆盖的人口虽然所处的经济时代不同，但是每两代之间，在时间上并没有明显的间隔，这意味着代与代之间并没有明显的界限。从制度经济学的角度说，对中国不同时代群体的统筹养老金采用不同的调整指数，是一种强制性的制度变迁，而从制度变迁的历史来看，通常制度采用渐进的变革方式成本最低。这是因为制度变迁具有路径依赖的特点。因此，在养老金调整指数的设计中，如果对不同时代的群体采用的养老金调整指数差异过大，就违背了制度变迁具有路径依赖的特点，在代际之间会产生不公平的感觉，即在设计不同经济时代的群体的养老金调整指数时，虽然要有差异，但是差异不能过大，每一代养老金调整指数应该能相互衔接，平稳过渡，否则容易导致社会动荡，最终影响社会与经济持续稳定的发展。

（六）养老金调整方向的单向性原则

对已退休者建立养老金调整指数的目的是，让其养老金免受通货膨胀的侵蚀，并适当分享经济增长成果。因此，养老金的指数化调整可以说是政府为已退休者承办的一项老年社会福利，它使老年人口现有的生活水平得到一定程度的改善。从这个角度说，养老金的指数化调整应该使养老金水平不断上升。也就是说，当发生通货紧缩时，或者在职者的工资水平下降时，养老金不随之向下调整；反之，当发生通货膨胀或者在职者工资水平上涨时，养老金才会基于调整指数向上调整，这即表现为基于指数化调整的养老金调整方向的单向性原则。

（七）养老金指数化调整的滞后原则

养老金指数化调整是基于保障退休金免受通货膨胀的侵蚀而设计的，由于退休初年的养老金是根据上一年（即退休前一年）工资水平确定的，而该工资水平通常能够跟上物价上涨，因此，退休初年的养老金通常不会受到通货膨胀的侵蚀，相应地，对养老金的调整是在职职工退休的第二年度开始进行的，退休第一年养老金不进行指数化调整。

第二节　养老金指数化调整概述

养老金指数化调整属于养老金计划的一部分，本节首先阐述中国养老保险制度的结构改革概况，在此基础上阐述中国养老金指数化调整的概况。

一、养老保险制度结构改革概况

中国养老保险制度起步于20世纪50年代初，其保障对象是城镇机关、事业单位和企业的职工，主要特征是由国家规定统一的基本养老待遇，各单位和企业支付养老费用，国有企业的经营由国家统负盈亏，这实际上是一种享受对象经限定的由国家统一管理并保证养老金发放的养老保障体系。其规定的退休条件是男职工年满60周岁、一般工龄满25年，女职工年满50周岁、一般工龄满20年，在本企业工龄满5年者可退休养老，退休后由劳动保险基金按照其工龄的长短每月付给退休养老金，替代率为其退休前工资的50%～70%，直到退休者死亡。按照国家在20世纪50年代确立的退休金制度，企业职工退休金最高待遇标准不得超过本人工资的70%，机关、事业单位职工不得超过60%。在长期实行低工资政策的条件下，职工工资水平长期偏低，几乎不可能自己积累养老基金。这意味着职工一旦退休，收入即会剧减，因此，除提高退休金替代率外，很难找到能够确保退休人员老年基本生活的替代办法。

改革开放以前，中国养老保险体系实际上是一种被国际上定义为现收现付（pay-as-you-go）的养老保险体系，即用当代就业人口的养老保险缴纳金维持已经退休人员的养老金给付。到了20世纪80年代，随着中国经济体制改革的不断深入和企业改革的推进，企业成为独立的经济单位，养老金包袱的轻重严重影响企业的盈利水平，养老基金向社会统筹方向发展势在必行。1991年，《国务院关于企业职工养老保险制度改革的决定》标志着我国养老保险实行社会统筹的开始，并在此后经历了一个扩大养老保险覆盖面和增加养老保险金来源的过程。1995年，《国务院关于深化企业职工养老保险制度改革的通知》确定了基本养老保险制度实行社会统筹与个人账户相结合（简称“统账结合”）的模式，强调建立多层次社会保障体系的必要性。1997年，《国务院关于建立统一的企业职工基本养老保险制度的决定》进一步统一了基本养老保险制度，这是一种混合模式，它要从传统的现收现付制向部分个人积累制过渡，并规定制度转轨的时间为1997年，个别省市不得超过1998年。

1997年到2000年，中国养老保险制度进入实质性改革阶段，各省市都相应地制订了养老保险制度改革方案，养老保险制度改革取得了一定的进展。然而，养老保险制度改革存在的一个突出问题是个人账户实际上只是名义账户，属于空账运行。为此，2000年，国务院决定在辽宁省进行完善城镇社会保障制度试点工作，改革重点就是继续实行社会统筹和个人账户相结合的养老保险模式，企业缴费率调整为20%左右，个人缴费率一步到位，调整到8%，并要求社会统筹与个人账户完全分离，将个人账户做实，避免空账运行。企业缴纳工资总额的20%全部进入统筹账户，个人缴纳的工资额的8%全部划入个人账户。基本养老金由基础养老金和个人账户养老金组成，其中，基础养老金由社会统筹养老金支付，月基础养老金为社会平均工资的20%，如果缴费满15年以上，每超过1年增加0.6%，基础养老金水平总体可以达到30%左右[①]，月个人账户养老金为个人账户基金积累额的1/120，并且个人账户养老金可以继承。对1997年以前已经退休的城镇养老保险制度覆盖

① 国务院在2005年底发布第38号文件中规定，从2006年起，当缴费满15年，每超过1年，基础养老及替代率提高1%，这一规定必然会使统筹养老金的需求额略有增加，但是对分析的结果基本没有影响，在对策篇中基于指数化调整的中国统筹养老金现实选择分析中将这一参数的变化纳入进来。

的职工（被称为“老人”）继续使用老制度发放养老金，对 1997 年以后参加工作的职工（被称为“新人”）退休时可获得基础养老金和个人账户养老金，两者构成基本养老金，对于 1997 年以前参加工作，1997 年以后退休的职工（被称为“中人”），除获得基础养老金和个人账户养老金外，还要加发过渡性养老金，即实行“老人”老办法，“新人”新办法，“中人”采取过渡性的办法。由此可得，“老人”的全部养老金、“中人”的基础养老金和过渡养老金、“新人”的基础养老金由社会统筹养老金来支付。[①] 本章以辽宁省改革试点方案所涉及的参数为前提，分析中国养老金适度调整指数的建立问题是合理的。

二、养老金指数化调整概况

如前所述，中国在 20 世纪 50 年代初制定的养老保险制度，规定退休金以退休前最后一年的工资为基准，根据工龄长短，按照不同的比例领取，没有建立退休金指数化调整机制，退休后一旦领取了固定数额的退休金，以后一般就不再变动。在当时的情况下，这一养老保险制度是合理的。这是因为，在计划经济条件下，物价为政府所控制，一般不随供求等因素的变动而波动。但是，20 世纪 80 年代以后，随着市场经济的深入，物价不再长期不变，而是随着劳动生产率的提高和市场供求关系的调节，发生剧烈波动，通货膨胀时有发生。在这种情况下，按照标准工资的固定比例计算的养老金就难以维持基本生活水平。为了保障退休人员的生活，国家也几次规定在原有退休金的基础上增发一定的物价补贴和生活补贴，但是，由于补贴不及时，补贴费用标准低下，退休人员生活还是受到比较明显的影响。

1991 年，国务院发布的《关于企业职工养老保险制度改革的决定》规定：“国家根据城镇居民生活费用价格指数增长情况，参照在职职工

① 即统筹养老金包括“老人”养老金、“中人”基础养老金和过渡性养老金及“新人”基础养老金等部分。

工资增长情况对基本养老金进行适当调整，所需费用从基本养老保险基金中开支。”这是我国首次以法规的形式确定了退休人员分享社会发展成果的原则。

1995 年，国务院发布的《关于深化企业职工养老保险制度改革的通知》规定：“为了保障企业离退休人员基本生活，各地区应当建立养老金正常调整机制。基本养老金可按照当地职工上一年度平均工资增长率的一定比例进行调整，具体办法在国家政策指导下，由省、自治区、直辖市人民政府确定。”这一规定的颁布标志着中国退休金调整机制的建立。但是，这一规定仅仅是原则性规定，各地区在实施时差别很大。例如，上海市于 1994 年 4 月发布的《城镇职工养老保险办法》规定：“退休人员的养老金每年根据本市上一年度居民消费价格指数上升幅度进行调整，于当年 4 月 1 日起执行。”北京市于 1996 年 3 月颁布的《企业城镇劳动者养老保险规定》中明确指出：“基本养老金实行正常调整制度。市社会保险行政部门根据上一年本市职工平均工资增长率的一定比例，会同有关部门提出调整意见，报市人民政府批准后执行。当年退休人员的基本养老金自下一年度起调整。上一年本市平均职工工资出现负增长，不调整。”而山东省 1994 年 3 月推出的《企业劳动保险实行办法》规定：“养老金根据社会平均工资增长率和全省物价总指数的变化适时进行调整。”由此可见，各地区采用的调整指数差异很大，并且有的地区年年调整，而有的地区并非年年调整。所以，目前中国对养老金的调整暂时还具有一定的不确定性或随意性，具体表现为：一是调整时间具有不确定性；二是调整水平具有不确定性，通常不是按照规范比例指数调整而是按大约比例整数调整；三是调整指数选择的无差异性，不区分“老人”和“中人”，养老金调整方法完全相同。这种养老金调整机制有很大的弊端，调整的主观性、随机性较大，缺乏科学性。这样实施的结果是：一方面可能调整幅度过大，从而养老保险制度的福利水平过高，致使在职者负担加重，政府财政压力进一步加重，甚至导致养老金制度崩溃；另一方面可能调整幅度过小，无法抵补通货膨胀所带来的风险，致使无法保障退休者基本生活。因此，建立科学合理的养老金调整指数对养老金制度的持续发展具有十分重要的意义。

第三节 养老金调整指数的目标定位

养老金指数化调整的起因是物价的波动和经济的增长，目的是保障退休人口的公共养老金的购买力水平不下降，保障老年人口的最基本生活水平不至于下跌。由于最基本生活水平是一个十分模糊的概念，它涵盖绝对水平和相对水平，而相对水平包括高、中、低不同层次水平等。因此，调整指数的设计涉及调整指数所保障的目标定位，正如第二章中关于德国和美国养老金调整指数的分析，目标定位的差异决定了调整指数的差异。

一、所保障的生活水平的基本目标定位

在中国，城镇家庭支出一般包括消费性支出、购房建房支出、转移性支出、财产性支出、社会保障支出等，这些支出的总和决定了综合消费水平，这也是最高层次的消费水平。其中的消费支出是指家庭用于日常生活的支出，包括食品、衣着、家庭设备用品及服务、医疗保健、交通和通信、娱乐教育文化服务、居住、杂项商品和服务等八大类支出，这些支出的总和就是城镇家庭人均消费性支出，这一支出额决定了日常消费水平，它反映了最高层次的最基本生活水平。依据米红、邱晓雷计算的中国城镇日常消费支出各类消费品的需求收入弹性值（见表5—1），将人均消费性支出的食品、衣着和医疗保健支出单独列出[①]，这三

① 从表5—1看，食品和衣着是生活必需品，医疗保健类的支出对于任何收入群体的弹性都比较高，严格来说不属于必要支出类别。但由于养老保险保障的是老年人的利益，需要特别关注这一群体的特征。老年人与年轻人最大的区别是身体状况比较差，除了食品、衣着外，医疗是其老年时的主要支出，这里将其列入基本消费需求当中。

表 5—1 中国不同消费品的收入需求弹性

项目	总平均	最困难户	中等收入	最高收入
食品	0.386	0.542	0.411	0.378
衣着	0.089	−0.312	0.057	0.221
家庭设备及用品及服务	1.462	1.667	1.420	1.238
医疗保健	3.795	4.317	4.336	3.393
交通通信	6.212	22.458	6.342	4.076
娱乐教育文化用品	4.337	5.447	5.624	1.987
居住	1.559	2.998	1.626	0.831

资料来源：米红，邱晓蕾．中国城镇社会养老保险替代率评估方法与实证研究．数量经济技术经济研究．2005，2：16

项支出的总和决定了日常基本消费水平，它反映了中等层次的最基本生活水平；如果将医疗保健支出剔除，则人均食品和衣着支出总和反映了维持生存的消费水平，它仅能满足较低层次的最基本生活需要。不同消费水平对应着不同的消费需求。根据养老金调整指数仅能保障最基本生活需要的原则，在调整指数设计时，仅能根据不同群体对日常消费需求、基本消费需求及生存消费需求给予适当的保障①，如果对综合消费水平也给予保障，如德国最初设立的总工资指数作为调整指数，则保障程度过高，不符合仅保障最基本生活需要的原则。

此外，生活水平又可以分为静态和动态或者说绝对水平和相对水平两种。绝对生活水平是指保持某一时点的生活水平，在任意时点上所能够买到的消费品数量和种类保持不变。在养老金制度中，绝对生活水平保持不变就是指已退休者的养老金始终保持退休初期的购买力水平；相对生活水平保持不变是指随着时间的推移、经济的增长、退休者的基本生活水平随着在职者生活水平的提高而同步提高。如果将养老金指数化调整定位在保持绝对生活水平不降低，如美国采用 CPI 作为养老金调整

① 在本节的第三部分内容将会讨论该问题。

指数，就是对养老金低层次的保障。如果将养老金调整指数定位在保持相对生活水平不降低，就是对养老金高层次的保障，如果根据日常生活需要、基本生活需要、基本生存需要和食品最基本的生存需要设立不同的调整指数，可以将高层次的保障进一步细分为高、中、低和最低四个水平。

二、养老保险计划不同层次给付水平的目标定位

随着世界各国人口老龄化的不断深入，多数国家正在积极探索将公共养老金制度由单一现收现付制向多支柱或完全积累制度转变，中国也不例外。如前所述，中国在20世纪50年代初建立的现收现付制度，在1997年转变为社会统筹和个人账户相结合的部分积累制度，并将该制度作为中国的基本养老保险制度（第一支柱）。同时，中国响应世界银行的号召，鼓励企业建立补充养老保险制度（第二支柱）和个人储蓄养老保险（第三支柱）。2001年，部分积累制度以辽宁省为试点地区，进一步调整了缴费结构，运行至2005年年底。[①] 按照辽宁省试点方案，基本养老金由基础养老金和个人账户养老金两部分构成，其中，基础养老金由社会统筹，企业缴费为月工资总额的20%，但是个体工商户的缴费率为10%；个人账户由个人出资，个人缴费为月工资总额的8%。[②] 对于支付体系，基础养老金由社会统筹基金支付，支付额相当于全省月平均工资的20%，缴费满15年以上的，每超过一年增加0.6%，总体水平平均可达到30%左右；月个人账户养老金为个人账户基金累计额（包括本金和利息）的1/120计发，个人账户养老金可以继承。同时，辽宁省试点方案对企业补充养老保险和个人储蓄养老保险等也做出了相应的说明，见表5—2。

① 从2006年开始，将个体工商户的缴费率提高到12%。

② 个体工商户的总计缴费率为18%。

表 5—2　　2001 年辽宁省城镇养老保险制度基本框架

<table>
<tr><td rowspan="5">管理体制</td><td colspan="3">辽宁省建立和完善社会保障体系试点方案（2001 年 7 月 15 日）</td></tr>
<tr><td colspan="2">政策制定机构</td><td>省人大、省政府、省劳动和社会保障厅</td></tr>
<tr><td colspan="2">行政管理机构</td><td>省劳动和社会保障厅</td></tr>
<tr><td colspan="2">执行机构</td><td>市、县社会保险局</td></tr>
<tr><td colspan="2">监督机构</td><td>社会保险监督委员会</td></tr>
<tr><td>管理费</td><td colspan="3">收缴养老保险基金的 2%</td></tr>
<tr><td>覆盖范围</td><td colspan="3">辽宁省城镇国有企业、集体企业和个体工商户</td></tr>
<tr><td>统筹层次</td><td colspan="3">省级统筹</td></tr>
<tr><td>统筹模式</td><td colspan="3">社会统筹与个人账户相结合的部分基金制</td></tr>
<tr><td rowspan="2">缴费标准</td><td colspan="2">社会统筹</td><td>企业月工资总额的 20%（个体工商户 10%）</td></tr>
<tr><td colspan="2">个人账户</td><td>个人月工资总额的 8%</td></tr>
<tr><td rowspan="2">缴费基数</td><td colspan="2">上限</td><td>市上一年平均工资的 300%以内</td></tr>
<tr><td colspan="2">下限</td><td>低于市上一年平均工资 60%者，以其 60%为缴费基数</td></tr>
<tr><td rowspan="7">退休待遇</td><td colspan="2">享受资格</td><td>达到法定退休年龄，按规定缴费满 15 年</td></tr>
<tr><td rowspan="3">待遇</td><td>老人</td><td>继续按老办法享受养老金</td></tr>
<tr><td>中人</td><td>基础养老金＋个人账户养老金＋过渡性养老金</td></tr>
<tr><td>新人</td><td>基础养老金＋个人账户养老金</td></tr>
<tr><td rowspan="3">给付</td><td>基础养老金</td><td>市上年月平均工资的 20%，缴满 15 年
以上每年超过 1 年增加 0.6%</td></tr>
<tr><td>个人账户养老金</td><td>个人账户基金积累额/120</td></tr>
<tr><td>过渡性养老金</td><td>按照过渡系数 1.2 计算</td></tr>
<tr><td rowspan="3">基金管理</td><td colspan="2">基金征缴</td><td>市县地税局</td></tr>
<tr><td colspan="2">基金给付</td><td>市县社会保障局</td></tr>
<tr><td colspan="2">基金管理、运营</td><td>省社会保险管理中心</td></tr>
<tr><td>调整机制</td><td colspan="3">每年 7 月 1 日根据市上年平均工资增长率指数化调整</td></tr>
<tr><td>补充养老保险</td><td colspan="3">缴纳比例和待遇享受办法等由企业自行制定，报社会保障局批准</td></tr>
<tr><td>个人储蓄养老保险</td><td colspan="3">个人自愿参加</td></tr>
</table>

资料来源：柳清瑞. 中国养老金替代率适度水平研究（博士论文），辽宁大学，2003. 63

本章以辽宁省改革试点方案中对缴费率和目标替代率等参数的设定为基础，来分析不同层次养老保险计划给付水平的目标定位。具体来说，基础养老金依据退休上一年社会平均工资的20%～30%发放同一比例的养老金。按照中国现在规定的城镇最低生活保障线大约为社会平均工资的20%这一标准，基础养老金提供的生活水平总体上略高于城镇的最低生活保障线。因此，可以将基础养老金给付水平目标定位在保障退休者基本生活需要与基本生存需要之间。个人账户养老金所能给付的水平取决于个人账户基金的投资收益率，依据保险精算确定。这一层次养老金是在基础养老金所能提供的生活水平的基础上，对退休者生活水平的进一步提高。基础养老金与个人账户养老金共同构成基本养老金，按照制度设计，其静态目标替代率约为60%。这一替代率的目标定位为保障在职者退休时养老金的消费支出能够达到社会平均生活水平，即达到社会平均消费支出线。这一目标定位的推理为：目前，中国城镇在职家庭一般都是三口之家，其结构是两个职工，一个抚养对象。设家庭中两个职工的工资收入相等[①]，而且都为W。在职者个人要缴纳养老、医疗、失业保险费以及住房公积金，总计相当于其工资收入的26%，而退休者没有这部分开支。这样，每个在职者获得的可支配工资收入为74%W。此外，每个在职者要抚养0.5个孩子。斯彭格勒（Joseph J. Spengler）和克拉克（Robert L. Clark）的实证研究发现，平均赡养一个老年人的费用要大大高于抚养一个人从婴儿到青年（0～18岁）的费用，政府支付给老年人的赡养费用是给青少年的3倍。如果老年人获得60%W的收入来满足其日常消费需求，则青少年需要20%W。依此可以判断，在一个家庭，在职者可用于自己支配的工资收入为64%W。这部分收入除用于消费性支出外，还要用于一些非消费性支出（如再教育、技术培训等）及预防性储蓄等。因此，对于老年人来说，60%的替代率定位为达到社会平均消费水平是合理的。另外，从我国颁

① 仅仅为了简化分析，是否相等不影响结论。

布的《保障老年人权益法》及各级政府根据这一总的原则所制定的具体实施细则可以看到，保障老年人的基本生活水平达到社会平均消费支出水平，得到我国法律的认可。所以，在60%静态目标替代率下，将基本养老金给付水平定位在社会平均消费支出线水平是合理的。基本养老金制度不同层次给付水平的目标定位总结见表5—3。

表5—3　　基本养老金不同层次给付水平的目标定位总结

基本养老金制度结构	给付水平	目标定位
基础养老金（1）	按退休上一年社会平均工资的20%～30%提供养老金	在基本生活水平至基本生存水平之间
个人账户养老金（2）	个人缴纳工资的8%退休时依保险精算获得养老金	在基础养老金所能够提供的水平上，使生活水平进一步提高
基本养老金（1）＋（2）	向退休者提供目标替代率约为60%的养老金	达到社会平均生活水平（社会平均消费支出线）

在基本养老金（第一支柱）所提供的消费水平的基础上，如果想进一步提高退休后的生活水平，需要企业补充养老金（第二支柱）和个人储蓄性养老金（第三支柱）等的共同努力，才可能使退休者达到退休前的总体消费水平。

三、养老保险制度覆盖的不同群体保障水平的目标定位

中国现行的养老金制度覆盖的人口十分复杂，包含了经历不同经济时代的三类人口，即“老人”“中人”和“新人”。由于他们在职期间所处的经济时代不同，对退休金支付的差异等，本课题提出对不同经济时代在职者所设计的调整指数应该具有差异性，这就要求对不同群体的保障水平需要目标定位，进而设计不同的养老金调整指数，这有利于代际公平。

（一）“老人”养老金保障水平的目标定位

“老人”是计划经济下的在职者，他们经历了低工资、高积累的工

作时期，为中国的国有资本积累作出了巨大贡献。退休后，“老人”普遍仅有现收现付的统筹养老金，没有个人账户以及第二、第三支柱补充养老金。这意味着统筹养老金是“老人”退休后唯一的收入来源。并且由于工作期实施的低工资政策，使这份养老金也很低，一般仅能维持退休后的日常消费支出，因此，应该对“老人”的全部养老金进行指数化调整。对“老人”统筹养老金进行指数化调整方案设计，一方面，要抵消通货膨胀对这份统筹养老金的侵蚀，保持它的初始购买力水平，这可以说是对“老人”统筹养老金最低程度的保障，否则，“老人”会陷入绝对贫困的状态，这对曾经为中国经济发展做出过牺牲的“老人”是十分不公平的；另一方面，还应当使“老人”的这份统筹养老金适当分享到中国经济体制转轨后的经济快速增长的成果，其理由如下：

根据恩格尔定理，一个家庭收入越少，总支出中用于购买食物的费用所占的比例就越大；就一国而言，一个国家经济发展水平越低，在居民平均支出中用于购买食物的费用所占的比例就越大。其发展的总趋势是：随着人们收入和支出的增加，尽管用于食物支出的绝对量也会增长，但它在总支出中占的比例将呈下降趋势。这样，通过恩格尔系数数值的大小可以粗略比较中国与世界发达国家在经济水平和生活水平上的差距。[①] 从表 5—4 和表 5—5 中的恩格尔系数值的比较可以推断，中国目前居民的生活水平仍低于美国、英国和日本在 20 世纪 70 年代后期的水平，更低于这些国家目前的生活水平。

在其他条件不变的情况下，当收入发生变化，人们对消费品的需求通常会发生变化，经济学中两者变化的相对程度经常用弹性来反映。依据需求收入弹性的大小，经济学将消费品分为三大类：当某消费品需求

① 运用恩格尔定律、恩格尔系数分析人们的生活水平和社会发展时，应该注意它的两个前提条件：一是假定其他条件不变，即其他变量为常数；二是赋予“食物支出”统一确定的含义，这样才有统一衡量的标准。而不同国家或一个国家的不同经济发展时期，其标准或多或少会有些变化，因此，将不同国家或统一国家不同时期的恩格尔系数比较，一般仅能粗略说明问题。

表 5—4　　世界上一些国家恩格尔系数的变化（EC:%）

	1977	1990	1991	1992	1993	1994	1995
英国	31.4	—	21.46	20.97	20.32	19.91	19.76
日本	25.2	25.37	—	24.69	24.33	24.13	23.67
美国	19.5	17.0	17.0	16.0	16.0	—	—

资料来源：《世界经济统计简编（1982）》. 34～35、409 页；美国《统计摘要》1985—1995 年各年份；《OECD in Figures》，1988—1997 年。

转引自：穆怀中. 国民财富与社会保障收入再分配. 北京：中国劳动社会保障出版社，2003. 30

表 5—5　　历年中国城镇恩格尔系数（EC:%）

年份	EC	年份	EC	年份	EC
1978	57.5	1993	50.3	1999	42.1
1980	56.9	1994	50.0	2000	39.4
1985	53.3	1995	50.1	2001	38.2
1990	54.2	1996	48.8	2002	37.7
1991	53.8	1997	46.6	2003	37.1
1992	53.0	1998	44.7	2004	37.7

资料来源：《中国统计年鉴》（2003），《中国国民经济和社会发展统计公报（2003，2004）》。

收入弹性 $E_I<1$，将这种消费品定义为生活必需品，即这类消费品是人们生存所必需的，人们对这类消费品需求的特点是，当收入有一个幅度的变化时，如 1%，人们对这种消费品的需求量的变化小于 1%，并且 E_I 弹性值越小，需求量随收入变化的幅度越小，即人们对这类消费品的需求具有刚性；反之，E_I 弹性值越大，越接近于 1，说明这种生存必需的消费品数量随收入增加变化的幅度越大，即这类生存必需品的需求随收入变化的弹性空间还是较大的。当某消费品需求收入弹性 $E_I>1$，将这种消费品定义为奢侈品。当 $E_I=1$，将这类消费品定义为单位弹性商品。上述的分类仅仅是从静态的角度进行分析的。对于同一类商品，如果从动态的角度分析，即从不同的时期去考察它的收入弹性，该数值通常会发生由大到小的变化过程，如生活必需品，这一点可以从米红、邱晓蕾在《中国城镇社会养老保险替代率评估方法与实证研究》中对中国在同一时期不同的收入群体有关满足最基本生活需求的消费品的需求收入弹性的实证分析中得到证实①，见表5—6。

表5—6　　不同收入群体的食品类收入需求弹性及变化率

项目	总平均[1]	最困难户[2]	中等收入户[3]	最高收入户[4]	困到中的弹性变化率（%）[5]	中到高的弹性变化率（%）[6]
食品	0.386	0.542	0.411	0.378	−24.17	−8.03
粮食	−0.191	−0.484	−0.173	−0.129	−64.26	−25.43
肉禽及其制品	0.238	0.823	0.294	0.107	−64.28	−63.61
蛋类	0.169	0.325	0.219	0.07026	−32.62	−67.92
水产品	0.819	2.175	0.933	0.575	−57.1	−38.37

资料来源：1、2、3、4来源于：米红、邱晓蕾．中国城镇社会养老保险替代率评估方法与实证研究．数量经济技术经济研究．2005，2：16；5、6由前面的数据计算而得。

注：1．5困到中的弹性变化率是指困难户到中等收入的需求收入弹性变化率；

2．6中到高的弹性变化率是指中等收入到高收入的需求弹性收入变化率。

从表5—6可见，在中国城镇收入水平的不同阶段，同一类消费品需求弹性有很大差别。这一现象能够反映出：中国经济发展水平还很低（由表5—4和表5—5的比较可得），尤其是在改革开放前及改革开放初期，由于城镇居民收入水平过低，对基本生存用品的消费需求受到很大的抑制。因此，当收入水平提高后，人们受到抑制的消费需求会逐渐得到满足，需求收入弹性保持较高的水平，如最困难户其各类食品的需求收入弹性值均大于中等收入户和最高收入户；中等收入户的各类食品的需求收入弹性值均大于最高收入户。可见，在中国经济发展水平还比较低的情况下，随着经济的发展，人们的收入会继续不断增加，总体上来说，中国城镇居民对食品类商品的基本消费需求还会有较大幅度的提高空间，特别是在中国由计划经济到市场经济的转轨初期，经济的快速发

① 虽然这里的实证分析以同一时期不同收入群体的情况为样本，如果进一步假设，这些群体的消费偏好相同，则可以把这一样本看做是同一群体在收入水平不同的三个时期，即可以看做是一种动态的变化过程。

展带来在职者工资不断上涨，他们的生活水平获得了大幅度提高。而如果“老人”的退休金仍然保持在退休初期的购买力水平，意味着他们所能够消费的生活必需品仍然维持在退休初期的种类和数量上，由于当时的消费需求工资收入水平过低受到严重抑制，因此，“老人”与在职者在基本生活水平上会产生很大的落差，这种情况可能会引起“老人”对社会的不满。为了补偿“老人”在计划经济体制下为中国国有资产积累所作出的贡献，让“老人”适当分享中国经济增长的成果，退休后消费水平能够随着在职者生活水平的提高而获得适当提高是合理的。当然，设计的调整指数越高，“老人”获得的补偿越多，从“老人”的角度说，越公平。

(二)“新人”养老金保障水平的目标定位

“新人”是完全在市场经济条件下工作的一代人，他们的工资随经济增长而不断提高，分享到了经济增长的成果。“新人”基本养老金包括社会统筹养老金和个人账户养老金两部分。其中社会统筹部分养老金保障“新人”退休时能够达到基本生活水平与基本生存水平之间，个人账户养老金给付水平要取决于个人账户基金的运营情况。此外，随着经济的增长和人们收入水平的提高，平均来说，“新人”除享有基本养老金外，还会有个人储蓄性养老金和企业补充养老金。因此，依据养老金调整指数仅保障最基本生活需要的原则，应该对“新人”基础养老金的购买力给予保障，即应该对“新人”基础养老金建立指数化调整机制，对“新人”统筹养老金设计的调整指数不能高于“老人”的调整指数，差距不能过大，只有这样，才能坚持养老金调整指数建立时应该遵循的原则。

(三)“中人”养老金保障水平的目标定位

前已述及，在中国城镇养老金制度改革中，出现了三类不同经济时代的保障群体——“老人”“新人”和“中人”。其中，“中人”是指1997年养老金制度改革以前参加工作，并且1997年以后退休的职工。因此，“中人”既有“老人”的一部分特征，又有“新人”的一部分特征，这就决定了其养老金的构成同时具有“老人”和“新人”养老金的特点。具体来说，“中人”养老金除了个人账户养老金和社会统筹的基础养老金（这是“新人”的基本养老金构成）外，还有一部分过渡性养老金，它是兑现过去在现收现付制下积累的养老金权利的补偿金，或者说是对过去无账户工作年限、低工资的补偿金，这部分过渡性的养老金，资金来源于社会统筹基金，可见，这部分养老金在性质上与“老人”养老金相似。依据中国养老金指数化调整的基本原则——仅保障最基本生活需要的原则，同时针对“中人”经历的中国经济发展特殊的历史时期，应该对“中人”的基础养老金和过渡性调节金进行指数化调整，而对个人账户养老金政府不承担指数化调整的义务。

对于“中人”进行指数化调整的这两部分养老金——基础养老金和过渡性调节金，由于它们设置的起因不同，因此，这两部分养老金调整指数的目标定位应该有差异，即基础养老金指数化调整方式应该与“新人”的基础养老金指数化调整方式相同；过渡性的调节金指数化调整方式应该与“老人”的统筹养老金指数化调整方式相同。只有这样，才能体现出“中人”“老人”和“新人”之间所处经济制度和经济背景的差异性，体现不同群体之间在养老金调整指数设计上的代际公平，并且通过这样的调整指数设计，能够使“老人”“新人”和“中人”统筹养老金调整指数有效地衔接起来，避免出现代际冲突。

综上所述，可以得出，中国应该对现行城镇养老金制度覆盖下的“老人”“中人”和“新人”的统筹养老金进行指数化调整。

第四节　养老金调整指数的建立

通过上一节的分析可以得知，在中国现行养老保险制度框架下，我们针对统筹养老金建立调整指数。对中国不同群体的统筹养老金进行指

数化调整，依据不同的目标定位，采取不同的调整方式，从而带来不同的调整水平。如果想使退休者统筹养老金的相对购买力水平在一定程度上保持稳定，即不同群体的统筹养老金在退休后的购买力不仅能够抵抗通货膨胀的风险，而且能够随着经济的增长，在职者生活水平的提高而得到适度的调整。这就需要确定：当经济发展带来人均实际收入水平变化时，用于满足不同层次生活需要的实际消费支出与人均实际收入之间的关系，从而为不同群体的统筹养老金保持一定相对购买力水平所需要的调整指数的建立提供科学依据。

一、建立消费支出与工资收入之间数理模型的理论依据

由于本项研究的切入点是当物价和经济的发展带来在职者工资收入变化后，确定不同层次消费需求与在职者实际工资收入之间的关系，因此，我们以凯恩斯（Keynesian）的绝对收入假说和弗里德曼（Friedman）的持久收入假说作为建模的理论依据。

（一）凯恩斯的绝对收入假说

1. 凯恩斯绝对收入假说的基本内容

凯恩斯在对影响消费的主观因素及客观因素的分析后得出，消费支出大小与收入水平高低相联系，收入的绝对水平决定了消费，一般称之为绝对收入假说。绝对收入假说主要包括以下几个观点：

（1）实际消费支出与实际收入之间存在稳定的函数关系。这里所说的收入是指现期绝对实际收入水平。“现期”是指本期收入，即不考虑过去收入及未来收入；“绝对”是指收入的绝对水平，而不是收入的相对水平；“实际”是指按货币购买力计算的收入，而不是按货币计算的名义收入。

（2）边际消费倾向 MPC（即收入每变动一个单位时的消费变动额）是正数，但小于 1，即是说随着收入的增加消费也会增加，但消费增加的幅度小于收入增加的幅度。

（3）严格来说，在其他条件不变的情况下，边际消费倾向本身是随

收入的增加而递减的。这就是著名的凯恩斯"边际消费倾向递减规律"，这也就是说，如果排除其他因素的干扰，消费与实际收入之间是一种增幅递减的关系，它反映消费相对于收入的一种非线性行为特征，其数学表达式为：

$$\frac{\partial c}{\partial y} > 0 \text{ 并且} \frac{\partial^2 c}{\partial y^2} < 0 \qquad (5—1)$$

非线性关系是边际消费倾向递减的核心。西方学者经过大量的实证分析认为，这种非线性关系在短期时间序列的分析中是适用的，但是，从长期来看，对边际消费倾向产生影响的因素还有许多，如生产结构的变化、社会生活结构的变化、人们对未来预期的影响、一国政府政策的导向等。因此，在长期经济发展中，这些因素的共同作用，边际消费倾向往往没有表现出递减的规律，而是表现为小于 1 的常数。

2. 绝对收入假说的消费函数数理模型

凯恩斯的绝对收入假说，简单地说，消费是由收入唯一决定的，消费与收入之间存在稳定的函数关系。随着收入的增加，消费将增加，但消费的增长低于收入的增长，根据这一理论假设，可以建立如下的消费函数的数理模型：

$$c_t = \alpha + \beta y_t \qquad t = 1,2,\cdots,T \qquad (5—2)$$

式中，c_t 表示实际消费额，y_t 表示实际收入，α，β 为系数。从经济意义上讲，α 为自发性消费，即每个时期所必需的固定支出，因此，应该有：$\alpha>0$；

β 为边际消费倾向，即每增加 1 单位实际收入所增加的实际消费支出量，β 进一步可表示为：

$$\beta = \frac{\partial c}{\partial y} \qquad (5—3)$$

由于消费的增长小于收入的增长，因此，应该有：

$$0<\beta<1,$$

(二) 弗里德曼持久收入假说

弗里德曼（Friedman）于 1957 年提出了消费的持久收入假设，它是对凯恩斯绝对收入假说的补充与修正。他认为，人们的支出实际上包括两大部分：一部分是稳定的、持久的支出，另一部分是不稳定的、瞬时的支出。根据凯恩斯的绝对收入假说可知，人们的支出来源于收入。这样可以将人们的收入分为两部分：一部分收入为持久收入，它是指可以预料到的、长久性的、带有常规性质的收入，如工薪收入；另一部分收入为瞬时收入，它是指非连续性的、带有偶然性的收入。前已述及，根据中国统计年鉴上对主要统计指标的解释，城市家庭总支出是指除借贷支出以外的全部家庭支出，包括消费性支出、购房建房支出、转移性支出、财产性支出、社会保障支出；在城市家庭收入中，除了工薪收入外，还有经营净收入、财产性收入、转移性收入等。依据弗里德曼持久收入假说，可以判断上述统计指标中，消费性支出是稳定的、持久的支出，工薪收入为持久收入。

由于中国现行的基本养老金制度尤其是统筹养老金所提供的保障水平定位在仅保障退休者不同层次基本生活需要的消费支出[①]，这实际上就是指稳定的、持久的消费支出给予保障。依据弗里德曼持久收入假说，满足退休者基本生活需要的消费支出与长久性的、带有常规性质的收入——工薪收入紧密相关。这样可以将满足基本生活需要的消费支出与工薪收入之间建立起函数关系，表达为：

$$c_{tb} = \alpha + \beta y_{tg} \qquad t = 1,2,\cdots,T \tag{5—4}$$

其中，c_{tb}表示 t 时期满足不同层次基本生活需要的实际消费支出额；y_{tb}表示 t 时期实际可支配工薪收入，这里的消费支出额与可支配工薪收入均为实际变量。

（三）对持久收入假说的改造

本章建立回归分析的出发点是：在中国统筹养老金制度框架下，依据在职者实际工资的增长情况，对退休者的统筹养老金给予适当的补偿，其中，对退休者统筹养老金调整的依据是在职者税前社会平均工资

① 具体保障的消费需求层次取决于不同群体统筹养老金的给付水平的目标定位。

增长率的一定百分比，因此，将上述公式中的实际可支配工资扩大到税前社会平均实际工资：

$$c_t = a + bw_t \qquad t = \cdots, 1997, 1998, 1999, \cdots \qquad (5—5)$$

式中，c_t 为 t 时期满足不同层次消费需求的中国城镇人均实际消费支出额；w_t 为 t 时期城镇在职者税前社会平均实际工资。①

到此为止，本章建立了满足基本生活需要的消费支出与工资收入之间的函数关系。但是，从这一函数的表达式可见，t 时期的消费是由 t 时期的工资收入决定的，这是与现实情况不符的。在中国，如果按月计算，某一月份的工资收入通常是滞后发放的，具体的滞后时间各个单位、各地区不完全相同，有的滞后 10 天，有的更长一些。为了简化分析，并与退休老年人口的统筹养老金调整指数确定的时间保持一致，这里假定月工资收入滞后一个月，如果以年为计量单位，假设年工资收入滞后一年，即本期的消费由上一期的工资收入决定。这样，式（5—5）可以进一步演变为：

$$c_t = a + bw_{t-1} \qquad t = \cdots, 1997, 1998, 1999, \cdots \qquad (5—6)$$

可以进一步给出满足不同层次的基本生活消费支出的一般函数关系式：

$$c_t = f(w_{t-1}) \qquad (5—7)$$

依据凯恩斯和弗里德曼的消费理论并结合中国的实际情况，可以得出：消费性支出与工资收入紧密相关，并且两者呈正相关关系，式（5—6）仅仅是消费与工资可能的一种函数关系式，当然，在具体的实例分析中还可能表现为其他形式的函数关系，如对数关系式或半对数关系式等，两者之间采用何种函数形式取决于散点图的形状，以及最后计量分析结果能否通过经济理论检验和统计检验。

二、模型的选择

本课题进行计量分析的目的是找到实际工资增加 1 单位会带来实际

① 严格来说，消费支出与工资的统计口径应该是相同的。由于本章的实际需要，对于 c_t，本章选取城镇人均值；对于 w_t，本章选取城镇在职者的人均值。

消费额增加多少单位，这个数值从性质上说与边际消费倾向接近，所以，这里借用边际消费倾向这一概念。[①] 根据凯恩斯的消费理论，边际消费倾向应该具有递减的规律，但是，在实际分析中，由于边际消费倾向受许多因素的影响，尤其是像中国这样的发展中国家，制度的变革及政府的政策导向等，会对边际消费倾向产生很大影响。研究中结合中国的实际情况假设边际消费倾向在未来的预测期内保持不变。其依据是：一方面，如果中国目前经济体制的改革、社会保障制度改革逐渐走向完善和成熟，制度的稳定使人们预期未来支出比较稳定，这会使人们由原来对未来支出预期不确定所导致的边际消费倾向递减转为边际消费倾向增加；另一方面，根据凯恩斯理论，其他条件不变，随着人们收入的增加，边际消费倾向会不断减小，这两方面的综合作用，边际消费倾向可能会保持稳定。此外，西方学者的实证分析表明，经过长期考察，一国或地区的边际消费倾向通常会保持不变。综上所述，研究选择边际消费倾向保持不变的假设，采用线性模型进行回归分析各层次消费支出与工资收入之间的数量关系。

三、样本数据的选取

从 1979 年开始，至 20 世纪 90 年代初，中国的经济体制在不断地向市场经济过渡，这段时期是经济制度变化较大的时期。因此，在通过计量分析对未来进行预测时，应尽可能避免使用制度转换初期的样本年份。于是，在样本数据的选择上，选取了接近目前市场化程度的近 11 年的数据（即 1993—2003 年）作回归分析，以减小误差。1993—2003 年中国城镇人均各层次实际消费支出额和社会平均实际工资额见表 5—7。

① 由于选用的变量是在职职工的税前实际工资，不是城镇人均可支配收入，因此，边际值并不是经济学理论中严格界定的边际消费倾向。

表 5—7 1993—2003 年中国城镇人均各层次实际消费支出额和社会平均实际工资额 （单位：元）

年份	人均实际消费额 $c(t)$	人均衣食医消费支出额 ysyc	人均衣食消费支出额 ysc	人均食品消费支出额 sc	平均实际工资 $w(t)$
1993	760.65	703.94	674.58	502.23	1 214.77
1994	812.12	825.43	785.44	586.59	1 292.51
1995	856.76	942.7	892.63	667.18	1 332.04
1996	869.64	1 001.92	939.21	699.23	1 377.86
1997	899.75	1 024.77	947.39	713.14	1 390.8
1998	936.97	1 020.71	933.02	715.52	1 617.78
1999	1 012.04	1 055.45	950.62	729.37	1 829.86
2000	1 086.76	1 113.14	977.21	746.59	2 037.62
2001	1 146.16	1 167.81	1 020.66	772.86	2 346.72
2002	1 315.42	1 330.28	1 144.42	867.45	2 709.86
2003	1 407.16	1 417.07	1 211.44	911.01	3 034.36

注：本表数据均根据《中国统计年鉴》相关数据计算而得。

四、满足不同层次消费支出的计量分析结果

依据表 5—7 相关时间序列数据，建立某年各层次实际消费支出与上一年税前社会实际平均工资之间线性函数关系式，利用统计分析软件进行回归分析，可以得到计量分析结果，见表 5—8。

表 5—8 各层次消费支出与实际工资之间的线性回归分析报告

被解释变量	日常消费支出额 c	衣食医消费支出额 ysyc*	衣食消费支出额 ysc**	食品消费支出额 sc**
回归系数	0.41	0.31	0.21	0.15
s.e.	0.015 401	0.034 830	0.023 578	0.023 400
t	26.439 91	8.628 178	9.075 800	6.384 643
p	0.000 0	0.000 1	0.000 3	0.000 4
r^2	0.987 289	0.978 099	0.974 285	0.963 395
D.W.	1.434 167	1.935 616	2.517 909	1.867 264

注：* 表示进行了一阶自相关修正后的统计值；** 表示进行二阶自相关修正后的统计值。

从表 5—8 可以看出，在日常消费支出额层次，当社会平均实际工资增加 1 个单位，如 1 元，会带来城镇人均消费支出增加 0.41 个单位（元）。在养老金调整指数设计中，如果使退休者的日常消费水平完全跟上在职者的变化，则当在职者社会平均货币工资增长 1%时，退休者的养老金应增加 0.41%。这样，在设计调整指数中，完全补偿通货膨胀带来损失的同时，如果让老年人口的日常消费水平完全跟上在职者的变化，养老金的调整指数应设定为：$1+\pi(t-1)+0.41g_W\cdot(t-1)$，其中，$\pi$ 为消费价格上涨率，g_W 为社会平均实际工资的年增长率。

在衣食医消费支出层次，当社会平均货币工资增加 1 个单位，会带来城镇人均衣食医实际消费支出增加 0.31 个单位。在养老金调整指数设计中，如果维持退休者衣食医基本生活需要的消费水平完全跟上社会平均水平的变化，则当在职者社会平均实际工资增长 1%时，退休者养老金应增加 0.31%，这样，在完全补偿通货膨胀带来损失的同时，如果保持老年人口衣食医基本生活需要的消费水平完全跟上在职者的变化，养老金调整指数应该设定为：$1+\pi\ (t-1)\ +0.31\cdot g_W\ (t-1)$。

在衣食消费支出层次，当社会平均货币工资增加 1 个单位，会带来城镇人均衣食消费支出增加 0.21 个单位。在设计养老金调整指数时，如果使退休者维持晚年生活必需品的消费水平完全跟上在职者的变化，则当在职者社会平均实际工资增长 1%时，退休者的养老金应增加 0.21%。这样，在完全补偿通货膨胀带来损失的同时，如果让老年人口的衣食基本生活必需品的消费水平完全跟上在职者的变化，养老金的调整指数应设定为：$1+\pi\ (t-1)\ +0.21\cdot g_W\ (t-1)$。

在食品消费支出层次，当社会平均货币工资增加 1 个单位，会带来城镇人均食品消费支出增加 0.15 个单位。在养老金调整指数设计中，如果使退休者维持晚年生存的最基本的消费水平完全跟上在职者的变化，则当在职者社会平均货币工资增长 1%时，退休者的养老金应增加 0.15%。这样，在完全补偿通货膨胀带来损失的同时，如果让老年人口维持生存最基本需要的食品消费完全跟上在职者的变化，养老金的调整指数应设定应该为：$1+\pi(t-1)+0.15\cdot g_W(t-1)$。

以上的计量分析所确定的调整指数是针对保障退休者不同层次生活需求的相对消费水平不降低而建立的。为了便于比较，将上述线性模型的计量分析报告中与调整指数相关的内容总结在表5—9中。

表5—9　　线性计量分析报告总结及所确定的调整指数

因变量	自变量	系数	调整指数
$c(t)$	$w(t-1)$	0.41	$1+\pi+0.41g_W$
$ysyc(t)$	$w(t-1)$	0.31	$1+\pi+0.31g_W$
$ysc(t)$	$w(t-1)$	0.21	$1+\pi+0.21g_W$
$sc(t)$	$w(t-1)$	0.15	$1+\pi+0.15g_W$

注：调整指数的设计均以上一年的消费价格上涨率和工资增长率为基础。

第五节　养老金调整指数方案设计

养老金调整指数设立的目的是：使老年人口退休金免受通货膨胀的风险，在此基础上，适当分享经济增长的成果，从而实现内部效率。因此，本节仅依据内部效率而没有考虑外部效率和综合效率给出不同的设计方案。在第四章关于调整指数的类型中，已经对各种类型的调整指数进行了介绍，可以总结出，如果拟让老年人口的养老金完全避免通货膨胀的风险，并适当分享经济增长的成果，应该以不同层次消费需求为切入点，以完全的物价增长率和部分工资增长率为基础建立综合调整指数，所以，除了模拟各国目前采用的调整指数方案以外，在设计调整指数方案时，均采用这种方式来设计相对保障水平不同的调整指数，这与中国目前多数省市关于养老金调整指数设计的总体原则是一致的。

一、不区分“老人”“中人”和“新人”的设计方案

这组方案是对世界各国已经采用的调整指数的模拟，也包括中国各省、直辖市在建立养老金指数化调整机制初期所采用的调整指数。

（一）以完全的工资增长率为基础的调整指数

这一方案实际上就是对养老金不区分“老人”“中人”和“新人”，均采用完全总工资指数作为调整指数，这也是德国养老金在1957—1992年所采用的调整指数。从内部效率的角度说，该调整指数使退休人口完全分享到经济增长成果，对老年人口养老金的保障程度最高。将调整指数用公式表达为：$1+\pi(t-1)+g_W\cdot(t-1)$。

（二）以实际工资增长率的50%为基础的调整指数

这一方案是模拟中国养老金调整指数实施的初期状况而确定的。按照中国政府相关文件的规定：已退休人员的养老金参照消费价格上涨率，同时在实际工资增长率的40%～80%的比例范围内调整，多数省市采用的40%～60%左右的调整比例。因此，在本设计方案中，选择实际工资增长率的50%为基础建立调整指数。此外，城镇退休人口中有“老人”和“中人”，虽然他们的统筹部分养老金不完全相同，但是，在初期实施的养老金指数化调整中并没有区别对待。为了模拟初期情况，在第二种调整指数方案设计中，同样没有对两类人口的统筹养老金区别对待，并且对未来退休的“新人”也采用相同的调整指数，即第二种设计方案中，采用以完全的消费价格增长率和50%的实际工资增长率为基础的调整指数，使退休的“老人”“中人”和“新人”统筹养老金在避免通货膨胀侵蚀的同时，分享一部分经济增长的成果，将该调整指数用公式表达为：$1+\pi(t-1)+0.5\cdot g_W(t-1)$。

（三）以消费物价增长率为基础的调整指数

这一调整指数实际上就是使用消费价格指数CPI作为统筹养老金的调整指数，该调整指数使“老人”“中人”和“新人”统筹养老金仅获得免受通货膨胀侵蚀的保障，没有分享到经济增长的成果，这也是目前

各国对养老金进行指数化调整中所采用的调整幅度最低的调整指数。将该调整指数用公式可以表达为：$1+\pi(t-1)=CPI(t-1)$。

二、对不同群体采用不同调整指数的设计方案

这是针对中国养老金调整指数应遵循不同群体调整指数应该具有差异性的原则，不同层次最基本生活需要水平框架下，对养老金所设立的不同相对保障水平的调整指数方案。

（一）“老人”日常相对消费水平不变的设计方案——最高方案

1.“老人”养老金调整指数的设计

在前面的分析中，已经设定“老人”无储蓄，退休后仅依靠统筹养老金生活，并且统筹养老金能够满足“老人”的日常消费支出需要。因此，在这个设计方案中，拟使“老年”的日常消费水平随社会平均水平的提高而提高，即在食品、衣着、家庭设备用品及服务、医疗保健、交通和通信、娱乐教育文化服务、居住、杂项商品和服务等八大类消费支出的相对消费水平保持不变。这样，要求“老人”统筹养老金根据城镇人均消费性支出随社会平均实际工资增长率的变化确定调整指数，即调整指数为：$1+\pi(t-1)+0.41\cdot g_W(t-1)$。这一调整指数也是“老人”统筹养老金能够满足的消费需求所获得的最高程度的相对保障。通过这一调整指数，可以判定，从总体上看，中国各省市对“老人”统筹养老金采用社会平均实际工资增长率的50%为基础的调整指数，对“老人”保障程度过高。

2.“新人”统筹养老金调整指数的设计

对于“新人”来说，其统筹养老金为退休上一年社会平均工资的30%，与这一给付水平相对应的消费需求在基本生存需要与基本生活需要之间，即“新人”统筹养老金能够提供衣食医消费与（衣）食消费需求之间，其中，其能够满足的最高消费需求大致为衣食医的消费。依据中国养老金调整指数的建立应遵循不同群体调整指数的差异性原则和相互衔接原则，当“老人”统筹养老金所选择的调整指数为保障其能够满足的最高消费需求的相对支出水平不降低时，“新人”选择的统筹养老

金调整指数就应该使衣食医基本生活相对消费水平保持不变，即其统筹养老金调整指数应该依据中国城镇人均衣食医消费支出随社会平均实际工资增长率的变化确定调整指数，即调整指数为：$1+\pi(t-1)+0.31\cdot g_W(t-1)$。与“老人”调整指数的选择相对应，这一调整指数使“新人”的统筹养老金获得了最高程度的相对保障。

3.“中人”统筹养老金调整指数的设计

“中人”统筹养老金的调整指数设计中，依据前面的分析，基础养老金部分与“新人”统筹养老金调整指数设计相同，过渡性调节金部分与“老人”统筹养老金调整指数设计相同，即调整指数为：$1+\pi(t-1)+0.31\cdot g_W(t-1)$（基础养老金）和 $1+\pi(t-1)+0.41\cdot g_W(t-1)$（过渡性调节金），见表5—10。

表5—10　“老人”日常相对消费水平保持不变的统筹养老金调整指数设计方案

“老人”统筹养老金	“中人”统筹养老金		“新人”统筹养老金
	基础养老金	过渡性调节金	
$1+\pi+0.41g_W$	$1+\pi+0.31g_W$	$1+\pi+0.41g_W$	$1+\pi+0.31g_W$

注：调整指数的设计均以上一年的消费价格上涨率和工资增长率为基础。

（二）“老人”衣食医相对基本生活消费水平保持不变的设计方案——中等方案

1.“老人”统筹养老金调整指数的设计

如果在保障“老人”统筹养老金绝对购买力水平保持不变的条件下，相对购买力水平适当降低，使“老人”衣食医相对消费水平保持不变，那么，在统筹养老金调整指数设计中，应该由衣食医的消费随社会平均实际工资的变化确定调整指数，即调整指数为：$1+\pi(t-1)+0.31\cdot g_W(t-1)$。这一调整指数的含义是：“老人”的统筹养老金能随着消费价格的上涨而相应提高，同时，还能够使衣食医消费水平与在职者同步提高，即衣食医相对消费水平保持不变。这一调整指数对“老人”统筹养老金给予中等程度的相对保障。

2.“新人”统筹养老金调整指数的设计

与“老人”设计的调整指数相对应，“新人”在这一层次调整指数的设计中，除保障统筹养老金的绝对购买力水平不降低外，相对购买力水平获得中等程度的保障，即通过调整指数的设计使衣食相对消费水平保持不变，此时调整指数为：$1+\pi(t-1)+0.21\cdot g_W(t-1)$。

3.“中人”统筹养老金调整指数的设计

对于“中人”统筹养老金调整指数的设计方案，基础养老金部分与“新人”调整指数的设计相同，过渡性调节金部分与“老人”相同。以下是这一层次“老人”“中人”和“新人”统筹养老金调整指数的具体设计方案，见表5—11。

表5—11　“老人”衣食医相对消费水平保持不变的中国统筹养老金调整指数设计方案

“老人”统筹养老金	“中人”统筹养老金		“新人”统筹养老金
	基础养老金	过渡性调节金	
$1+\pi+0.31g_W$	$1+\pi+0.21g_W$	$1+\pi+0.31g_W$	$1+\pi+0.21g_W$

注：调整指数的设计均以上一年的消费价格上涨率和工资增长率为基础。

（三）“老人”衣食相对消费水平保持不变的方案设计——偏低方案

1.“老人”统筹养老金调整指数的设计

如果使“老人”衣食相对基本生存水平保持不变，在统筹养老金调整指数设计中，调整指数应为：$1+\pi(t-1)+0.21\cdot g_W(t-1)$。在这一调整指数下，“老人”统筹养老金的绝对购买力水平没有降低，相对购买力水平进一步下降，但是，统筹养老金所提供的衣食消费需求的相对消费水平保持不变。可见，这一调整指数仅给予“老人”统筹养老金较低水平的相对保障。

2.“新人”统筹养老金调整指数的设计

“新人”在这一层次调整指数的设计中，与“老人”统筹养老金获得的相对保障程度相对应，基础养老金的相对购买力仅获得较低水平的保障，此时调整指数为：$1+\pi(t-1)+0.15\cdot g_W(t-1)$，即食品相对消费水平保持不变。

3.“中人”统筹养老金调整指数的设计

对于“中人”统筹养老金调整指数的设计方案，基础养老金部分与“新人”调整指数的设计相同，过渡性调节金部分与“老人”相同。以下是关于这一层次“老人”“中人”和“新人”统筹养老金调整指数的具体设计方案，见表5—12。

表5—12　“老人”衣食相对消费水平保持不变的中国统筹养老金调整指数设计方案

“老人”统筹养老金	“中人”统筹养老金		“新人”统筹养老金
	基础养老金	过渡性调节金	
$1+\pi+0.21g_W$	$1+\pi+0.15g_W$	$1+\pi+0.21g_W$	$1+\pi+0.15g_W$

注：调整指数的设计均以上一年的消费价格上涨率和工资增长率为基础。

(四)“老人”食品相对消费水平保持不变的方案设计——最低方案

1.“老人”统筹养老金调整指数的设计

从需求弹性的定义来看，某一类消费品若 $E_I<1$，则为生存必需品。由米红等对中国城镇消费品的实证分析得知，平均来说，食品的收入弹性为0.386，衣着的收入弹性为0.089，这说明当收入发生变化时，衣着需求的变化幅度非常小，如果进一步考虑不同年龄群体对衣着消费需求的特点，通常已退休的老年人口对衣着消费的收入需求弹性会更低。这一特点暗含着，随着收入水平的提高，老年人口用于改善衣着消费的收入支出非常低。根据这一特点，提出对“老人”相对消费水平保障程度最低的方案，即使“老人”食品相对消费水平保持不变，那么，在统筹养老金调整指数设计中，应该由食品消费随社会平均实际工资的变化确定调整指数，即调整指数为：$1+\pi(t-1)+0.15\cdot g_W(t-1)$。

2.“新人”统筹养老金调整指数的设计

在统筹养老金调整指数设计中，当“老人”仅保障食品的相对消费水平时，依据调整指数设计的最低保障水平原则和不同时代群体的差异性原则，“新人”的统筹养老金只能获得绝对消费水平的保障，不能获得相对消费水平的保障，因此，在该方案中“新人”调整指数为：$1+\pi(t-1)$。在这种情况下，“新人”在退休后的晚年生活中，拟随社会平均消费水平的提高而获得适当的提高，需要通过其个人账户养老金、企业补充养老金以及个人储蓄等得以实现。

3. “中人”统筹养老金调整指数的设计

依据“老人”和“新人”所建立的调整指数，“中人”基础养老金调整指数应为：$1+\pi(t-1)$；过渡性调节金部分调整指数为：$1+\pi(t-1)+0.15\cdot g_W(t-1)$，见表5—13。

表5—13　“老人”食品相对消费水平保持不变的中国统筹养老金调整指数设计方案

“老人”统筹养老金	“中人”统筹养老金		“新人”统筹养老金
	基础养老金	过渡性调节金	
$1+\pi+0.15g_W$	$1+\pi$	$1+\pi+0.15g_W$	$1+\pi$

注：调整指数的设计均以上一年的消费价格上涨率和工资增长率为基础。

以上是从内部效率的角度，同时根据中国养老金调整指数建立应该遵循的不同群体调整指数设计的差异性原则而设计的方案，为了更能清楚看到这些方案，在本章最后将这些方案汇总在一个表格中，见表5—14。

表5—14　依据差异性原则中国统筹养老金调整指数设计方案

“老人”相对消费水平的保障程度	“老人”统筹养老金调整指数	“中人”统筹养老金调整指数		“新人”统筹养老金调整指数	“新人”相对消费水平的保障程度
		基础养老金	过渡性调节金		
日常	$1+\pi+0.41g_W$	$1+\pi+0.31g_W$	$1+\pi+0.41g_W$	$1+\pi+0.31g_W$	衣食医
衣食医	$1+\pi+0.31g_W$	$1+\pi+0.21g_W$	$1+\pi+0.31g_W$	$1+\pi+0.21g_W$	衣食
衣食	$1+\pi+0.21g_W$	$1+\pi+0.15g_W$	$1+\pi+0.21g_W$	$1+\pi+0.15g_W$	食品
食品	$1+\pi+0.15g_W$	$1+\pi$	$1+\pi+0.15g_W$	$1+\pi$	无

注：调整指数的设计均以上一年的消费价格上涨率和工资增长率为基础。

第六章 基于指数化调整的统筹养老金收支预测及精算平衡分析

上一章对不同层次消费需求与社会平均工资进行了计量分析，在此基础上，针对中国现行统筹养老金制度，对不同群体设计了高低不同的调整指数方案。本章的任务是基于这些调整指数方案，对中国现行养老金制度中的统筹养老金进行收支预测，目的是为下一章关于养老金调整指数的内部效率和外部效率的分析做准备。

第一节 统筹养老金缴费人口与退休人口预测

一、未来缴费人口和退休人口预测模型

中国20世纪90年代基本养老保险制度的运行模式是“统账结合，混账管理，空账运营”，这种模式运行的结果是养老保险资金收不抵支，空账严重，个人账户名不符实。针对这些问题，2001年国家在辽宁省

进行社会保障体系试点改革。这次试点改革的主要内容是：在坚持社会统筹和个人账户相结合的基本养老保险制度下，将不同账户缴费率参数进行了一些调整，在统筹基金收入方面，个人账户缴费率由本人缴费工资的11%调整为8%，企业向基本养老保险制度缴费额度不变，保持在工资总额的20%的水平，并全部进入统筹账户，目的是填补统筹账户不断扩大的资金缺口；在支出方面，对于缴费满15年的职工，基础养老金账户按照上一年度社会平均工资的20%支付养老金，对于缴费超过15年的职工，每多一年缴费，基础养老金替代率提高0.6%，最高总替代率可达到30%。这一试点方案经过几年的运行，效果比较显著。2004年，"辽宁试点"方案推广至吉林、黑龙江两省，2005年在广州等10个省份扩大试点。因此，基于指数化调整的中国统筹养老金收支预测采用"辽宁试点"改革方案中的设计参数是合理的。[①] 由于试点起始时间为2001年，所以，基于指数化调整的中国统筹养老金收支预测的开始年份定为2001年。2001年中国现行的养老金制度覆盖的人口中，"老人"已经全部进入退休状态，"新人"完全处于在职状态，"中人"一部分处于在职状态，一部分已经进入退休状态。

按照中国养老保险制度的实际状况，设定就业年龄为20岁，退休年龄男性为60岁，女性为55岁。这样，可以设计出中国城镇未来退休人口的预测模型和缴费人口的预测模型。

（一）未来退休人口的预测模型

1."老人"退休人口预测模型

根据前面的假设，"老人"将在2034年左右全部死亡，则在t年（其中$2001\leqslant t\leqslant 2034$）"老人"人数为：

---

① 国务院在2005年底发布第38号文件中规定，从2006年起，当缴费满15年，每超过1年，基础养老及替代率提高1%，这一规定必然会使统筹养老金的需求额略有增加，但是对分析结果基本没有影响，在对策篇中基于指数化调整的中国统筹养老金现实选择分析中将这一参数的变化纳入进来。

$$L_{t,O}^{T}=\sum_{x=55+(t-2000)}^{89}l_{t,x}+\sum_{y=60+(t-2000)}^{89}l_{t,y}$$
$$=\sum_{x=55+(t-2000)}^{89}l_{2000,x-(t-2000)}\cdot{}_{(t-2000)}p_{x-(t-2000)}^{x}$$
$$+\sum_{y=60+(t-2000)}^{89}l_{2000,y-(t-2000)}\cdot{}_{(t-2000)}p_{y-(t-2000)}^{y}\qquad(6—1)$$

式中，$L_{t,O}^{T}$为 t 年中国城镇已退休的“老人”人口总额；$l_{t,x}$表示 t 年中国城镇存活到 x 岁的女性“老人”人口数；$l_{t,y}$表示 t 年中国城镇存活到 y 岁的男性“老人”人口数；${}_5P_{x-5}^{x}$ 表示年龄在 $x-5$ 岁的女性能够存活 5 年的概率，其他变量依此类推。

2. “中人”退休人口预测模型

对于“中人”来说，在 t 年（其中 $t\geqslant2001$）退休人口数为：

$$L_{t,Z}^{T}=\sum_{x=55}^{55+(t-2001)}l_{t,x}+\sum_{y=60}^{60+(t-2001)}l_{t,y}$$
$$=\sum_{x=55}^{55+(t-2001)}l_{2000,x-(t-2000)}\cdot{}_{(t-2000)}p_{x-(t-2000)}^{x}$$
$$+\sum_{y=60}^{60+(t-2001)}l_{2000,y-(t-2000)}\cdot{}_{(t-2000)}p_{y-(t-2000)}^{y}\qquad(6—2)$$

式中，$L_{t,Z}^{T}$表示 t 年中国城镇已经退休的“中人”人口数总额。

3. “新人”退休人口预测模型

根据前面的假设，女性“新人”将在 2036 年左右陆续进入退休状态，男性“新人”将在 2041 年左右开始陆续进入退休状态。这样，在未来的第 t 年（其中 $t\geqslant2036$）“新人”退休人数精算模型为：

$$L_{t,X}^{T}=\sum_{x=55}^{55+(t-2036)}l_{t,x}+\sum_{y=60}^{60+(t-2041)}l_{t,y}$$
$$=\sum_{x=55}^{55+(t-2036)}l_{2000,x-(t-2000)}\cdot{}_{(t-2000)}p_{x-(t-2000)}^{x}$$
$$+\sum_{y=60}^{60+(t-2041)}l_{2000,y-(t-2000)}\cdot{}_{(t-2000)}p_{y-(t-2000)}^{y}\qquad(6—3)$$

式中，$L_{t,X}^{T}$表示 t 年中国城镇已经退休的“新人”人口总额。

（二）未来缴费人口预测模型

由前述已知，目前中国城镇养老金覆盖的人口中，“老人”已经全部进入退休状态；“中人”一部分处于在职状态，另一部分已经进入退休状态；“新人”全部处于在职状态。因此，向统筹养老金缴费的人口包括在职“新人”和在职“中人”。

1.“新人”缴费人口预测模型

根据前面的假设，t 年“新人”的缴费人数为：

$$L_{t,X}^{J} = \sum_{x=20}^{20+(t-2001)} l_{t,x} + \sum_{y=20}^{20+(t-2001)} l_{t,y}$$

$$= \sum_{x=20}^{20+(t-2001)} l_{2000,x-(t-2000)} \cdot {}_{(t-2000)}p_{x-(t-2000)}^{x}$$

$$+ \sum_{y=20}^{20+(t-2001)} l_{2000,y-(t-2000)} \cdot {}_{(t-2000)}p_{y-(t-2000)}^{y} \quad (6—4)$$

式中，$L_{t,X}^{J}$表示 t 年“新人”的缴费人数，$20 \leqslant x \leqslant 55$；$20 \leqslant y \leqslant 60$。

2.“中人”缴费人口预测模型

根据前面的假设，“中人”在 2035 年左右全部进入退休状态，这样，t 年（其中，$2001 \leqslant t \leqslant 2035$）“中人”的缴费人数为：

$$L_{t,Z}^{J} = \sum_{x=20+(t-2000)}^{54} l_{t,x} + \sum_{y=20+(t-2000)}^{59} l_{t,y}$$

$$= \sum_{x=20+(t-2000)}^{54} l_{2000,x-(t-2000)} \cdot {}_{(t-2000)}p_{x-(t-2000)}^{x}$$

$$+ \sum_{y=20+(t-2000)}^{59} l_{2000,y-(t-2000)} \cdot {}_{(t-2000)}p_{y-(t-2000)}^{y} \quad (6—5)$$

式中，$L_{t,Z}^{J}$表示 t 年“中人”的缴费人数。

二、未来缴费人口与退休人口的预测值

根据上述精算模型，依据辽宁大学人口研究所“人口老龄化与养老保障问题研究”课题组（2003）利用 2000 年第五次全国人口普查数据，

采用 People/Spss 软件处理所获得的 2001—2050 年各年份年龄人口数据，可以计算出未来各年的缴费人数和退休人数，见附表 1。

根据附表 1 中缴费人口数和退休人口数，可以计算出中国统筹养老金的制度赡养率[①]，依据此数值作图（见图 6—1），能够判断未来中国统筹养老金财务负担的变化趋势。

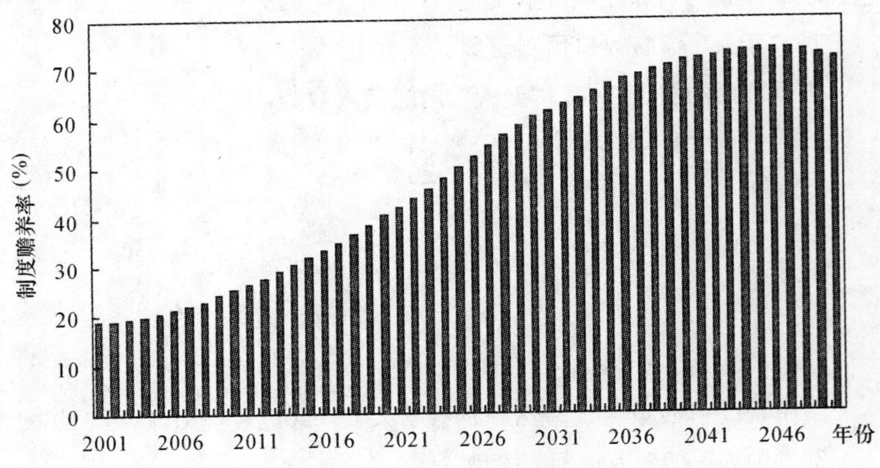

图 6—1　中国统筹养老金制度赡养率

本图数据是根据附表 1 计算而得的。

由图 6—1 可知，在预测期内，中国统筹养老金制度赡养率不断提高，并且在 2045 年左右达到最大值，其后开始缓慢下降。中国统筹养老金制度赡养率的变化趋势说明，在未来的几十年时间里，总体上看，统筹养老金受益人口占缴费人口的比例越来越大，即在职缴费人口所抚养的退休人口越来越多，因此，在职者缴费负担越来越重[②]，现收现付公共养老金计划的财务压力越来越大。由艾伦条件可知，当制度赡养率不断提高时，现收现付公共养老金制度的优势越来越小，正是基于这一

① 该赡养率为合意状态下的数值，即覆盖率和遵缴率达到 100%下的赡养率。

② 由 $B=\frac{\mu W}{\phi}$ 知，在养老金水平 B 和工资水平 W 不变的前提下，制度赡养率 ϕ 的提高会导致在职者缴费率 μ 提高。

原因，中国和世界其他多数国家将传统的单一现收现付公共养老金制度进行改革，转变为部分积累制度。①

第二节　养老金供给预测

一、养老金供给预测的相关参数设定

（一）养老金缴费率的假设

1. 城镇企业缴费率的假设

在现行的中国养老金制度下，统筹养老金的供给主要由雇员所在企业和个体工商户承担。根据辽宁省养老金改革试点方案关于统筹养老金缴费率的参数设定：企业向统筹养老金账户缴费的比例为社会工资总额的20%，因此，本章分析中仍然选择20%这一参数作为企业向统筹养老金缴费的基础。

2. 城镇个体工商户缴费率的假设

根据辽宁省养老保险制度改革设计方案，自由职业者、个体工商户等从业人员缴费率为18%，其中，8%进入个人账户，10%进入社会统筹，但享受的养老金待遇与其他人员相同。从这个缴费率方案可以看到，在向统筹养老金的缴费中，对企业和个体工商户实行的是差别性的缴费率，企业缴费率是个体工商户缴费率的2倍，而个体工商户到了退休年龄，所能够获得的基础养老金待遇却与其他人员相同，这对企业和企业职工是十分不公平的。因此，针对目前中国养老金财务紧张的现实，参照美国1983年关于养老金缴费率的改革，提出3种关于个体工

① 少数国家采取激进式的改革，将原来的现收现付公共养老金制度改革为完全积累制，如智利。

商户缴费率改革的方案：即将城镇个体工商户的统筹养老金缴费率分别提高到12%、15%和20%的方案。

在个体工商户向统筹养老金账户的缴费率低于企业向统筹养老金账户的缴费率方案中，需要进一步将个体工商户的缴费人数从制度缴费人口中分离出来，以便单独计算其缴费情况。采用辽宁大学人口研究所（国家统计局）“人口老龄化与养老保障问题研究”课题组（2003）在研究报告中关于2001—2050年有关个体工商户人口占缴费人口的假设，具体为：2001—2020年为14.5%，2021—2050年为19.5%。

（二）社会平均工资的假设

根据中国统计年鉴中的定义，社会平均工资包括奖金、津贴和补贴等收入。社会平均工资会随着中国经济实际发展状况而得到相应的调整。如果考虑工资增长率的刚性特点，可以基于消费物价和实际工资增长率，对社会平均工资进行指数化假设。根据辽宁省社会保障试点方案—养老保险精算假设①和王晓军对实际工资增长率的假设②，假设中国分阶段的工资增长率和消费价格指数的增长率分别为：（1）实际工资增长率在2002—2010年间为5%，2011—2030年间为4%，2031—2050年间为3%；（2）消费价格指数增长率在2002—2010年间为2%，2011—2030年间为2.5%，2031—2050年间为3%。

这样，如果以2001年工资为基数，未来t年社会平均工资可以表示为：

$$W(t)=W_{2001}\cdot(1+\pi+g_W)^{t-2001} \tag{6—6}$$

式中，π是消费价格增长率，根据前述的假设，其取值为：

① 辽宁省试点方案中参数设定情况是：以消费价格指数衡量的通货膨胀率：短期（2002—2004）=1.5%，中期（2005—2015）=2%，长期（2016—2081）=2.5%；工资增长率短期（2002—2004）为7.5%，中长期（2005—2015）为4%～6.5%。

② 社会平均工资的增长率在2010年前为5%，2011—2030年为4%，2031—2050年为3%。参见：王晓军．对我国养老金制度债务水平的估计与预测．社会保障制度．2002，6：31

$$\pi=\begin{cases}2\%, & t=2002-2010\\ 2.5\%, & t=2011-2030\\ 3\%, & t=2031-2050\end{cases}$$

g_W 为实际工资年增长率，根据前述的假设，其取值为：

$$g_W=\begin{cases}5\%, & t=2002-2010\\ 4\%, & t=2011-2030\\ 3\%, & t=2031-2050\end{cases}$$

（三）统筹养老金覆盖率和遵缴率的假设

1. 覆盖率的假设

从 1979 年开始，中国从计划经济向市场经济转轨，在经济体制转轨初期，各项制度建设不可能同步进行，这就导致中国现行的城镇养老金制度的覆盖面较低。具体来看，2003 年中国城镇参保人员 1.5 亿左右，占城镇全部就业人员比例的 60%左右，其中，国有企业覆盖率达到 90%以上，集体企业覆盖率达到 60%以上，其他类型企业和个体工商户的覆盖率还很低。[①] 随着中国市场经济体系的进一步完善和养老保险制度改革的进一步深化，覆盖面必然会逐步提高。因此，参照辽宁大学人口研究所（国家统计局）“人口老龄化与养老保障问题研究”课题组（2003）在研究报告中关于 2001—2050 年的覆盖率的假设，提出几组假设方案，具体为：（1）理想的合意状态：覆盖率为中国城镇职工的 100%；（2）覆盖率分段提高：2001—2005 年为 60%，2006—2010 年为 70%，2011—2015 年为 80%，2016—2030 年为 90%，2031—2050 年为 95%；（3）覆盖率始终保持 90%；（4）覆盖率始终保持 80%。

2. 遵缴率的假设

在中国城镇养老保险费的征缴过程中，一直存在企业拒缴、逃缴的现象，这也是中国目前养老金在企业缴费率高达 20%的情况下，仍然存在很大缺口的主要原因之一。如图 6—2 所示，20 世纪 90 年代中后

① 王立军. 养老金缺口财政支付能力研究（博士论文）. 2005

期，中国城镇养老保险费收缴率不断下降，出现这种情况的主要原因是：(1) 国有企业经营业绩不佳，导致部分国有企业为在职职工发放工资出现困难，向养老保险制度缴费则难上加难；(2) 与目前的养老保险制度缴费相关的法制不健全，部分企业为了降低劳动力成本支出，或者由于自己企业的职工多数比较年轻，退休者很少或没有，在眼前利益的驱动下，出现了逃缴养老保险费的现象。辽宁省作为试点省份，目前养老保险的缴费率也只达到 85%左右，但是，随着经济的发展和法制的健全，遵缴率必然会不断提高。同样，参照辽宁大学人口研究所（国家统计局）"人口老龄化与养老保障问题研究"课题组（2003）在研究报告中关于 2001—2050 年遵缴率的假设，提出几组遵缴率方案：(1) 遵缴率处于合意状态，即遵缴率达到 100%，这种状态是很难达到的，即使是制度比较健全的美国等发达国家，公共养老金遵缴率也只有 95%，因此，可以把它看成一种理想状态；(2) 遵缴率分段提高：2001—2005 年为 75%，2006—2010 年为 85%，2011—2030 年为 90%，2031—2050 年为 95%；(3) 遵缴率保持 90%；(4) 遵缴率保持 80%。

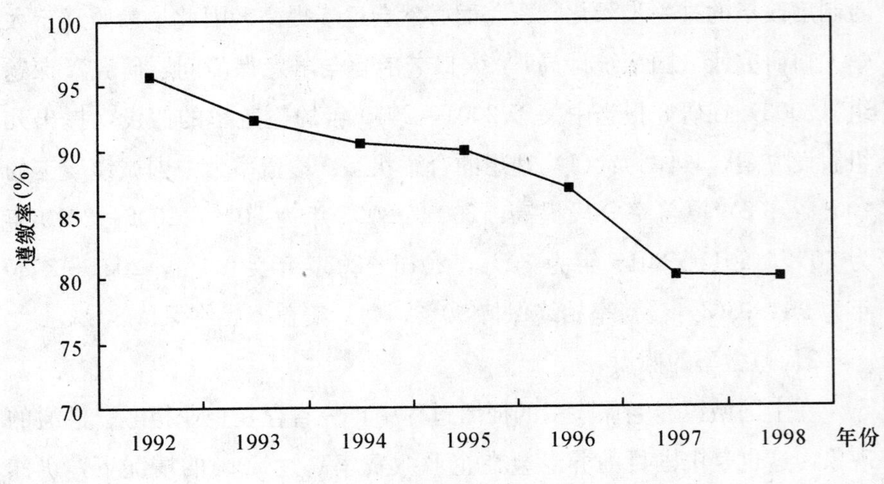

图 6—2　中国城镇养老金制度遵缴率

资料来源：王力军．养老金缺口财政支付能力研究（博士论文）．辽宁大学．2005，52

二、统筹养老金供给预测

（一）合意状态下供给预测

依据上述假设，在合意状态下中国统筹养老金的供给相关参数应当为：（1）缴费率，城镇企业和个体工商户向统筹养老金的缴费率均为20%；（2）遵缴率和覆盖率，在理想状态下两者均为100%。此外，依照辽宁省试点方案，设统筹养老金的管理成本为2%，则中国统筹养老金供给模型为：

$$SB(t) = 20\% \cdot W(t) \cdot [L_Z^I(t) + L_X^I(t)] \cdot 98\% \qquad (6—7)$$

式中，依据式（6—6）可以计算出 $W(t)$；缴费人数 L_Z^I 和 L_X^I 可由式（6—4）和式（6—5）计算出。这样，可以依据式（6—7）计算出未来各年统筹养老金的供给金额，见附表2。

（二）现实条件下统筹养老金的供给预测

由于现实情况比较复杂，根据个体工商户的缴费率情况分为以下两大类：

1. 个体工商户统筹养老金缴费率为10%

在个体工商户缴费率为10%的条件下，依据覆盖率和遵缴率又可以进一步细分。（1）覆盖率和遵缴率均为100%；（2）覆盖率和遵缴率均为90%；（3）覆盖率和遵缴率均为80%；（4）覆盖率和遵缴率分段提高。

2. 个体工商户缴费率为12%、15%及20%

对于个体工商户缴费率提高的设定，是基于中国统筹养老金的现实状况而提出的，同时覆盖率和遵缴率采用分段提高的比较现实的方案。

依据上述的参数设定方案，可以计算出各种现实条件下中国统筹养老金在2001—2050年间的供给金额，见附表3和附表4。

第三节 基于指数化调整的统筹养老金需求预测

一、未来统筹养老金需求预测模型

(一)“老人”养老金的需求预测模型

根据现行的中国养老金政策，“老人”统筹养老金的发放标准保持不变，即以退休时的工资标准为基础，按照一定的调整指数调整其统筹养老金。如果 2001 年已退休“老人”的平均养老金水平为 B_{2001}，养老金调整指数固定不变，为 δ ($\delta \geqslant 1$)[①]，则第 t 年“老人”对养老金的需求总额为：

$$ZB(t) = \delta^{t-2001} \cdot B_{2001} \cdot L_{t,O}^{T} \tag{6—8}$$

如果已知 $t-1$ 年“老人”统筹养老金平均水平为 B_{t-1}，则第 t 年“老人”对养老金的需求总额可以表达为：

$$ZB(t) = \delta \cdot B_{t-1} \cdot L_{t,O}^{T} \tag{6—9}$$

(二)“新人”统筹养老金需求预测模型

“新人”将在 2036 年左右开始陆续进入退休状态，并且退休“新人”的统筹养老金即为基础养老金，按照辽宁省试点方案的参数设计，其发放标准是静态目标替代率的 30%，即“新人”退休上一年社会平均工资的 30%。这样，2036 年第一批退休的“新人”获得的统筹养老金为：

$$ZB_{2036} = 30\% \cdot W(2035) \cdot L_{2036,X}^{T} \tag{6—10}$$

则第 t 年“新人”统筹养老金需求的总额为：

$$ZB(t) = \delta \cdot ZB(t-1) + (L_{t,X}^{T} - L_{t-1,X}^{T}) \cdot W(t-1) \times 30\% \tag{6—11}$$

① 调整指数的选择根据所设定的指数方案来确定。

（三）“中人”统筹养老金需求预测模型

“中人”将在2035年左右全部进入退休状态。“中人”统筹养老金包括基础养老金和过渡性调节金，它们的初始值计算方法以及调整指数的计算方法有差异，所以，需要分别讨论。

1. “中人”基础养老金需求的精算模型

如前所述，在中国现行的养老金制度下，对基础养老金的静态目标替代率规定为：缴费满15年，退休时获得的替代率为退休前一年社会平均工资的20%，缴费每超过一年，替代率增加0.6%，最高可达到30%。由于“中人”所处的经济时代的特殊性，可以设定“中人”基础养老金的替代率为：2001年20%，此后，每年提高0.6%，直至达到30%不再增加，以便与“新人”30%静态目标替代率的基础养老金相衔接。这样，“中人”在2001年的基础养老金需求总额为：

$$ZB_{2001} = 20\% \cdot W_{2000} \cdot L_{2001,Z}^{T} \qquad (6\text{—}12)$$

第 t 年（$2001 \leqslant t \leqslant 2017$ 年）“中人”基础养老金需求总额为：

$$ZB(t) = \delta \cdot ZB(t-1) + [20\% + 0.6\% \cdot (t-2001)] \cdot W(t-1) \cdot (L_{t,Z}^{T} - L_{t-1,Z}^{T}) \qquad (6\text{—}13)$$

当 $t \geqslant 2018$ 年时，“中人”基础养老金需求总额的精算模型为：

$$ZB(t) = \delta \cdot ZB(t-1) + 30\% \cdot W(t-1) \cdot (L_{t,Z}^{T} - L_{t-1,Z}^{T}) \qquad (6\text{—}14)$$

2. “中人”过渡性调节金需求预测模型

在中国现行的养老金制度下，“中人”基本养老金的制度替代率仍按旧体制承诺的总体给付水平75%开始，每年下调1%，逐步下调至60%。同时，“中人”个人账户替代率的设定方式为：从1.2%开始，每年增加0.7%，直至到2035年最后一批“中人”退休时达到25%为止不再增加。这样，结合上面的“中人”基础养老金的设定方法，可以给出“中人”过渡性的调节金的精算模型。在2001年，退休的第一批“中人”过渡性的调节金的需求总额为：

$$ZB_{2001} = (75\% - 1.2\% - 20\%) \cdot W_{2000} \cdot L_{2001,Z}^{T} \qquad (6\text{—}15)$$

当 $2001\leqslant t\leqslant 2016$ 年，第 t 年“中人”过渡性调节金的需求总额可表达为：

$$\begin{aligned}ZB(t)=&\delta\cdot ZB(t-1)+\{[75\%-1\%(t-2001)]\\&-[1.2\%+0.7\%(t-2001)]-[20\%+0.6\%(t-2001)]\}\\&\cdot W(t-1)\cdot(L_{t,Z}^{T}-L_{t-1,Z}^{T})\end{aligned}\qquad(6-16)$$

当 $t=2017$ 年时，“中人”过渡性调节金需求总额为：

$$\begin{aligned}ZB(t)=&\delta\cdot ZB(t-1)+\{60\%-[1.2\%+0.7\%(t-2001)]\\&-[20\%+0.6\%(t-2001)]\}\cdot W(t-1)\cdot(L_{t,Z}^{T}-L_{t-1,Z}^{T})\end{aligned}\qquad(6-17)$$

当 $t\geqslant 2018$ 年时，第 t 年“中人”过渡性调节金的需求总额精算模型为：

$$\begin{aligned}ZB(t)=&\delta\cdot ZB(t-1)+\{30\%-[1.2\%+0.7\%(t-2001)]\}\\&\cdot W(t-1)\cdot(L_{t,Z}^{T}-L_{t-1,Z}^{T})\end{aligned}\qquad(6-18)$$

根据上述的“老人”“中人”和“新人”统筹养老金需求公式，同时结合第五章给出的关于中国统筹养老金调整指数的设计方案，以及覆盖率等参数值的设定，可以预测出不同调整指数方案下的统筹养老金需求总额。

二、合意状态下基于指数化调整统筹养老金需求总额预测

根据调整指数的有无和大小，以及对中国统筹养老金覆盖群体调整指数选择是否存在差异性，合意状态的统筹养老金需求总额预测值，见附表 5 和附表 6。

三、现实条件下基于指数化调整的统筹养老金需求总额预测

由于个体工商户的缴费率仅会对中国统筹养老金的供给产生影响，对养老金的需求不会产生影响，因此，在基于指数化调整的中国统筹养老金需求总额预测中，不需要分别考虑个体工商户不同的缴费率情况。但是，需要根据不同的覆盖率，给出基于指数化调整的中国统筹养老金

的需求总额值。

（一）覆盖率为90%

在覆盖率为90%的条件下，根据是否针对不同群体设计不同调整指数计算预测结果，见附表7和附表8。

（二）覆盖率为80%

在覆盖率为80%的条件下，根据是否针对不同群体设计不同调整指数计算预测结果，见附表9和附表10。

（三）覆盖率分段提高

在覆盖率分段提高的条件下，根据是否针对不同群体设计不同调整指数计算预测结果，见附表11和附表12。

第四节　基于指数化调整的统筹养老金精算平衡分析

在本章第二节和第三节中，分别针对不同的假设条件，对中国统筹养老金的收入和支出进行了预测，本节在前面工作的基础上，比较分析基于不同调整指数的中国统筹养老金收支缺口状况，这一指标可以粗略地反映统筹养老基金财务运行的大致状况。

一、合意状态下不同调整指数的统筹养老金收支缺口分析

由图6—3可知，在合意状态下，如果对养老金不实行指数化调整，统筹基金每年都会产生盈余，没有出现养老金的收支缺口。这意味着，在遵缴率和覆盖率均为100%以及统筹养老金缴费率为20%的合意状态下，对统筹养老金进行适当的指数化调整是可行的。

由图6—4和图6—5可知，不同调整指数对统筹养老金收支缺口大小的影响是不同的。具体来看，如果不区分“老人”“中人”和“新人”

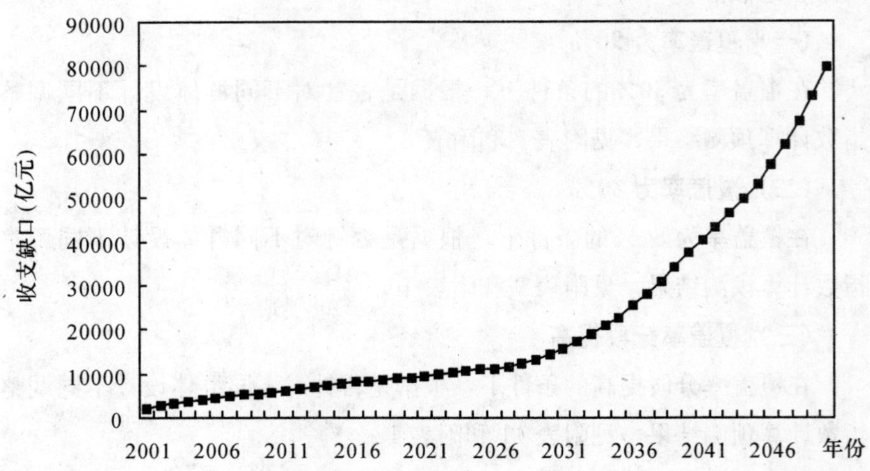

图 6—3　合意状态下无调整指数统筹养老金收支缺口

注：本图数据是根据附表 2、附表 5 和附表 6 的数据计算而得的。

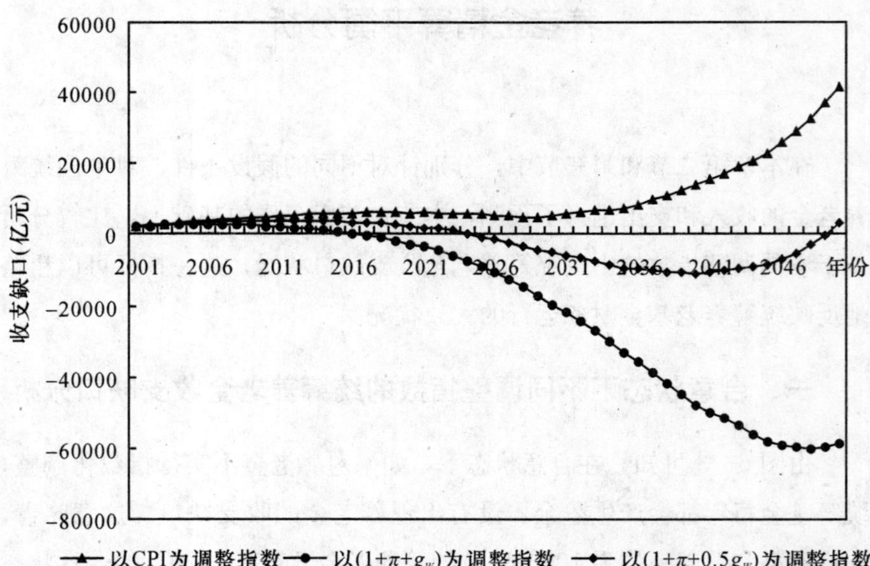

图 6—4　合意状态下无差异调整指数对统筹养老金收支缺口的影响

注：本图数据是根据附表 2 和附表 5 的相关数据计算而得的。

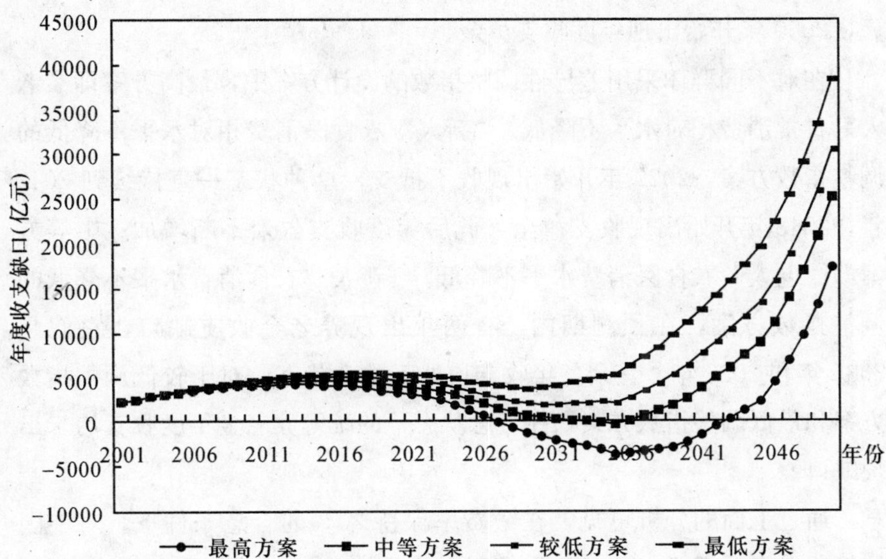

图 6—5　合意状态下不同群体采用不同调整指数统筹养老金收支缺口

注：1. 本图数据是根据附表 2 和附表 6 的相关数据计算而得的。

2. 最高方案为“老人”综合消费相对水平保持不变，“新人”衣食医相对消费水平保持不变；中等方案为“老人”衣食医相对消费水平保持不变，“新人”衣食相对消费水平保持不变；较低方案为“老人”衣食相对消费水平保持不变，“新人”食品相对消费水平保持不变；最低方案为“老人”食品相对消费水平保持不变，“新人”仅获得绝对消费水平的保障。(下同)

关于调整指数设计的差异性，在采用完全相同的调整指数方案中，以消费价格增长率为基础的调整指数没有带来统筹养老金的收支缺口，即这一调整指数在合意状态下是可行的；以完全的总工资增长率为基础的调整指数，统筹养老金在 2017 年左右开始出现收支缺口，此后缺口不断加大，到 2048 年缺口达到最大值 59 940.6 亿元左右，此后缺口开始降低，到预测的终止年 2050 年统筹养老金收支缺口降低到 58 560.1 亿元左右；对于各省普遍采用的以社会平均实际工资增长率的 50%为基础的调整指数方案来说，2025 年左右开始出现收支缺口，2040 年左右缺口值达到最大，此后缺口不断减小，到 2049 年缺口降低为 183.57 亿元，2050 年开始出现年度收支盈余。

在对不同群体采用差异性调整指数的设计方案中，最高方案即“老人”日常消费相对水平不降低，“新人”衣食医消费相对水平不降低的调整指数方案，2027 年开始出现收不抵支，这种状态一直持续到 2042 年，2043 年开始出现收支盈余，此后年度收支盈余不断增加；中等方案即“老人”衣食医消费水平不降低，“新人”衣食消费水平不降低的调整指数方案，在预测期内，有两年出现养老金收支缺口，它们是 2035 年和 2036 年，其余各年收支均处于盈余状态；对于较低调整指数方案和最低调整指数方案，在合意状态下的统筹养老金年度收支均未出现缺口。

通过上面的分析可见，在缴费率保持 20%的合意条件下，对中国统筹养老金采用适当的调整指数不会给统筹养老金财务收支带来压力，但是，调整指数如果设定过高，如采用完全的总工资指数和中国各省普遍采用的 50%社会平均实际工资增长率为基础的调整指数，在预测期内，均会带来年度收支出现赤字的情况。

二、现实条件下不同调整指数的统筹养老金收支缺口分析

（一）个体工商户缴费率为 10%

1. 覆盖率和遵缴率均为 100%

根据中国现行的统筹养老金缴费率方案，企业缴费率为 20%，个体工商户缴费率为 10%，在此条件下，分析覆盖率和遵缴率均为 100%的条件下，统筹养老金的收支状况。

由图 6—6 可知，当个体工商户的缴费率由合意状态的 20%调整为现实的 10%后，在预测期内，无指数化调整的统筹养老金各年度的收支仍然处于盈余状态，但与图 6—3 对比可知，各年度盈余比例减小，这主要是由于个体工商户的缴费率低于企业缴费率造成的。同时，由各年度无指数调整的统筹养老金收支均处于盈余状态可以得出，在个体工商户缴费率为 10%，覆盖率和遵缴率为 100%的条件下，采用一定的调

整指数调整统筹养老金是有空间的。具体来看，如采用最低的消费价格指数调整制度覆盖的三类群体的统筹养老金，各年度同样没有出现收支缺口；对于三类群体采用相同的以总工资增长率为基础的调整指数，在2014年以前，年度收支处于盈余状态，2015年开始出现赤字，到2050年赤字额达到73 790.8亿元；如果采用以社会平均实际工资增长率50％为基础的调整指数，统筹养老金在2021年左右开始出现缺口，在2045年缺口值达到最大，为19 493.6亿元，此后缺口开始减小，到2050年缺口值降低为11 597.9亿元。

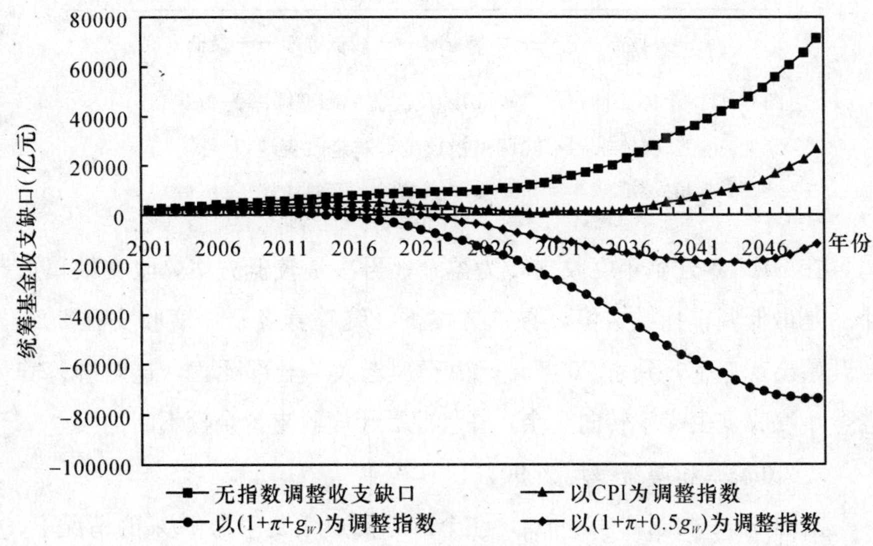

图6—6　个体工商户缴费率10％及覆盖率和遵缴率100％下无差异调整指数养老金收支缺口

注：本图数据是根据附表3和附表5相关数据计算而得的。

下面分析对不同群体采用不同调整指数的情况。从图6—7可知，在个体工商户缴费率为10％，覆盖率和遵缴率均为100％的条件下，对不同群体采用不同调整指数的四种方案均有不同程度的收支缺口。具体来说，最高调整指数方案缺口最大，持续时间最长，从2023年开始一直持续到2049年；其次是中等方案，在2025年开始出现年度收支缺

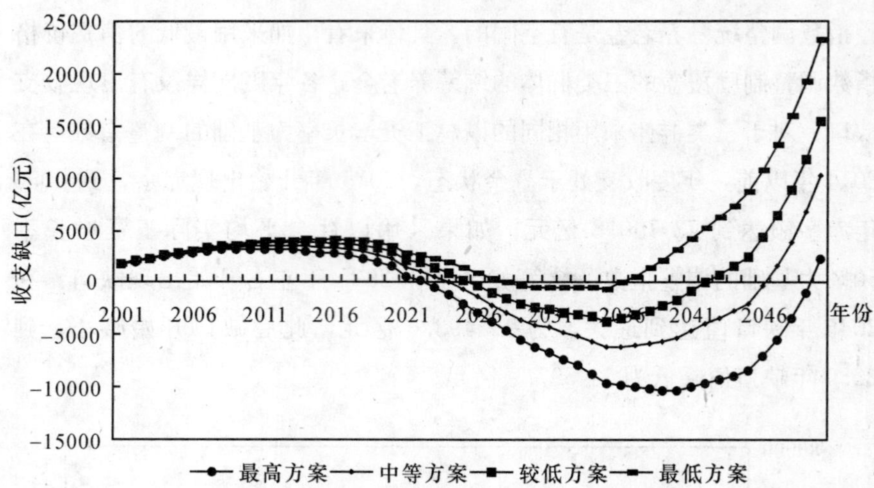

图 6—7　个体工商户缴费率 10%及覆盖率和遵缴率为 100%不同群体采用不同调整指数统筹基金收支缺口

注：本图数据是根据附表 3 和附表 6 的相关数据计算而得的。

口，在 2047 年开始年度收支转为盈余；再次是较低方案，收支缺口最小的是最低调整指数方案，在该方案下，统筹养老金年度收支在 2028 年开始出现赤字，到了 2035 年，由于“老人”全部死亡，这时统筹养老金年度收支由赤字转向盈余，并且此后年度收支盈余额不断加大。

2. 覆盖率和遵缴率均为 90%

由图 6—8 和图 6—9 可知，在个体工商户缴费率为 10%的情况下，当覆盖率和遵缴率由 100%下降至 90%时，无指数化调整的统筹养老金收支仍然保持盈余状态，但是，年度盈余的比例进一步减小，显然，这主要是由于覆盖率和遵缴率的下降导致统筹养老金供给额进一步减少造成的。此外，基于指数化调整的统筹养老金收支发生赤字的年度时间相应前移，并且发生赤字的时间跨度相应延长，如图 6—8 所示，依据差异性原则所设定的最高调整指数方案在 2019 年开始出现收支赤字，比覆盖率和遵缴率为 100%的方案下提前 4 年，此后，该方案在预测期内始终保持赤字状态；再如，图 6—8 所示的最低调整指数方案首次出现

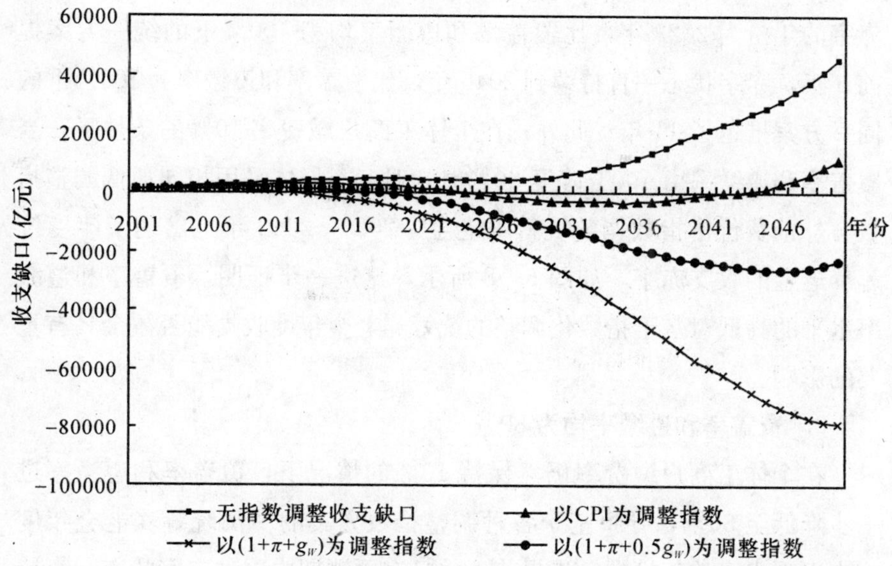

图 6—8 个体缴费率 10%及覆盖率和遵缴率 90%无差异调整指数统筹养老金收支缺口

注：本图数据是根据附表 3 和附表 7 的相关数据计算而得的。

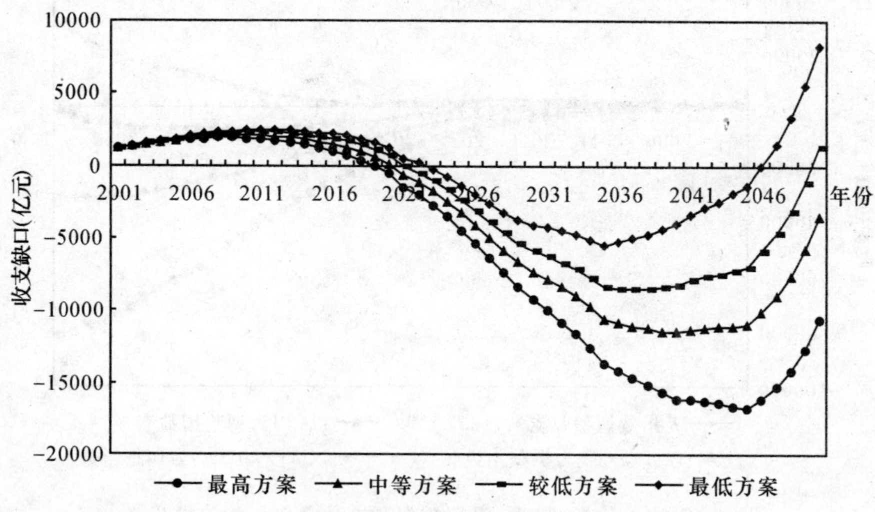

图 6—9 个体缴费率 10%及覆盖率和遵缴率 90%不同群体差异性调整指数的统筹基金收支缺口

注：本图数据是根据附表 3 和附表 8 的相关数据计算而得的。

赤字的年份为 2023 年，比覆盖率和遵缴率均为 100%下的统一方案提前 5 年，赤字状态一直持续到 2046 年，比覆盖率和遵缴率为 100%下的同一方案推迟了 11 年。此外，在个体工商户缴费率 10%的条件下，当覆盖率和遵缴率由 100%降至 90%时，对三类群体采用相同最低调整指数——消费价格指数调整统筹养老金，2025—2042 年也出现了年度统筹养老金的收支赤字，如图 6—8 所示，这进一步证明，覆盖率和遵缴率水平的高低对基于指数化调整的统筹养老金年度收支能否盈余具有重要的影响。

3. 覆盖率和遵缴率均为 80%

在个体工商户缴费率仍然保持 10%的情况下，覆盖率和遵缴率进一步降低至 80%，导致基于各种调整指数方案的中国统筹养老金年度收支出现赤字的年份进一步提前，并且在预测期内这种赤字状态一直持续到 2050 年没有发生转变，但是，无指数化调整的统筹养老金仍然保持盈余状态，如图 6—10 和图 6—11 所示。

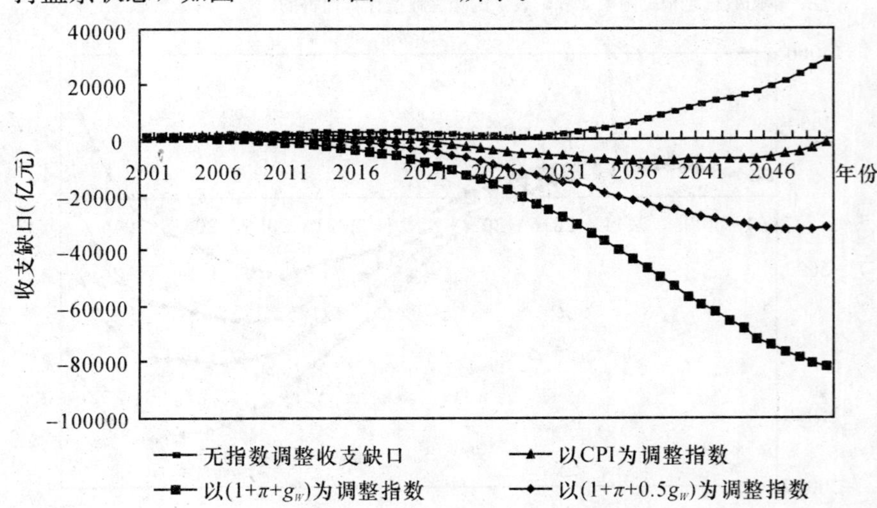

图 6—10 个体缴费 10%及覆盖率和遵缴率 80%无差异调整指数统筹基金收支缺口

注：本图数据是根据附表 3 和附表 9 的相关数据计算而得的。

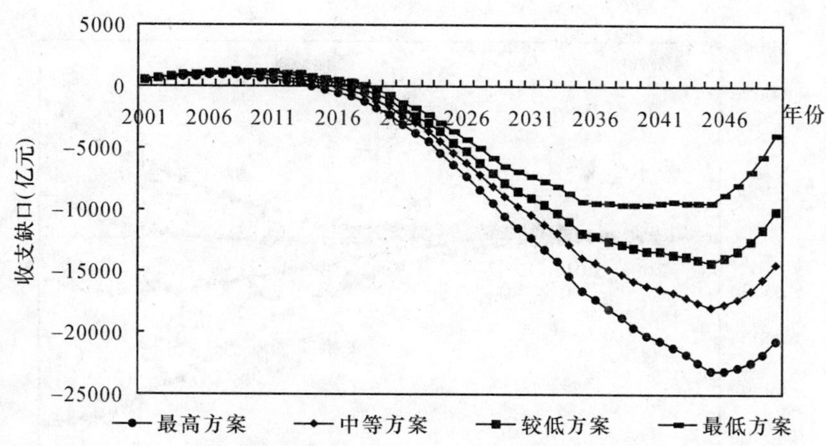

图 6—11 个体缴费 10%及覆盖率和遵缴率 80%不同群体采用不同调整指数统筹基金收支缺口

注：本图数据是根据附表 3 和附表 10 的相关数据计算而得的。

4. 覆盖率和遵缴率分段提高

覆盖率和遵缴率分段提高的假设比较符合中国目前的现实情况，这是因为制度完善通常需要一个过程和一定的时间，统筹养老金制度覆盖率和遵缴率的提高也是如此。

由图 6—12 和图 6—13 可知，从统筹养老金的财务状况的角度分析，在覆盖率和遵缴率分段提高的情况下，基于指数化调整的中国统筹养老金年度收支状况好于覆盖率和遵缴率为 90%的情况，当然，更好于覆盖率和遵缴率为 80%的情况。

具体来说，在不同群体采用差异性的调整指数方案中，对于最高方案，覆盖率和遵缴率为 90%与分段提高两种情况下开始发生赤字的年份相同，均为 2019 年，并且赤字额均为 83.39 亿元，但是，到了预测期的最后一年，即 2050 年，两者的收支赤字额差异较大，其中，分段提高方案下的赤字额较小，为 4517.66 亿元，而覆盖率和遵缴率为 90%的方案下为 10624.1 亿元，后者是前者的近 2.5 倍；对于最低调整方案，即“老人”食品的相对消费水平保持不变，“新人”仅保障绝对

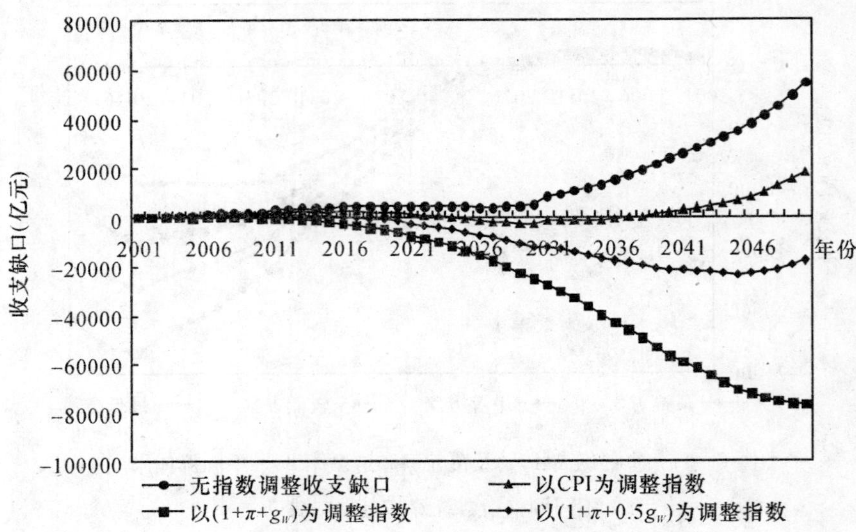

图 6—12　个体缴费 10%及覆盖率和遵缴率分段提高无差异调整指数统筹基金收支缺口

注：本图数据是根据附表 3 和附表 11 的相关数据计算而得的。

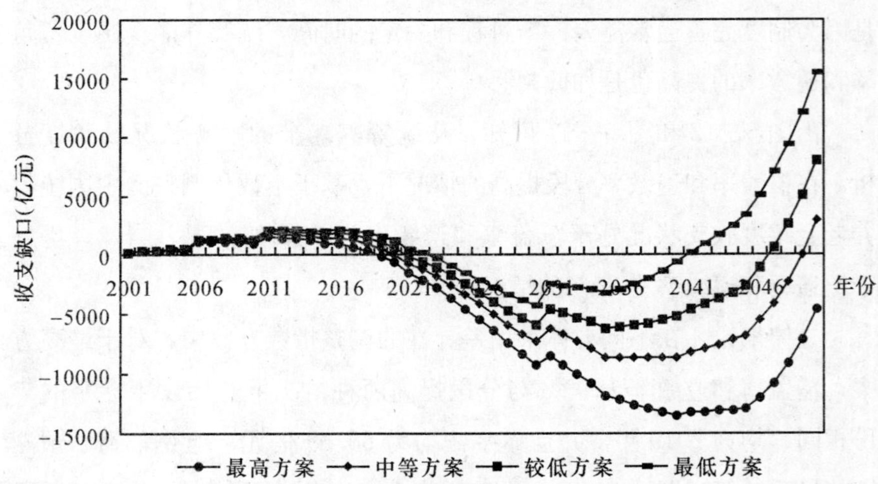

图 6—13　个体缴费 10%及覆盖率和遵缴率分段提高不同群体不同调整指数统筹基金收支缺口

注：本图数据是根据附表 3 和附表 12 的相关数据计算而得的。

消费水平，相对水平不给予保障的调整指数方案，其出现收支赤字的年份是2023年，与覆盖率和遵缴率为90%的情形相同，并且赤字额也相同，但是，分段提高方案在2040年左右年度收支开始转为盈余，而覆盖率和遵缴率为90%的方案则发生在2045年左右，比前者晚5年左右；对于其他调整指数方案结果大致相同。所以，通过对比分析，可以初步认定：为了最大限度地减小基于指数化调整的统筹基金收支赤字，采用覆盖率和遵缴率分段提高方案优于覆盖率和遵缴率一步提高到90%的方案。

（二）个体工商户缴费率为12%和15%以及20%

通过上述分析可以得出，在中国现行的统筹养老金制度中，当个体工商户的缴费率为10%时，采用覆盖率和遵缴费分段提高的方案优于遵缴率和覆盖率一步提高到90%的方案，但是，即使采用分段提高的方案，经过模拟预测结果显示：对统筹养老金如果采用指数化调整，即使在预测期内对各群体均采用最低CPI调整指数，也会带来一段时期内的年度收支赤字，这可能会给中国统筹养老金的持续运行带来很大的财务压力。于是，参照美国1983年对养老金缴费率的改革方案，设计关于提高个体工商户缴费率的三种改革方案：（1）将中国城镇个体工商户向统筹养老金账户的缴费率由10%提高到12%；（2）将中国城镇个体工商户向统筹养老金账户的缴费率由10%提高到15%；（3）将中国城镇个体工商户向统筹养老金账户的缴费率由10%提高到20%。当个体工商户的缴费率由10%提高到12%、15%和20%以后，由前面的分析可知，统筹养老金供给额会得到相应的上升，这必然会有利于改善统筹养老金年度收支的财务状况。同时，通过前面的分析，可以得出结论：无论是从制度转轨成本，还是从对统筹养老金的财务状况的影响上看，分段提高统筹养老金的遵缴率和覆盖率是中国养老金未来的必然选择。因此，在个体工商户缴费率提高的3个方案的分析中，直接选择在覆盖率和遵缴率分段提高的假设下进行预测，在此基础上，将这3个方案的年度收支状况与个体工商户缴费率为10%的方案进行对比分析。

1. 个体工商户缴费率为12%

根据图 6—12、图 6—14 及图 6—13、图 6—15 对比可知，当个体工商户缴费率由 10%提高到 12%后，基于指数化调整的统筹养老金年度收支状况得到一定程度的改善，年度收支出现赤字的时间跨度相应缩小。例如，对不同群体采用相同的最低调整指数 CPI 方案，在个体工商户缴费率为 10%时，年度收支出现赤字的年份为 2025 年，赤字额为 547.46 亿元，财务赤字一直运行至 2037 年，2038 年年度收支开始转为盈余状态，在个体工商户缴费率提高到 12%后，统筹养老金年度收支出现赤字的年份也为 2025 年，但赤字额较小，为 25.73 亿元，这种赤字状态运行至 2035 年，比个体工商户现实缴费率下出现年度收支赤字的时间缩短两年。但是，从总体上看，无论哪种调整指数方案（即使是刚刚论述的三类群体采用最低的 CPI 调整指数方案），在预测期内均没能避免年度收支出现赤字的情况。

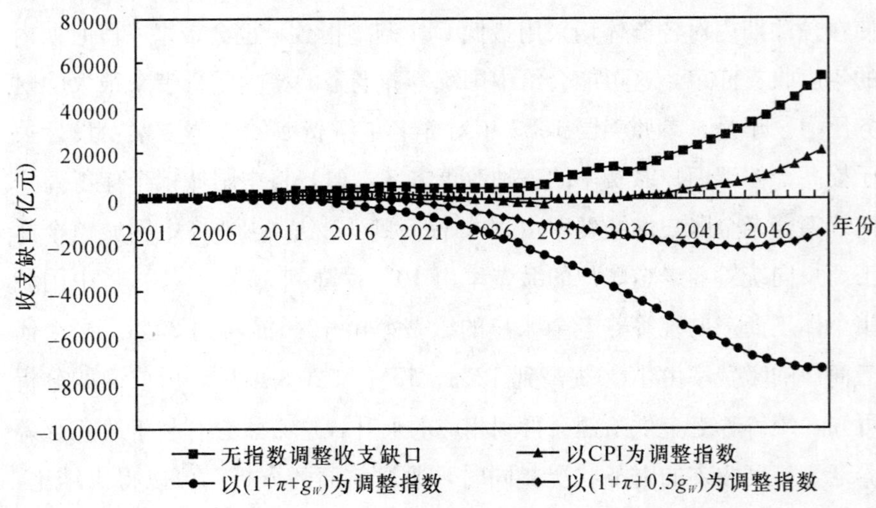

图 6—14　个体缴费 12%及覆盖率和遵缴率分段提高无差异调整指数统筹基金收支缺口

注：本图数据是根据附表 4 和附表 11 的相关数据计算而得的。

2. 个体工商户缴费率为 15%

当个体工商户缴费率提高到 15%以后，基于指数化调整的统筹养

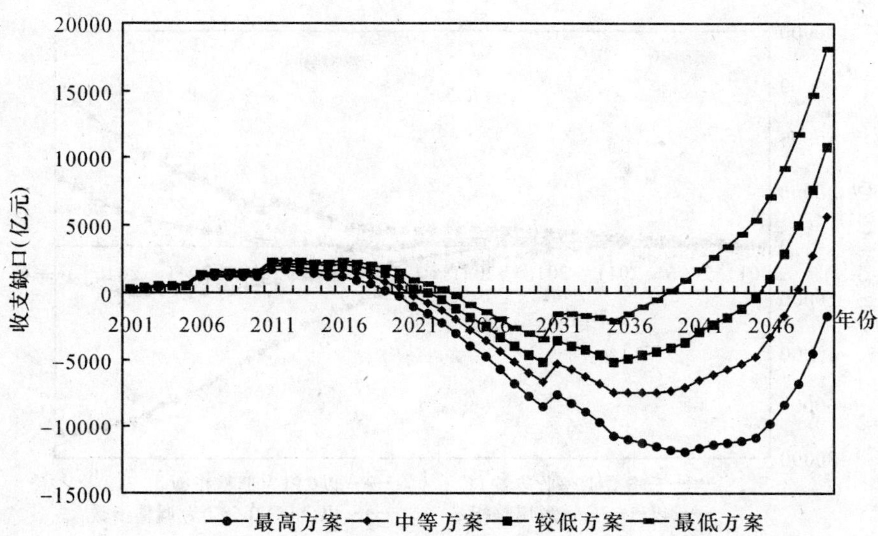

图 6—15　个体缴费 12%及不同群体不同调整指数统筹基金收支缺口

注：本图数据是根据附表 4 和附表 12 的相关数据计算而得的。

老金年度收支状况得到进一步的改善，如图 6—16 和图 6—17 所示。与个体工商户缴费率提高到 12%的情况相类似，虽然年度收支出现赤字的时间跨度缩短，但是，即使是本课题设计的三类群体采用完全相同的最低调整指数 CPI 调整统筹养老金，统筹养老金也没有能够避免年度收支出现赤字的状况。

3. 个体工商户缴费率为 20%

当个体工商户向统筹养老金账户的缴费率提高到与企业向统筹养老金账户的缴费率完全相同的水平时，基于指数化调整的中国统筹养老金年度收支状况得到明显改善，如图 6—18 和图 6—19 所示。

由图 6—18 和图 6—19 可知，个体工商户缴费率提高到 20%后，进一步缩短了基于指数调整的中国统筹养老金年度收支出现赤字的时间跨度。其中，对三类群体采用无差异的最低 CPI 调整指数的方案中，个体工商户缴费率的提高使得该方案在预测期内的年度收支始终保持盈余状态；在不同群体采用差异性调整指数的最低方案中，当个体工商户缴费

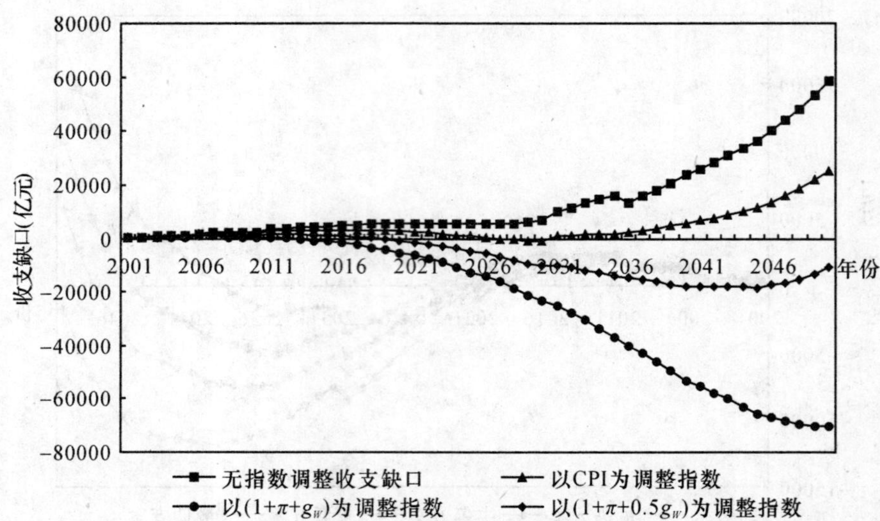

图 6—16　个体缴费 15％无差异调整指数统筹基金收支缺口

注：本图数据是根据附表 4 和附表 11 的相关数据计算而得的。

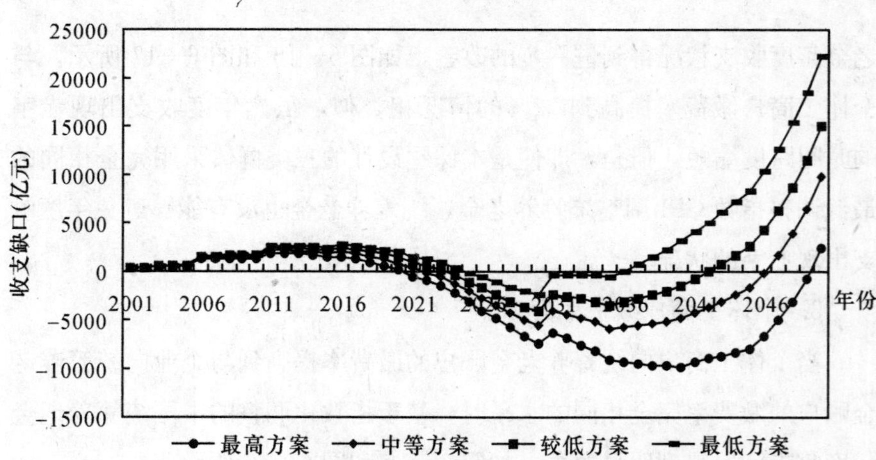

图 6—17　个体缴费 15％及不同群体不同调整指数统筹基金收支缺口

注：本图数据是根据附表 4 和附表 12 的相关数据计算而得的。

率由 10％提高到 20％时，统筹养老金仅在 2028—2030 年 3 年里发生收支赤字，比个体工商户缴费率为 10％的现实情况减少 5 年。

通过上面的分析可以看到，将现实的个体工商户缴费率 10％提高

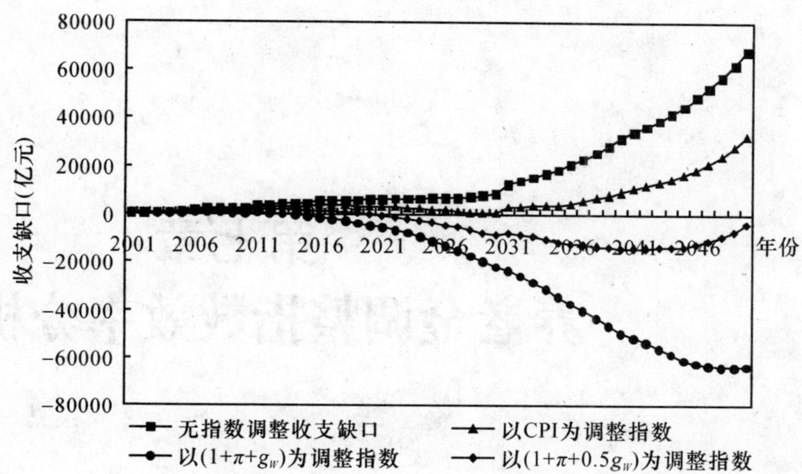

图 6—18　个体缴费 20%无差异调整指数统筹基金收支缺口

注：本图数据是根据附表 4 和附表 11 的相关数据计算而得的。

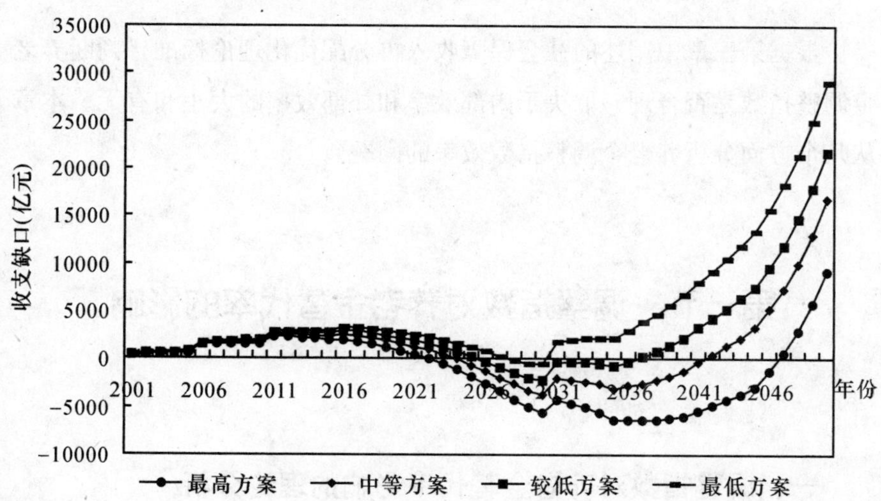

图 6—19　个体缴费 20%及不同群体不同调整指数统筹基金收支缺口

注：本图数据是根据附表 4 和附表 12 相关数据计算而得的。

后，统筹养老金的供给额会增加，并且缴费率提高得越多，供给额增加得越多，进而带来基于指数化调整的中国统筹养老金财务年度收支状况得到明显的改善。

第七章 养老金调整指数效率分析

根据第三章中阐述的社会保障收入再分配优化理论标准，判断养老金调整指数是否合理，取决于内部效率和外部效率的大小和有无。本章从几个方面分析养老金调整指数效率的问题。

第一节 调整指数对养老金替代率的影响

一、调整指数对养老金替代率影响的理论分析

养老金水平的高低通常用养老金替代率来衡量。因此，通过分析调整指数对养老金替代率影响可以判定调整指数内部效率的大小。所谓内部效率，主要是指通过养老金指数化调整，对老年人口退休金的保障程度如何。建立指数化调整的目的是使已退休老人的基础养老金避免通货膨胀的侵蚀，并适当分享经济增长的成果。因此，通过不同调整指数下

的养老金替代率指标的比较，可以分析调整指数对养老金替代率的影响，进而确定调整指数内部效率的大小和有无。

（一）基本概念界定

1. 静态目标替代率

静态目标替代率是指职工退休后的第一年养老金收入与退休上一年工资收入的比率。它是以个人为研究对象，反映了个人在退休初期获得的养老金收入与退休前工资的替代程度。在本章的分析中，假设静态目标替代率既定、合理，在此基础上分析养老金适度调整指数问题。

2. 无指数化调整的动态目标替代率

根据代际交叠模型，雇员退休后成为老人，如果退休金保持退休初期水平不变，随着经济的增长，年轻在职者的工资会不断提高，这样，在第 t 年，将已经退休 m 年的老人的退休金与第 $t-1$ 年的社会平均工资比较，得到的替代率即为无指数化调整的动态目标替代率，它显然会随着社会平均工资水平的提高而不断下跌。

3. 基于指数化调整的动态目标替代率

将上述的老人养老金依据工资增长率或物价上涨率进行适当调整后，在第 t 年将已经退休 m 年的老人养老金与第 $t-1$ 年的社会平均工资比较，得到基于指数化调整的动态目标替代率。

此外，在本章的研究中，还使用了平均替代率的概念，它是指某一年平均养老金与上一年社会平均工资的比率，通过该指标反映基于不同调整指数的统筹养老金给付水平的变化情况。

（二）调整指数对养老金替代率影响的理论分析

由静态目标替代率、无指数化调整的动态目标替代率和基于指数化调整的动态目标替代率的定义，可以给出它们的一般表达式：

$$\rho_{0m} = B_0 / W_{0-1} \tag{7—1}$$

$$\rho_{tm} = B_0 / W_{t-1} \tag{7—2}$$

$$\rho'_{tm} = B_0 \cdot \delta^{t-1} / W_{t-1} \tag{7—3}$$

式中，ρ_{0m} 为静态目标替代率；B_0 为退休第一年所得到的现收现付养老金；W_{0-1}为退休上一年社会平均工资；ρ_{tm}为无指数化调整的动态目标替代率；W_{t-1}为退休后第 $t-1$ 年社会平均工资；ρ'_{tm}为基于指数化调整的动态目标替代率；δ 为调整指数，由前面的分析知，本课题设计的养老金调整指数可以概括表达为：

$$\delta = 1 + \beta \cdot \pi(t-1) + \alpha \cdot g_w(t-1) \tag{7—4}$$

式中，π 为消费价格的上涨率，g_W 为实际工资上涨率，α 为分享经济增长成果的比例，其取值范围为 $0 \leqslant \alpha \leqslant 1$：当 $\alpha=0$ 时，不分享经济增长的成果；当 $\alpha=1$ 时，完全分享经济增长的成果；$\alpha=0.25$，表示分享在职者工资增长的 25%。β 为是否补偿消费价格上涨的系数，其取值为 0 或 1：当 $\beta=0$ 时，必有 $\alpha=0$，即此时的调整指数 $\delta=1$，说明没有对养老金进行指数化调整；当 $\beta=1$ 时，$\alpha \in [0, 1]$，即对养老金进行指数化调整中，首先保证养老金的绝对购买力水平保持不变，在此基础上，由 α 取值决定养老金所能够获得的相对购买力水平的保障程度，当然，α 值越大，对养老金的保障程度越高，当 $\alpha=1$ 时，$\delta=1+\pi(t-1)+g_w(t-1)=1+g_W(t-1)$。式中，$g_W$ 为社会平均货币工资增长率，即调整指数为完全的总工资指数。此时，养老金所获得的调整幅度最大，相对购买力水平所获得的保障程度也达到最高。

根据静态目标替代率的表达式，式（7—3）可以进一步表达为：

$$\rho'_{tm} = B_0 \cdot \delta^{t-1}/W_{t-1} = \rho_{0m} \cdot W_{0-1}\delta^{t-1}/W_{t-1} = \frac{\rho_{0m} \cdot W_{0-1} \cdot \delta^{t-1}}{W_{0-1} \cdot (1+g_W)^t}$$

$$= \frac{\rho_{0m} \cdot \delta^{t-1}}{(1+g_W)^t} = \rho_{0m} \cdot \frac{\delta^{t-1}}{(1+g_W)^t} \tag{7—5}$$

根据无指数化调整的动态目标替代率，式（7—3）可以进一步演化为：

$$\rho'_{tm} = B_0 \cdot \delta^{t-1}/W_{t-1} = \frac{\rho_{tm} \cdot W_{t-1} \cdot \delta^{t-1}}{W_{t-1}} = \rho_{tm} \cdot \delta^{t-1} \tag{7—6}$$

由式（7—5）和式（7—6）比较可知：通常条件下 $(1+g_W) \geqslant 1$，基于指数化调整的动态替代率和静态替代率及无指数化调整的动态替代率之间紧密联系，它们之间的大小关系为：

$$\rho_{tm} \leqslant \rho_{tm}' \leqslant \rho_{0m} \tag{7—7}$$

在静态目标替代率和社会平均工资增长率外生给定的情况下，将式（7—5）对调整指数 δ 求偏导，得：

$$\frac{\partial \rho_{tm}'}{\partial \delta} = (t-1) \cdot \rho_{0m} \cdot \frac{\delta^{t-2}}{(1+g_W)^t} > 0$$

可见，基于指数化调整的动态目标替代率的大小与调整指数呈同方向变化，即调整指数越大，基于指数化调整的动态目标替代率越大，已退休者的养老金获得保障的程度越高，老年人养老金相对水平就越高。

二、调整指数对养老金替代率影响的实证分析

通过上述理论分析得知，其他条件不变，调整指数越大，统筹养老金的动态目标替代率越大，说明老年人口养老金获得的保障程度越高。在这一部分，针对中国统筹养老金设定不同的调整指数，预测、分析替代率的相应变化情况。由于中国城镇现行的统筹养老金覆盖了三类群体，他们的统筹养老金不完全相同，并且在设计调整指数方案中，考虑不同群体不同方案的情况，因此，需要对三类群体的养老金替代率分别分析。

（一）调整指数对“老人”养老金替代率影响的实证分析

由图 7—1 可知，“老人”无指数化调整的动态目标替代率下降的速度最快，到 2020 年动态目标替代率下降至 20.09%，约等于城镇最低生活保障线——社会平均工资的 20%，2021 年动态目标替代率降至 18.87%，这一数值意味着，平均来说，存活到 2021 年的“老人”晚年生活开始陷入贫困状态，到 2034 年这一数值进一步减少至 8.44%，这意味着存活到 2034 年的“老人”所能够获得的养老金仅相当于社会平均工资的 8.44%，比中国目前城镇最低生活保障线的衡量指标之一——社会平均工资的 20%低 11.56 个百分点。这对于无其他收入来

源的退休“老人”来说，不仅会陷入相对贫困状态，而且绝对生活水平也会出现大幅度下降，相应地陷入绝对贫困状态。因此，对为中国经济发展作出过牺牲的退休“老人”的养老金进行适当的指数化调整是十分必要的。

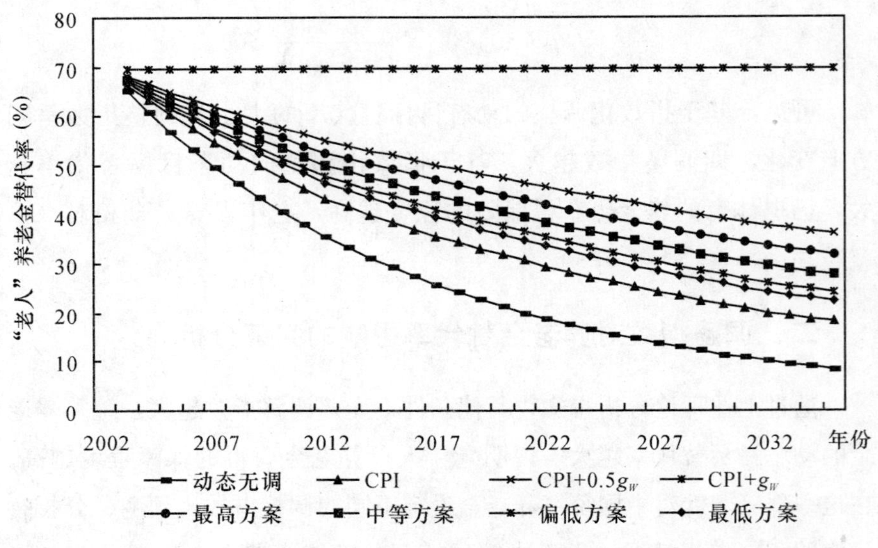

图 7—1　调整指数对“老人”统筹养老金替代率影响

注：本图数据参见附表 13。

在所设计的调整指数方案中，以完全的总工资增长率为基础的调整指数对养老金的调整幅度最大，它使“老人”养老金的动态替代率始终保持在 70%左右的水平上，这一调整指数使“老人”完全分享到经济增长的成果；以实际工资增长率的 50%为基础的调整指数是目前中国各省市普遍采用的调整指数，由图 7—1 可知，该调整指数使“老人”的替代率也保持相对较高的水平，存活的最后一批“老人”在 2034 年获得的养老金替代率仍可达到 36.07%，高出中国城镇最低生活保障线 16.07 个百分点；调整幅度居于第三位的是不同群体采取差异性的调整指数方案中的最高方案，即对“老人”综合相对消费水平给予保障的调整指数方案；调整幅度居第四位的是差异性调整指数方案中的中等调整指数方案，即对“老人”衣食医基本生活消费水平保持不降低的调整指数方案；保障程度居第五位的是差异性调整指数方案中的较低调整指数方案；调整幅度居第六位的是差异性调整指数方案中的最低方案，这一方案采用的调整指数使“老人”的食品相对消费水平不降低。由图7—1可知，如果采用差异性调整指数方案中的最低方案，存活到2034年的最后一批“老人”获得的动态养老金替代率下降到22.5%，高于中国城镇最低生活保障线（社会平均工资的20%）2.5个百分点，因此，这一调整指数也起到了保障“老人”的基本生活不陷入相对贫困状态的作用，即该调整指数具有内部效率；调整幅度最低的是对三类群体采用相同的调整指数方案，即以消费价格增长率为基础的调整指数方案，该调整指数使存活到2034年的“老人”的养老金替代率仅能达到18.42%，低于中国城镇最低生活保障线，这对于除了养老金之外，无任何其他收入来源的“老人”来说，虽然该调整指数能够使该批“老人”最基本的绝对生活水平不降低，但是，相对于在职者来说，他们陷入贫困状态。由于中国现行统筹养老金制度覆盖的“老人”是一个十分特殊的群体，他们在职期间主要是在中国的计划经济时代渡过的，当时，中国政府为了经济发展，采取“高积累，低工资”政策，这使他们的工资收入很低，基本上没有个人储蓄，消费需求受到限制。进入市场经济以后，他们陆续进入退休状态，统筹养老金就成为他们中多数人唯一的收入来源。中国由计划经济转向市场经济后，不仅物价开始频繁波动，同时经济持续快速增长，在市场经济下工作的在职者随着工资收入水平的不断上涨，生活水平也在不断提高，如果对退休“老人”的养老金仅给予绝对的保障，即采用消费价格指数调整其养老金，意味着他们的养老金所能够购买到的消费品的数量和种类始终维持在退休初期较低的水平，由前面的分析知，这对“老人”是十分不公平的。因此，采用消费价格指数作为“老人”养老金调整指数，虽然他们的绝对生活水平没有降低，但是，相对于在职者的平均消费水平来说，“老人”生活水平大幅度下降，甚至成为老年贫困者，这对“老人”是不公平的。所

以，从内部效率看，对“老人”这一特殊群体采用最低的调整指数——消费价格指数是不合理的，没有起到有效保障其退休后生活水平的作用。本章设定的其他调整指数方案均在一定程度上起到了保护“老人”晚年生活不陷入绝对贫困和相对贫困状态的作用，当然，调整指数越大，对“老人”的保障程度越高，内部效率越大。

（二）调整指数对“新人”统筹养老金替代率影响的实证分析

由于“新人”在2036年左右开始进入退休状态，并且每一年都有新的一批“新人”进入退休状态，所以，本章对“新人”统筹养老金替代率采用平均动态替代率这一指标进行了分析。由图7—2可知，无指数化调整的“新人”统筹养老金替代率下降的最快，在预测期的最后一年2050年降低到21.25%；以完全的实际工资增长率为基础的调整指数所带来的平均动态替代率最高，保持在退休初始替代率水平的30%；以实际工资增长率的50%为基础的调整指数次之；位居第三的是差异性调整指数方案中的最高方案，即对“新人”统筹养老金采用保障衣食

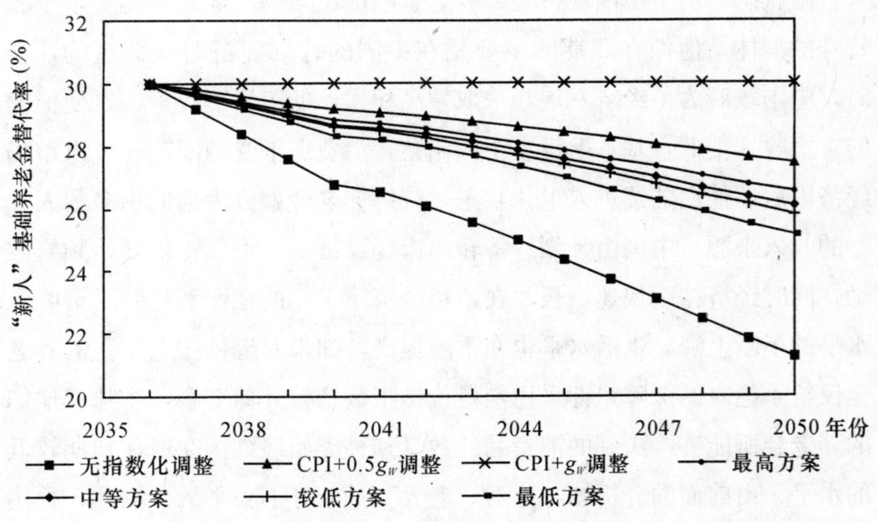

图7—2　调整指数对“新人”统筹养老金替代率的影响

注：本图数据参见附表14。

医相对消费水平不降低的调整指数方案；然后是差异性调整指数方案中的中等方案，即对“新人”统筹养老金采用衣食相对消费水平保持不变的调整指数方案；位居第五位的是差异性调整指数方案中的较低方案，即对“新人”统筹养老金采用仅保障食品相对消费水平的调整指数方案；保障程度最低的是以消费价格增长率为基础的调整指数，它包括差异性调整指数方案中的最低方案以及三类群体采用相同的CPI调整指数的方案，这两种调整指数方案都是对“新人”的基础养老金仅给予绝对水平的保障，无相对水平的保障。由于“新人”工作时期完全处于中国的市场经济体制下，他们的工资水平随着经济发展而不断提高，分享到了经济增长的成果，对于“新人”来说，他们在工作期的工资收入除了满足各种支出外，还有一定的储蓄余额。这样，当“新人”进入退休状态后，在晚年的基本生活中，除了有养老金保障之外，还有个人储蓄等用于提高晚年的绝对生活水平和相对消费水平。对于“新人”来说，仅保障统筹养老金绝对购买力水平不降低即采用CPI作为调整指数也是可行的，当然，在所有指数化调整方案中，这种调整指数的内部效率是最低的。

（三）调整指数对“中人”统筹养老金替代率影响的实证分析

由于“中人”统筹养老金包括基础养老金和过渡性调节金两部分，按照辽宁省基本养老金改革试点方案，“中人”的基础养老金和过渡性调节金的静态目标替代率在改革初期按计划不断进行调整，直至“中人”基础养老金目标替代率达到30%，个人账户目标替代率达到25%为止。由于目标替代率的不断调整使对中国养老金改革初期的“中人”动态替代率的比较更复杂，为了清楚地比较分析调整指数对退休“中人”动态替代率的影响，本章选择“中人”全部进入退休状态的起始年份2035年至2050年这一时间段，分析调整指数对“中人”统筹养老金替代率的影响。此外，这两部分养老金所采用的调整指数有一定的差异，其中，基础养老金的调整指数与“新人”统筹养老金采用的调整指数相同，过渡性调节金采用与“老人”统筹养老金相同的调整指数，图

7—3 给出了不同调整指数方案下的“中人”统筹养老金替代率的变化情况。由图 7—3 可知，调整指数对“中人”统筹养老金替代率的影响与对“老人”和“新人”的影响相同，即调整指数越大，动态替代率下降的幅度越小，“中人”统筹养老金获得的保障程度越高。

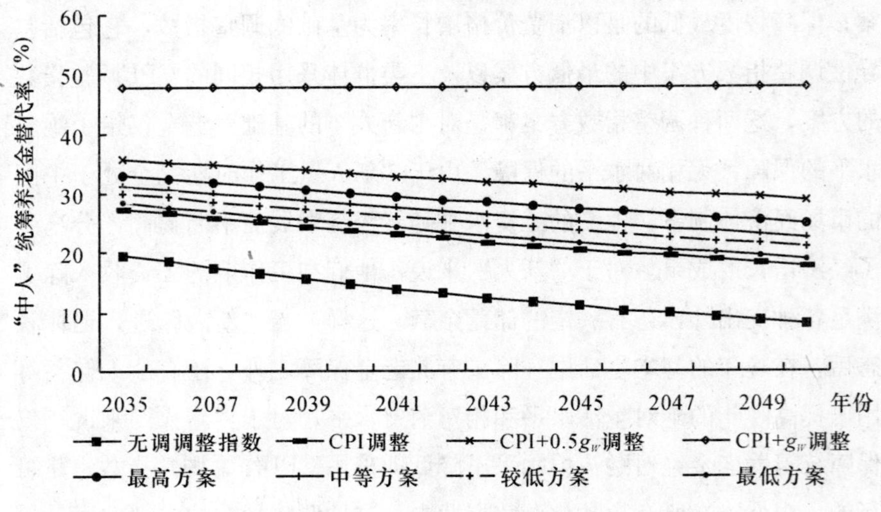

图 7—3　调整指数对“中人”统筹养老金替代的影响

注：本图数据参见附表 15。

第二节　养老金调整指数对老年人口生活水平的影响

通过上一节的分析可以得出，其他条件不变，调整指数越大，养老金替代率越高，老年人口养老金获得保障的程度越高，这必然会对老年人口的生活水平产生影响。本节通过间接效用函数及效用曲线（即无差异曲线）图形，在代际交叠模型框架内分析养老金调整指数对老年人口的生活水平的影响。

一、消费价格指数调整

如果养老金采用完全的消费价格指数调整，即退休者的养老金通过指数化调整会对消费物价的上涨进行完全的补偿，由间接效用函数 $v(p, b)$[①]零次齐次性质可知，退休者的养老金所带来的绝对生活水平不会发生变化，在图 7—4 中表现为代表老年人口生活水平的效用曲线保持在 U_O 位置。[②] 对于在职者，由于其工资的增长来源于两部分：一部分为补偿物价的上涨；另一部分为分享经济增长的成果，即实际工资的增长。同样，通过间接效用函数 $v(p, w)$ 性质可知，实际工资的增长会使在职者的生活水平获得提高，在图 7—4 中表现为代表在职者生活水平的效用曲线 U_Y[③] 向外移动至 U_Y'。所以，对老年人口采用完全的消费价格指数调整养老金，虽然老年人口的绝对生活水平没有降低，但是相对于在职者，由于老年人口没有分享到经济增长的成果而发生相对生活水平下降，下降的幅度取决于工资增长率的大小，在图 7—4 中表现为 U_Y'与 U_O 两条效用曲线所代表的效用函数值的差额。

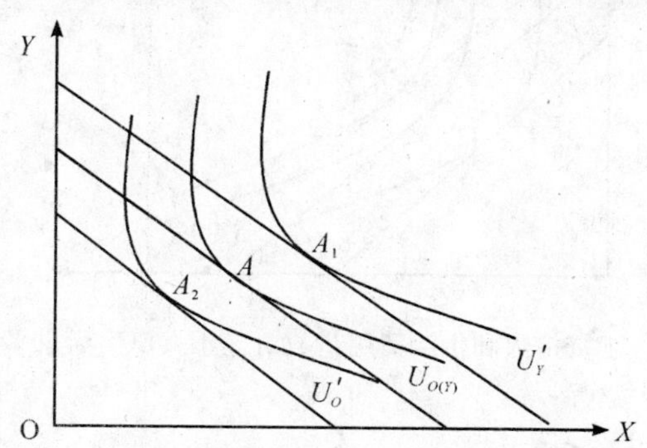

图 7—4　CPI 调整指数对老年人口生活水平的影响

① b 表示实际养老金水平。

② 在分析过程中，忽略了不同消费品之间由于价格上涨幅度不同所带来的替代效应。

③ 这里假设老年人口在退休初期的生活水平与在职者相同。

二、完全的总工资指数调整

采用完全的总工资指数调整公共养老金，意味着老年人口的退休金不仅能够跟上消费物价的上涨，而且能跟上在职者实际工资的上涨。这样，如果静态目标替代率设定合理，即退休金针对基本经济生活提供保障，那么，采用完全的总工资指数调整养老金的结果，老年人口的基本生活水平不仅得到绝对的保障，而且与在职者获得同比例的提高。在图7—5中表现为，代表老年人口生活水平的效用曲线U_O向外移动，并与代表在职者工资提高后所获得的生活水平的效用曲线U_{Y1}重合。这表明老年人口在绝对生活得到保障的同时，相对生活水平也得到了保障。采用这种指数调整养老金，使老年人口的养老金得到了最高程度的保障。

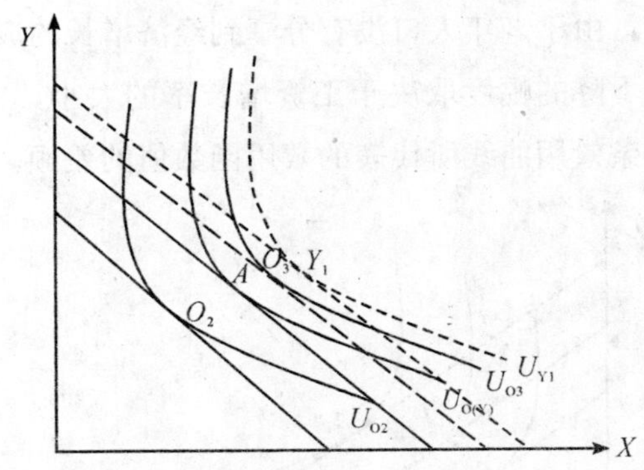

图7—5 工资指数和生活费用指数对老年人口生活水平的影响

三、生活费用指数调整

所谓生活费用指数，是指消费价格指数加上一定比例的实际工资增长率而合成的指数，由于该指数通常反映了某个时期的生活费的上涨以及基本生活水平的提高，因此，将其称为生活费用指数。采用该指数调整养老金，结果也会使代表老年人口最大效用水平的效用曲线向外移动，但是移动的幅度小于采用完全的总工资指数作为调整指数的情况，如图 7—5 中的 U_{O3} 所示。可见，采用这种调整指数，老年人口的基本生活在得到绝对保障时，相对消费水平得到适当的保障，并且生活费用调整指数越大，老年人口的相对综合消费水平获得保障的程度越高，与在职者相对消费水平的差距越小。

通过上面的分析可见，养老金调整指数的选择对养老金水平的高低有重要的影响，进而对老年人的福利水平带来重要的影响。调整指数越大，老年人口养老金获得保障的程度越大，老年人口福利水平提高得越多。

第三节　调整指数对养老金制度缴费率的影响

由于养老金调整指数的建立所需要的资金主要由雇主和雇员承担，因此，调整指数的设定及大小必然会对养老金计划的缴费率产生影响。

一、调整指数对缴费率影响的理论分析

在现收现付的养老保险制度中，通常预先承诺养老金的未来给付水平，这样通过保险精算可以估计调整指数的设定对个人缴费率大小的影响。

（一）精算条件下调整指数对缴费率的影响

假设 t 岁职工未来给付现值①用 $(PVFB)_t$ 表示，未来成本现值用 $(PVFC)_t$ 表示。

设初始养老金为 B，退休年龄为 β，则有：

$$B = \rho_0 \cdot W_{\beta-1} \tag{7—8}$$

式中，ρ_0 为养老金静态目标替代率，$W_{\beta-1}$ 为退休上一年的社会平

① 它是指定额给付养老金计划预先承诺的退休期养老金给付在计算时点的现值。

均工资。

如果退休后的养老金不进行指数化调整，则可以将未来的养老金给付现值表达为：

$$(PVFB)_t = B \cdot {}_{\beta-t}P_t \cdot v^{\beta-t} \cdot \ddot{a}_\beta \tag{7—9}$$

式中，${}_{\beta-t}P_t$ 为 t 岁职工在达到退休年龄 β 之前仍然在养老金计划中的概率，$v^{\beta-t}$ 是回报率在 $\beta-t$ 年前的贴现值，$\ddot{a}_\beta$ 是从退休年龄开始每年1元生存年金现值，通常被称为年金系数，其表达式为：

$$\ddot{a}_\beta = \sum_{i=0}^{\omega-\beta-1} {}_iP_\beta \cdot v^i \tag{7—10}$$

式中，ω 为死亡年龄，v^i 为平均利率 r 的贴现率，${}_iP_\beta$ 为从退休年龄 β 开始在 i 年内存活的生存概率。

假设养老金计划没有补充债务，即在养老金计划之前没有隐性债务，未来给付精算现值从参加养老金计划时开始分配正常成本．正常成本用缴费率计算。设职工在 t 岁参加养老金计划，其工资处于平均工资水平，为 W_t，缴费率为 μ，则正常成本表示为：

$$C_t = \mu \cdot W_t \tag{7—11}$$

这样，未来成本现值可以表示为：

$$\begin{aligned}(PVFC)_t &= \mu \cdot (W_t + W_{t+1}\ {}_1P_t v + W_{t+2}\ {}_2P_t v^2 + \cdots + W_{\beta-1}\ {}_{\beta-t}P_t v^{\beta-t-1}) \\ &= \mu \cdot W_t \cdot (1 + \frac{W_{t+1}}{W_t}\ {}_1P_t v + \frac{W_{t+2}}{W_t}\ {}_2P_t v^2 + \cdots + \frac{W_{\beta-1}}{W_t}\ {}_{\beta-t}P_t v^{\beta-t-1}) \\ &= \mu \cdot W_t \cdot [1 + (1+g_W)\ {}_1P_t v + (1+g_W)^2\ {}_2P_t v^2 + \cdots \\ &\quad + (1+g_W)^{\beta-t-1}\ {}_{\beta-t}P_t v^{\beta-t-1} \\ &= \mu \cdot W_t \cdot \ddot{a}_{t:\overline{\beta-t|}}\end{aligned} \tag{7—12}$$

式中，g_W 为平均货币工资增长率，$\ddot{a}_{t:\overline{\beta-t|}}$ 为以货币工资增长率增长的从 t 岁到退休年龄 β 期间养老金生存年金现值，称为缴费期年金系数。

假设平均利率为 r，设 $d=\dfrac{1+g_W}{1+r}$，根据上式，则缴费期年金系数可表达为：

$$\ddot{a}_{t:\overline{\beta-t|}} = \sum_{i=0}^{\beta-t-1} d^i{}_i \cdot P_t \tag{7—13}$$

假设（$\beta-t$）年大于缴费要求年限，那么养老金未来给付精算现值等于未来给付成本现值，$(PVFB)_t=(PVFC)_t$，由此可得：

$$\mu = \frac{\rho_0 W_{\beta-1\ \beta-t}P_t v^{\beta-t}}{W_t \ddot{a}_{t:\overline{\beta-t|}}}\ddot{a}_\beta \tag{7—14}$$

由前面的假设，退休上一年的工资可表示为：

$$W_{\beta-1} = W_t(1+g_W)^{\beta-t-1} \tag{7—15}$$

则有：

$$\mu = \frac{\rho_0 \cdot (1+g_W)^{(\beta-t-1)} \cdot {}_{\beta-t}P_t \cdot v^{\beta-t}}{\ddot{a}_{t:\overline{\beta-t|}}} \cdot \ddot{a}_\beta \tag{7—16}$$

当对养老金设定调整指数δ（$\delta\geqslant 1$），这时退休期的年金系数会发生变化：

$$\ddot{a}_\beta' = \sum_{i=0}^{\omega-\beta-1} {}_iP_\beta \cdot v^i \cdot \delta^i \tag{7—17}$$

可以将式（7—17）表达的系数称为基于指数化调整的退休期年金系数。由式（7—17）可知，其值与调整指数同方向变化，即调整指数越大，调整的退休期年金系数越大。将调整的退休期年金系数代入式（7—16）中，得：

$$\begin{aligned}\mu &= \frac{\rho_0 \cdot (1+g_W)^{(\beta-t-1)} \cdot {}_{\beta-t}P_t \cdot v^{\beta-t}}{\ddot{a}_{t:\overline{\beta-t|}}}\ddot{a}_\beta' \\ &= \frac{\rho_0 \cdot (1+g_W)^{(\beta-t-1)} \cdot {}_{\beta-t}P_t \cdot v^{\beta-t}}{\ddot{a}_{t:\overline{\beta-t|}}}\left(\sum_{i=0}^{\omega-\beta-1} {}_iP_\beta \cdot v^i \cdot \delta^i\right)\end{aligned} \tag{7—18}$$

为了能够更清楚地看到缴费率与调整指数之间的关系，对式（7—18）求偏导，得到：

$$\frac{\partial\mu}{\partial\delta} = \frac{\rho_0 \cdot (1+g_W)^{(\beta-t-1)}{}_{\beta-t} \cdot P_t \cdot v^{\beta-t}}{\ddot{a}_{t:\overline{\beta-t|}}}\left(\sum_{i=0}^{\omega-\beta-1} i \cdot {}_iP_\beta \cdot v^i \cdot \delta^{i-1}\right) > 0 \tag{7—19}$$

由式（7—19）可知，在其他条件保持不变的情况下，缴费率会随着调整指数的不同设定而发生相应的变化，并且两者呈同方向变化，即调整指数越大，在精算平衡条件下，缴费率越高。

（二）竞争均衡条件下调整指数对养老金缴费率的影响

在现收现付制度下，设：$F(t)$ 表示在职者 t 年所缴纳的养老保险费总额；$ZW(t)$ 表示在职者 t 年工资收入总额；$B(t)$ 表示 t 年退休人口平均养老金水平；$L(t)$ 表示 t 年已退休人口数；$Q(t)$ 表示 t 年在职者人口数；$\mu(t)$ 表示 t 年在职者为现收现付制度的缴费率；$f(t)$ 表示 t 年在职者平均支付的养老金费用；$W(t)$ 表示 t 年在职者平均工资。

首先不考虑养老金的指数化调整，由缴费率定义知：

$$\mu(t) = f(t)/W(t) = F(t)/ZW(t) \tag{7—20}$$

在现收现付模式的收支均衡状态下，某一年在职者缴纳的养老保险费等于所需要的养老金等于该年养老金的支出额，即：

$$F(t) = B(t) \cdot \sum_{x=r}^{d-1} l_x(t) = B(t) \cdot L(t) \tag{7—21}$$

其中，$l_x(t)$ 为 t 年 x 岁已退休职工人数；r 为初始退休年龄；d 为人均寿命极限；$d-1$ 为人均最长寿命。

式（7—20）中的 t 年在职职工工资总额可以进一步表达为：

$$ZW(t) = W(t) \cdot \sum_{y=y_0}^{r-1} q_y(t) = W(t) \cdot Q(t) \tag{7—22}$$

式中，y_0 表示初始工作年龄；$q_y(t)$ 为 t 年养老金制度覆盖的 y 岁在职者人数；这样，式（7—20）可以进一步表达为：

$$\mu(t) = F(t)/ZW(t) = B(t)L(t)/[W(t)Q(t)] \tag{7—23}$$

为了分析调整指数对缴费率的影响，将式（7—23）中 t 年的人均养老金进行分解，得：

$$B(t) = \{B(t-1)\sum_{x=r+1}^{d-1} l_x(t) + \rho_{0t} \cdot W_{t-1}\, l_r(t)\}/\sum_{x=r}^{d-1} l_x(t) \tag{7—24}$$

式中，$\sum_{x=r+1}^{d-1} l_x(t)$ 表示 $t-1$ 年及以前退休的老人在 t 年存活的人数；

$l_r(t)$ 表示 t 年新退休的人数；

$\sum_{x=r}^{d-1} l_x(t)$ 表示 t 年共有退休的老人总数，即为 $L(t)$。

如果对养老金进行指数化调整，并且按照现行的做法，即只对已经退休的老人的养老金实行指数化调整，当年新退休人口的养老金不作调整，则式（7—24）转化为：

$$B(t)=\{\delta(t)\cdot B(t-1)\sum_{x=r+1}^{d-1} l_x(t)+\rho_{0t}W_{t-1}\, l_r(t)\}/\sum_{x=r}^{d-1} l_x(t) \tag{7—25}$$

将式（7—25）代入到式（7—23）中，有：

$$\mu(t)=\{\delta(t)\cdot B(t-1)\cdot\sum_{x=r+1}^{d-1} l_x(t)+\rho_{0t}W_{t-1}\, l_r(t)\}/[W_tQ(t)] \tag{7—26}$$

为了清楚看到调整指数对缴费率的影响，对式（7—26）求关于调整指数的偏导数，得：

$$\frac{\partial\mu(t)}{\partial\delta}=B(t-1)\cdot\sum_{x=r+1}^{d-1} l_x(t)/[W_t\cdot Q(t)]>0 \tag{7—27}$$

可见，其他条件不变，制度的缴费率与调整指数同方向变化，即调整指数越大，为了保持公共养老金的收支平衡，在职者缴费率提高的就要越多。

二、调整指数对养老金缴费率影响的实证分析

在对不同调整指数的外部微观经济效率分析中，由于中国现行统筹养老金制度的复杂性，主要采用基于不同调整指数的收支预测方式，来判定调整指数对缴费率的影响。上一章通过对中国统筹养老金年度收支缺口的预测，分析了不同调整指数对统筹养老金财务的影响，但这仅仅能够粗略反映养老金的财务运行状况，不能准确反映缴费率的变化趋

势。本章使用中国统筹养老金统筹基金比这一指标作为衡量基于指数化调整的中国统筹养老金的缴费率是否需要进一步提高的判定标准。第四章分析美国养老金调整指数对信托基金的影响时，使用了信托基金比这一指标，由前所述，基金比是用来衡量现收现付的养老金是否出现财务危机的预警指标，它用某年年初公共养老金基金的资产额与该年公共养老金预期支出额的比值来表示。由于养老金税收流入和养老金需求支出时间的差异，在每个财政年开始时的统筹养老金基金比至少应为9%(1/12×100%=8.3%)，这样才能保证现金流动的畅通性。如果统筹养老金基金比小于9%，说明中国统筹养老金计划出现了现金不足的问题。因此，可以通过统筹基金比间接判断基于指数化调整的中国统筹养老金缴费率是否会上升，即当统筹基金比大于9%时，缴费率基本上无上升压力；当统筹基金比大于100%时，缴费率在预测期内无上升压力，并且如果初始设定的缴费率过高，可以适当削减缴费率；当统筹基金比小于9%时，说明预测期内缴费率有进一步上升的压力；如果缴费率等于或小于0，说明调整指数过大带来缴费率需要大幅度上升，才能缓解统筹基金财务短缺的压力。

(一) 合意条件下调整指数对统筹养老金缴费率的影响

由图7—6可以看到，在合意状态下，设定不同群体采用差异性调整指数的各种方案以及三类群体采用相同的消费价格指数作为调整指数方案的统筹基金比虽然都经历了先上升后下降然后再上升的过程，但是，从附表17可以看到，在预测期内，这些方案统筹基金比都大于9%，说明这些方案在缴费率为20%的合意状态下是可行的。对于中国各省普遍采用的以实际工资增长率的50%为基础的调整指数方案，统筹基金比在2037年降低至8.49%，低于9%这一临界值，并且在2038年开始变为－3.8%，此后负值不断加大，到2048年将达到最大为－68.05%,2049年负值开始有所减小，但是到2050年仍然在－60%以上，这说明，即使在合意状态下，从全国总体水平上来说，该调整指数方案也是不可取的。由于设定的调整指数过高，在企业和个体工商户都保持20%的缴费率下也无法满足未来40多年的养老金需求。对于三类群体采用相同的完全工资指数的调整指数方案，统筹基金比低于9%临界值的时间年份更早，在2026年就开始为-3.6%，此后负值不断加大，一直到预测期末2050年达到-431.87%，这说明该调整指数虽然能够给以退休的老人带来最大的内部效率，但是从外部效率的角度来看，如果初始设定的缴费率已经很高，过大的调整指数会带来缴费率进一步攀升，使在职者负担过重，进而对经济发展产生负面影响。

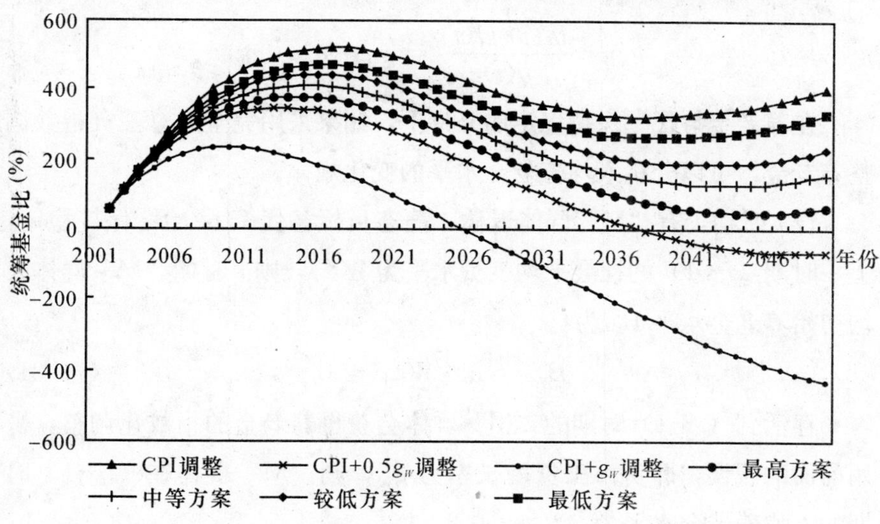

图7—6　合意状态下调整指数对缴费率的影响

注：本图数据来源于附表17。

在人口老龄化程度不断加剧的世界各国，对现收现付的养老金来说，这种使已退休老人完全分享经济增长成果的总工资指数调整指数方案都会使缴费率不断上升，这一结论可以通过理论分析加以说明。

由式（7—23）可得到关于缴费率增长率的表达式：

$$g_{\mu}=\frac{d\mu(t)/dt}{\mu(t)}=g_B+g_L-g_W-g_Q \tag{7—28}$$

其中，g_{μ} 为在职者在现收现付模式的缴费率的增长率；

g_B 为退休者人均养老金的增长率；

g_L 为老年人口的增长率；

g_W 为在职者平均货币工资的增长率；

g_Q 为在职人口的增长率。

设 $S=L/Q$，即 S 为养老保险制度的赡养率，由增长率的性质知：

$$g_L - g_Q = g_{L/Q} = g_S \tag{7—29}$$

其中，g_S 为现收现付养老金制度赡养率的增长率。将式（7—29）代入式（7—28）中，得：

$$g_\mu = \frac{d\mu(t)/d(t)}{\mu(t)} = g_B + g_S - g_W \tag{7—30}$$

在养老金替代率保持稳定的条件下，如果采用完全的总工资指数调整养老金，可以分析人均养老金水平的变化规律。

设 t 时期，有“M”群体退休，静态目标替代率 ρ_0 始终保持稳定，上一时期（$t-1$）的社会平均工资水平为 W_{t-1}，则 t 时期“M”群体人均初始养老金水平 B_{tM} 为：

$$B_{tM} = \rho_0 \cdot W_{t-1} = B_t \tag{7—31}$$

存活到（$t+1$）时期的“M”群体会获得养老金的指数化调整，采用前面的假设，即货币工资增长率为 g_W，则“M”群体在（$t+1$）时期的人均养老金水平为：

$$B_{(t+1)M} = \rho_0 \cdot W_{t-1} \cdot (1 + g_W) \tag{7—32}$$

同时，在（$t+1$）时期新的一批在职者进入退休状态，记为“N”群体，则他们的初始人均养老金水平 $B_{(t+1)N}$ 为：

$$B_{(t+1)N} = \rho_0 W_t \tag{7—33}$$

由于 $W_t = W_{t-1}(1+g_W)$，所以，式（7—33）可以转化为：

$$B_{(t+1)N} = \rho_0 \cdot W_{t-1} \cdot (1 + g_W) \tag{7—34}$$

这样，（$t+1$）时期“M”群体和“N”群体总体的平均养老金水平 $B_{(t+1)}$ 为：

$$B_{(t+1)} = \frac{B_{(t+1)M} \cdot m + B_{(t+1)N} \cdot n}{m + n} \tag{7—35}$$

其中，m 为“M”群体存活到（$t+1$）时期的人口数；n 为“N”群体在（$t+1$）时期的人口数。将上述的式（7—32）和式（7—34）代入式（7—35）中，得到：

$$B_{(t+1)} = \rho_0 \cdot W_{t-1} \cdot (1+g_W) = B_t \cdot (1+g_W) \qquad (7—36)$$

由式（7—36）可知，当养老金替代率稳定，采用完全的总工资指数调整已退休老人的养老金时，人均养老金的增长率即为货币工资增长率，即：

$$g_B = g_W \qquad (7—37)$$

这样，式（7—30）简化为：

$$g_\mu = g_S \qquad (7—38)$$

由式（7—38）可知，缴费率是否会发生变化取决于制度赡养率的变化。目前，世界各国都面临人口结构不断老龄化的趋势，所以，可以进一步假设：$g_S>0$。这样，由式（7—37）可以得出，$g_\mu>0$。这说明，在人口老龄化程度不断加剧的现实条件下，如果允许已退休者完全分享在职者经济增长的成果，采用总工资指数作为调整指数必然会导致在职者缴费率不断提高，依据第一章中基于指数化调整的社会福利补偿标准，最终导致 $dU<0$，即社会福利下降，对经济发展产生严重的负面影响，这一结果反过来可能带来养老金计划的崩溃。该结论进一步说明了德国养老金调整指数不断进行改革的主要原因。因此，即使中国养老金不存在债务，在人口老龄化程度不断深化的未来几十年里，如果让已退休者的统筹养老金同在职者同比例的分享经济增长的成果，最终可能会导致该制度崩溃。

对于中国统筹养老金计划来说，企业缴费率目前已经达到 20%，达到了世界公认的警戒线水平，如果选择的调整指数使企业向统筹养老金账户的缴费率进一步提升，会对在职者的工作积极性产生强烈的负面影响，这时，就可以认定会发生基于指数化调整的社会福利补偿 $dU<0$ 的情况，因此，这时可认为该调整指数不具有外部效率。

由图 7—6 和附表 17 可知，即使在合意状态下，总工资指数和实际工资增长率的50%为基础的调整指数均会导致目前20%的缴费率进一步提高，在现实条件下，由于统筹养老金在需求水平不变的条件下，供给额会下降，这两种调整指数会导致缴费率更大程度的提高，因此，这两种方案在中国未来的几十年里是不可行的。为了使图形更清晰，在以下现实条件下的图形分析中，以完全的总工资指数作为调整指数的方案和以实际工资增长率的50%为基础的调整指数方案被剔除，论证其他调整指数方案的可行性。

（二）现实条件下调整指数对缴费率的影响

根据前面的设定，可将现实条件分为两大类：一类为个体工商户的缴费率，采用辽宁省试点方案中的参数10%；另一类参考美国1983年关于缴费率的改革，将个体工商户的缴费率提高到12%、15%和20%三种情况。按照这种分类，结合覆盖率和遵缴率的不同假设，分析调整指数对中国统筹养老金缴费率的影响。

1. 个体工商户缴费率10%

（1）覆盖面和遵缴率均为100%

覆盖率和遵缴率设定为100%，也是一种理想状态，之所以分析这种状态，主要目的是对比不同覆盖率和遵缴率对基于指数化调整下的中国统筹养老金缴费率的影响。

由图7—7和附表18可知，当个体工商户统筹养老金缴费率等于10%时，各种调整指数方案下的统筹基金比均发生下降，并且依据差异性原则设立的最高和中等指数化调整方案在2030年和2040年统筹基金比出现负值，这说明，如果其他条件不变，即使中国统筹养老金由个体工商户20%的缴费率的合意状态转为现实的10%的缴费率，这两种调整指数方案也无法实现预测期内的财务稳定。在预测期内，对于其他较低的调整指数方案，在遵缴率和覆盖率为100%，个体工商户缴费率为10%的情况下，统筹基金比均保持在9%以上，能够实现未来缴费率不再提高。

（2）覆盖率和遵缴率均为90%

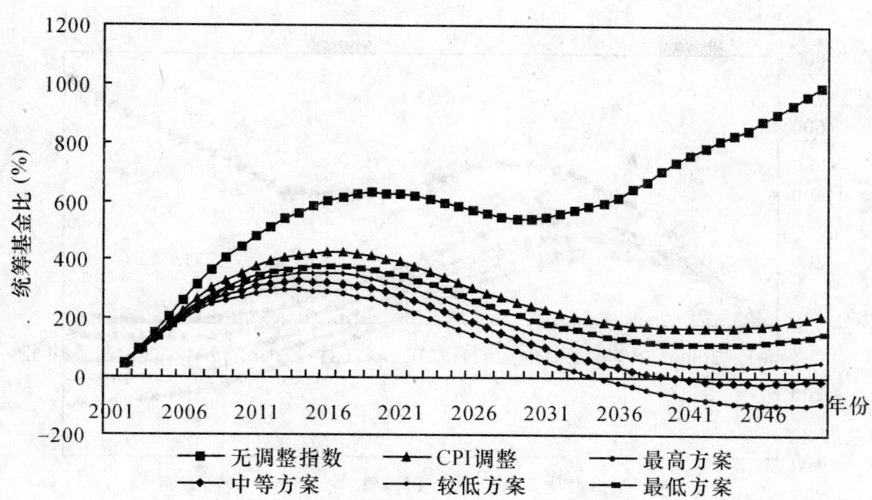

图 7—7　个体缴费 10％及覆盖率和遵缴率 100％调整指数对统筹基金比影响

注：本图数据来源于附表 18。

当个体工商户缴费率保持 10％，覆盖率和遵缴率由 100％降低为 90％后，基于各种指数化调整的统筹基金比进一步降低，更重要的是，覆盖率和缴费率的变化，使设计的不同群体采用差异性调整指数的各种方案的统筹基金比在预测期内都出现了负值，仅有对三类群体采用相同最低调整指数——消费价格指数的调整方案能够在整个预测期内保持统筹基金比在 9％以上，如图 7—8 和附表 19 所示。所以，从预测结果看，个体工商户缴费率 10％，企业缴费率 20％保持不变，同时覆盖率和遵缴率为 90％的条件下，只有三类群体均采用 CPI 最低调整指数的方案能够保持统筹养老金的财务稳定，其他调整指数方案均可能发生统筹养老金的财务危机，并且调整指数越大，发生财务危机的压力越大，企业缴费率进一步提高的压力也就越大。

（3）覆盖率和遵缴率均为 80％

在个体工商户缴费率为 10％的条件下，当覆盖率和遵缴率降低到 80％时，由图 7—9 和附表 20 可知，所有指数化调整方案都会在预测期内出现统筹基金比为负的情况，这意味着，在个体工商户缴费率保持

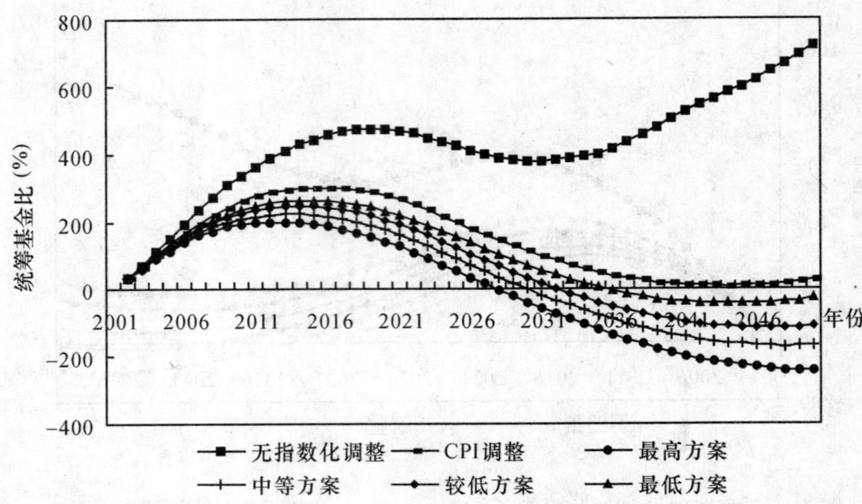

图 7—8　个体缴费 10%及覆盖率和遵缴率 90%调整指数对统筹基金比影响

注：本图数据来源于附表 19。

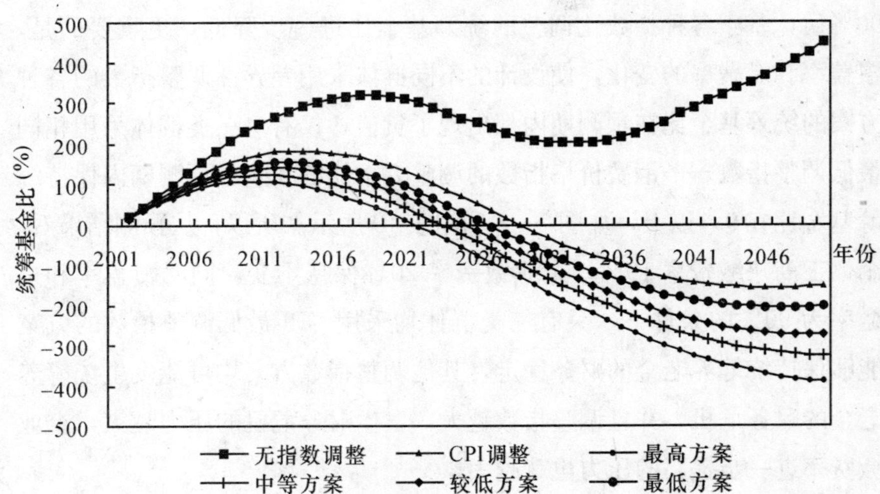

图 7—9　个体缴费 10%及覆盖率和遵缴率 80%调整指数对统筹基金比影响

注：本图数据来源于附表 20。

10%的现实水平下，同时，遵缴率和覆盖率保持在80%的水平不上升，则无法采用指数化调整方案；反之，如果采用指数化调整方案，即使是三类群体采用相同的最低调整指数——消费价格指数方案，在不提高覆盖率和遵缴率的情况下，必然会带来企业缴费率进一步上升的压力。

（4）覆盖率和遵缴率分段提高

从制度变迁的成本角度分析，将中国统筹养老金的覆盖率和遵缴率分段提高方案优于一次提高到90%的方案，因此，分段提高方案是中国统筹养老金在预测期内最现实的选择。由附表21和图7—10可以看到，覆盖率和遵缴率的分段提高使最低调整指数能够实现缴费率不提高的前提下的统筹养老金财物的稳定，即三类群体如果均采用最低调整指数CPI，在预测期内统筹基金比始终大于9%；其他调整指数方案在预测期内仍然会对统筹养老金财务产生压力。将分段提高方案与覆盖率和遵缴率为90%的方案比较可知，总体上来看，分段提高方案对统筹养老金缴费率上升的压力小于一次提高到90%的方案，这与第六章对统

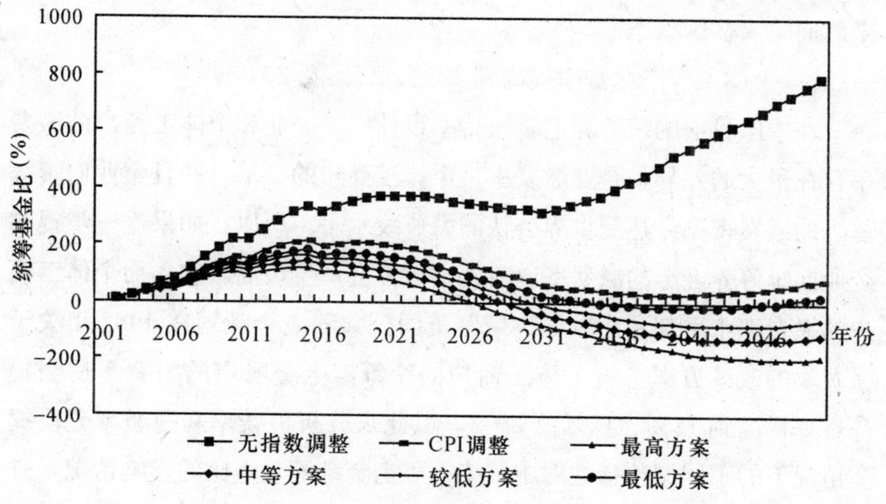

图7—10　个体缴费10%及覆盖率和遵缴率分段提高调整指数对统筹基金比影响

注：本图数据来源于附表21。

筹养老金年度收支缺口分析的结果相一致。

通过以上分析，得出结论：在个体工商户缴费率10%的条件下，不同调整指数方案是否会带来统筹养老金缴费率的上升与覆盖率和遵缴率相关，覆盖率和遵缴率越高，缴费率上升的压力越小。此外，调整指数越低，缴费率提高的压力越小。在个体工商户缴费率10%下，通过对不同覆盖率和遵缴率基于调整指数的中国统筹养老金基金比的预测，认为在覆盖率和遵缴率分段提高的情况下，采用不同调整指数的中国统筹养老金缴费率上升的压力相对小些，但是通过分析已知，即使在分段提高的方案下，也只有最低调整指数方案能够实现缴费率的不上升。这意味着如果保持目前个体工商户向统筹养老金10%的缴费率，企业20%的缴费率，中国统筹养老金覆盖的三类群体只能采用相同的消费价格指数作为统筹养老金的调整指数，三类群体均只能获得绝对消费水平不降低的保障，无法获得相对生活水平不降低的保障。如前所述，这会使曾经为中国经济发展作出过牺牲的一部分“老人”由于没有其他收入来源而陷入贫困状态。

2. 个体工商户缴费率提高到12%、15%及20%

在中国目前的统筹养老金缴费率设计中，企业和个体工商户的缴费率存在很大的差异，企业缴费率是个体工商户的2倍，并且企业向统筹基金的缴费率已经达到世界公认的警戒线水平，所以，如果进一步提高企业向统筹养老金的缴费率，对外部效率会产生负面影响，而个体工商户的缴费率水平却还比较低。借鉴美国公共养老金计划在1983年关于缴费率的改革方案，将个体工商户向统筹养老金账户的缴费率适当提高，如提高到12%、15%及20%，以此来分析覆盖率和遵缴率分段提高情况下的不同调整指数对中国统筹养老金统筹基金比的影响情况，进而判断中国统筹养老金缴费率的变化趋势。

(1) 个体工商户缴费率提高到12%

由前面的分析可知，在企业缴费率保持在20%的水平下，将个体工商户缴费率由现实的10%提高到12%，统筹基金供给额年平均增加

809.7亿元，年增长率为2%，也会使基于各种指数化调整的方案的统筹基金比得到相应的提高。根据图7—11和附表22可知，当个体工商户缴费率提高两个百分点以后，在预测期内，不同群体采用不同调整指数的最低方案成为可行方案，其他调整幅度较高的方案仍然会给统筹基金的财务运行带来压力。

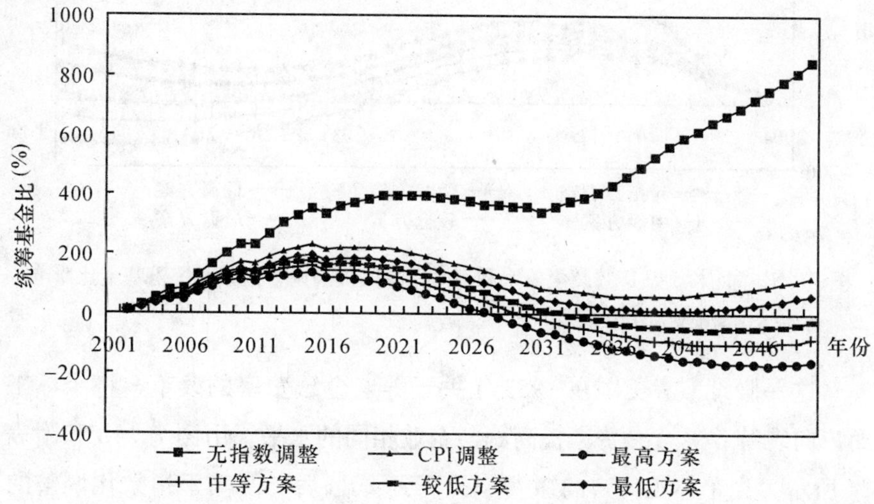

图7—11　个体缴费12%及覆盖率和遵缴率分段提高调整指数对统筹基金比影响

注：本图数据来源于附表22。

（2）个体工商户缴费率提高到15%

将个体工商户的缴费率进一步提高3个百分点，即提高到15%，使基于指数化调整的中国统筹养老金统筹基金比与现实个体工商户缴费率10%的情况相比，得到进一步改善，如图7—12和附表23所示。

但是，针对设定的调整指数方案，当个体工商户缴费率提高到15%后，仍然只有三类群体采用无差异的最低调整指数CPI和不同群体采用不同调整指数的最低方案统筹基金比在预测期内能够实现始终大于9%这一临界值，这说明，在个体工商户的缴费率提高到15%后，仍然只有这两个方案能够满足预测期内统筹基金稳定的要求。

（3）个体工商户缴费率提高到20%

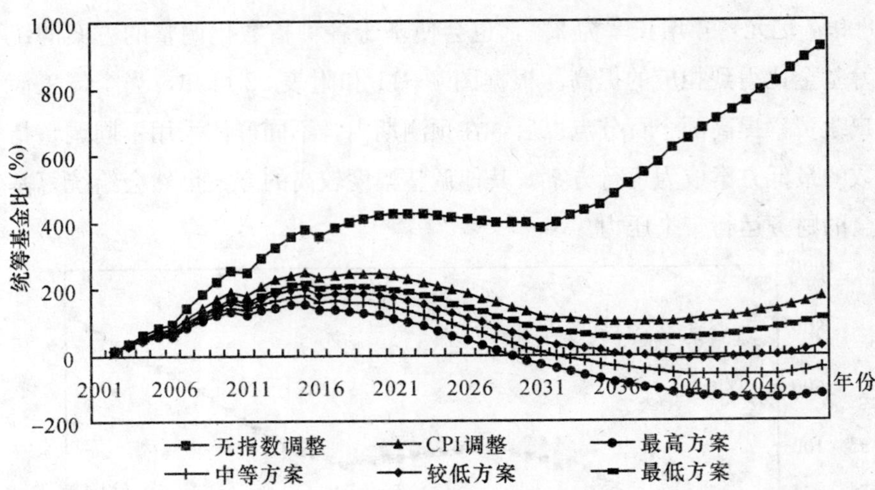

图 7—12　个体缴费 15%及覆盖率和遵缴率分段提高调整指数对统筹基金比影响

注：本图数据来源于附表 23。

这一假设参考美国在 1983 年关于养老金缴费率的改革，将个体工商户向统筹养老金缴费率提高到与企业相同的水平。由图 7—13 和附表 24 所示，当个体工商户的缴费率提高到 20%后，使基于指数化调整的

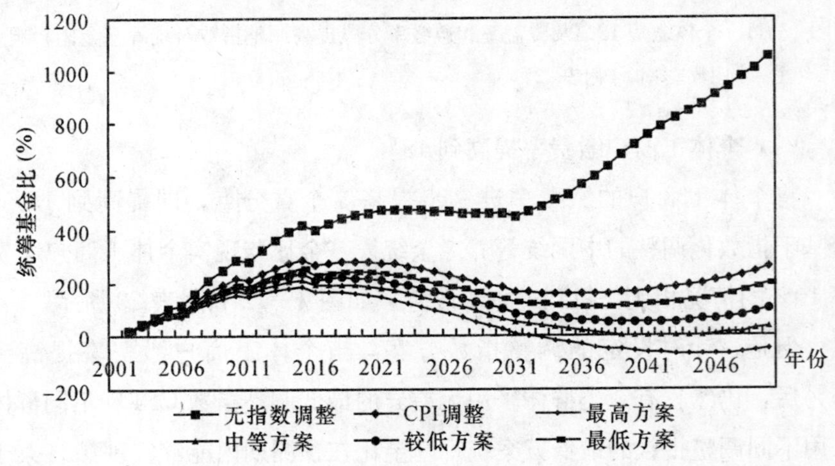

图 7—13　个体缴费 20%及覆盖率和遵缴率分段提高调整指数对统筹基金比影响

注：本图数据来源于附表 24。

中国统筹养老金的统筹基金比得到明显改善。并且，在各种调整指数方案中，对不同群体采用差异性调整指数的较低方案在预测期内也成为可行方案，其他调整幅度较高的方案仍会导致预测期内统筹基金的不足。

通过以上的分析，可以得出结论，在中国未来的几十年时间里，覆盖率和遵缴率的不断提高是十分重要的。此外，在覆盖率和遵缴率分段提高的情况下，如果个体工商户的缴费率仍然保持在现实10%的缴费率水平，在调整指数方案中，只有三类群体采用相同的最低调整指数CPI方案可行；如果将个体工商户的缴费率适当提高，如提高到12%或15%，经预测，差异性调整指数方案中的最低方案也成为可行方案，在此方案中，“老人”的统筹养老金在绝对购买力水平获得保障的同时，食品消费的相对水平也获得保障，“新人”的统筹养老金仍然只获得绝对水平的保障；如果将个体工商户缴费率进一步提高到20%，结果显示，三类群体采用不同调整指数方案中的较低方案也成为可行方案，在此方案中，“老人”衣食相对消费水平获得保障，“新人”食品相对消费水平获得保障。

第四节　养老金调整指数对劳动供求的影响

在实践中，养老金计划的资金筹集通常是由在职者以工资的一定比例缴纳的，国际上被称为社会保障税，在中国被称为社会保障费。对于这种社会保障税（费），各个国家征收对象有一定的差异，多数国家由雇主和雇员各承担一半，但中国现行统筹养老金全部由企业缴纳。因此，基于指数化调整所带来的现收现付养老金缴费率的上升可能会对劳动力的供给和需求产生影响。

一、对劳动供给的影响

在完全竞争的市场下，当指数化调整导致养老金缴费率上升时，雇员净工资收入就会下降，尤其是在人口老龄化不断加剧的今天，世界上多数国家养老金缴费率在不断提高的同时，都在不断削减养老金的给付水平，其中包括对调整指数的削减。这样，作为未来的退休者，即目前的在职者会将其缴纳的社会保险费视为是一种税收而不是个人的养老储蓄，如前面论述的德国养老金制度。在这种情况下，从理论上说在职职工可能会选择闲暇替代劳动，从而减少劳动时间或者降低工作努力的程度。但是，经国外学者实证研究发现，在那些依靠工作收入作为其本人或家庭生活来源的劳动者中，虽然税收使他们产生强烈的不满情绪，但是对其劳动供给几乎没有多大影响。

二、对劳动需求的影响

如果现收现付养老基金的供给由雇主承担（如中国），并且假定雇主在竞争市场上从事经营，不能随意提高产品价格，在这种情况下，如果政府基于对养老金指数化调整而提高养老金缴费率，这就等于提高了雇主所需要的劳动力价格，分析此时雇主对劳动需求的变化。

（一）劳动供给无弹性[①]，工资由市场定价

劳动的供给弹性等于 0，意味着劳动供给曲线 S_L 为一条垂直线，如图 7—14 所示。

假设养老金初始社会保障税的税率为 R_0，如果由于指数化调整，养老金的缴费率需要提高至 R_1，这时劳动需求会下降。具体来看，假设在税率 R_0 下，劳动需求曲线为 D_1，缴费率上升导致劳动需求曲线下移至 D_2，并且 D_2 不是由 D_1 平行下移得到的，而是每一价格的某固定

① 这种情况符合中国的现实。

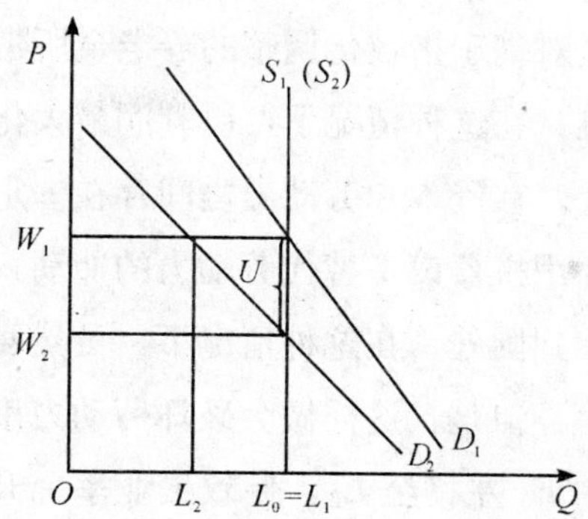

图 7—14　基于指数化调整公共养老金缴费率对劳动力需求的影响

比例下移得到。[①] 这样，在 D_1 曲线和 D_2 曲线之间的面积是一个梯形，通常该面积被称为“税收的楔子”。由于劳动供给弹性为 0，所以，不管工资如何变动，不管税率变化前还是税率变化后，劳动的供给不会变化，$L_1=L_0$，相应的供给曲线 S_2 和 S_1 重合。雇员工资是由雇主支付的，在税率变化前，雇主支付的工资为 W_1，税率提高后，当工资完全由市场决定时，雇主支付的工资会下降 U 个单位的税收，变为 W_2，即在劳动供给完全无弹性，工资由市场定价的情况下，基于指数化调整导致养老金缴费率的上升所带来的社会保障税率的提高，虽然名义上由雇主（企业）承担，但实际上完全由雇员负担，相应的就业率 $L_1=L_0$ 没有发生变化。这表明，基于指数化调整所带来的养老金缴费率的上升，雇主对劳动力的需求降低，最终是由劳动的供给者接受低工资而承担的，从而保证了就业率的稳定。

（二）劳动供给无弹性，但工资具有黏性

在现实社会中，政府或多或少要对劳动力市场进行干预，这时，劳动力市场由完全竞争市场转为非完全竞争市场。例如，政府规定最低工资标准，这时工资不能根据劳动力的供求发生灵活变动，通常具有黏

① 社会保障税费是一种从价税，这种税收对劳动需求曲线影响的特点是：需求曲线按照工资的一定比例上下移动，而非平行移动。

性。这意味着，雇主对基于指数化调整的养老金所带来的社会保障税率提高的转移发生困难。在这种情况下，以利润最大化为目标的企业，为了能够保持产量稳定，在资本和劳动力之间存在一定程度技术替代的条件下，就会产生一种用机器设备替代劳动力的冲动，产生“替代效应”，或者将产品生产迁移到国外。在这种情况下，虽然雇员工资受社会保障税率提高的影响较小，但是，这样做会破坏劳动力市场的就业均衡，就业率由图 7—14 中的 L_0 左移至 L_2，导致失业率上升。另外，根据税收经济学的理论，调整指数导致企业向养老金计划的缴费过度上涨，还会产生规模效应。规模效应是指政府对企业课征社会保险缴费以后，企业劳动力价格提高，边际成本上升，造成企业的均衡产量下降，这种情况如图 7—15 所示。MC_0 表示政府初始课征社会保险缴费下的边际成本线，MC_1 表示基于调整指数导致企业缴费率上升后的边际成本线，由于企业处在竞争市场下，所以，产品价格保持不变。可见，边际成本的上升，导致企业均衡产量由 Q_0 下降到 Q_1，生产规模下降必然会导致企业对劳动力需求的减少。

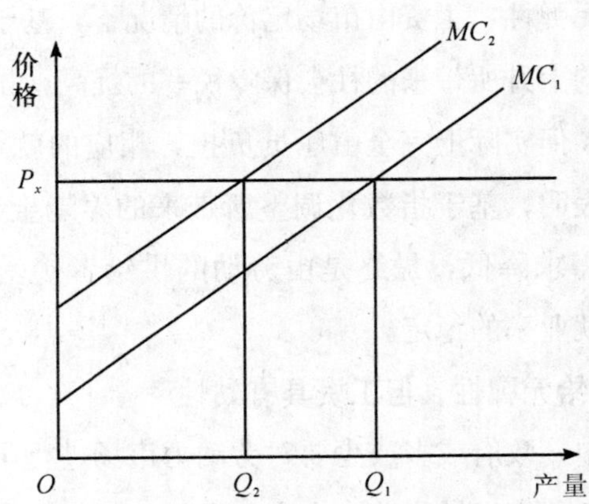

图 7—15　社会保障税的规模效应对劳动力需求的影响

如果政府再规定强制性就业，那就是计划劳动就业而不是市场就业，进而会影响经济的资源配置效率，造成企业冗员增多，最终也会对经济发展产生不良的影响。许多学者的研究都表明，雇主社会保障缴费的增加对劳动力需求有直接的影响。① 为了考察缴费率对失业率的现实影响，通过对采用较高养老金调整指数的德国和采用较低养老金调整指数的美国相关数据的计量分析，比较说明养老金缴费率与失业率两者之间的相关关系。计量分析结果如下：

(1) 美国

失业率＝19.873－1.295×缴费率

相关系数 r 等于 0.553，回归系数的 t 检验值＝－2.966，p 值＝0.008。

(2) 德国

失业率＝－8.218＋0.877×缴费率

相关系数 r 等于 0.489，回归系数的 t 检验值＝－2.422，p 值＝0.025。

对比两国的计量分析结果，同时结合第四章的相关内容，可以得出，由于美国养老金缴费率的设定较低，并且增长速度较小，因此，对劳动的供给和需求没有产生负面影响；从德国的回归结果看，虽然养老金缴费率与失业率的相关度较低，但是，德国养老金的缴费率偏高，已经对就业产生一定的负面影响，正是由于这种状况，所以，德国政府不得不不断削减养老金的调整指数，以减小缴费率不断攀升对就业产生的负面影响。

通过上面的分析可以得出，在中国目前的经济条件下，如果采用的调整指数过大，对统筹养老金的保障程度过高，虽然老年人口的内部效率获得充分的保障，但是，在中国目前企业统筹养老金缴费率已经高达20％的条件下，如果缴费率进一步上升，可能会导致企业减少对劳动力的需求，从而带来失业率上升，这对中国目前已经存在大量下岗职工的现状可以说是雪上加霜，进而对经济的持续发展和社会稳定产生十分不

① 朱清．养老金制度的经济分析与运作分析．北京：中国人民大学出版社，2002．54

利的影响。因此，如果仅仅从内部效率判断，基于指数化调整的动态替代率越大越好；但从社会角度判断，还要与外部效率结合在一起，判断调整指数是否具有综合效率。

第五节　养老金调整指数对出口竞争力的影响

如前所述，对养老金进行指数化调整所需要的资金主要由雇主和雇员缴纳（在中国主要由企业承担），当采用了较高的调整指数时，会提高雇主和雇员承担的养老金社会保障税率。由于目前世界上多数国家允许企业将向养老金计划的缴费列入企业的生产成本，这就意味着企业可能会将养老金的缴费负担转嫁出去，其中一种转嫁方式通过提高生产的产品价格，转嫁给消费者。但是，这种转嫁方式能否获得成功，需要进一步讨论。在一个封闭的国家内，如果企业拟将向现收现付养老金账户的缴费率上升的成本转移到产品中，当该产品的需求价格弹性较小时，该转嫁会较容易进行；当该产品的需求价格弹性较大时，意味着转嫁会很困难。在开放的经济环境下，由于各国家养老金计划不同，调整指数的选择方案也会有差异，这样，企业基于指数化调整的养老金缴费率的负担会出现差异。如果某一个国家选择的养老金调整指数过大，带来养老金缴费率上升，企业可能会通过生产成本转嫁到产品价格当中，即该国企业生产的产品价格上涨。在开放的经济环境下，各国产品竞争激烈，在同类产品的竞争中，该国产品竞争力必然下降，导致该国产品的出口能力下降，出口额对经济增长的贡献减小。同样，为了考证这种结果的可能性，本章对德国和美国关于养老金缴费率与出口额占 GDP 比例之间的相关关系进行了计量分析，回归结果如下：

1. 美国

出口额/GDP＝6.207＋0.092×缴费率

相关系数 r 等于 0.057，回归系数的 t 检验值＝0.25，p 值＝0.805。

2. 德国

出口额/GDP＝－0.330＋1.319×缴费率

相关系数 r 等于 0.497，回归系数的 t 检验值＝2.497，p 值＝0.022。

由美国的计量回归结果知：美国养老金缴费率对企业产品的出口竞争力影响不显著，基本上无影响；从德国的计量分析结果看，企业产品竞争力与缴费率之间存在正相关关系，这与前面的理论分析相背离。出现这样一个回归分析结果的可能原因在于：德国企业为了保持产品竞争力，没有将向公共养老金缴纳的社会保障税转移到产品价格当中去，这也是多数国家通常采用的方法。这意味着，多数国家为了保持出口对经济增长的贡献，通常采用的是由企业和雇员承担的缴费率上升，从而造成企业利润额下降，使企业竞争活力降低。这也进一步证实了上面的缴费率与失业率之间的回归分析结果的可信性。因此，德国的缴费率和企业产品竞争力之间的回归分析结果表现为伪回归现象。

通过以上的分析可知，在竞争激烈的世界产品市场上，一国产品价格提升会导致市场份额的丢失，所以，企业一般不会将基于指数化调整的养老金缴费率的提高转移到生产的产品价格中去，这意味着企业利润率可能会降低，其竞争活力必然下降。可以说，这种情况对中国企业影响可能会更大一些。这是因为，在国际市场上，中国企业的绝大多数产品竞争的比较优势在于劳动力成本低，当劳动力成本提高时，企业就会失去原有的比较优势。因此，控制企业向统筹养老金计划缴费率的进一步提高，对保持中国企业的竞争活力是十分重要的。

在设定中国养老金适度调整指数时，保证企业缴费不再上升，这在中国现行养老金制度框架下是合理的。这是因为中国统筹养老金的缴费是由职工所在的企业和个体工商户承担的，并且与国外相比，中国企业向养老保险计划的缴费率已经明显偏高。具体来看，在企业缴费方面，大多数国家对企业的缴费率规定了上限，一般限制在15%左右，例如，美国OASI缴费率为企业与个人各占5.3%，而中国目前统筹养老金的企业缴费率设定为20%，已经达到了世界公认的警戒线，并且明显高于世界平均养老金的缴费率水平。中国政府为企业设定较高的统筹养老金缴费率，目的是由在职者消化中国养老金制度改革所带来的转轨成本。通过对中国统筹养老金收支预测分析，在目前的企业缴费率下，当制度覆盖率和遵缴率逐渐提高时，将个体工商户缴费率提高到12%或15%，并且将退休年龄随着人口老龄化适当推迟，统筹养老金到2050年是可以满足需求的。因此，如果能够设定适度的调整指数，满足企业缴费率不再提高，这样，在保障老年人口消费需求的同时，使年轻人口现期消费的需求不受到负面影响，增加社会福利，从而在一定程度上解决中国居民有效需求不足的问题。

第六节 调整指数对储蓄和投资的影响

一、调整指数对储蓄的影响

在现收现付模式下，在职职工的保险缴费全部或大部分用于支付当前退休老人，养老保险基金很少有剩余，甚至出现赤字。在这种情况下，就不能将社会保险当做一种社会的储蓄行为。此外，在经济分析中，通常认为现收现付的养老金制度会对个人自愿储蓄产生三种效应，即财富替代效应、退休效应和遗产效应。

（一）财富替代效应

职工参加了社会保险以后，就会意识到，他们退休后可以得到一笔有保障的退休收入。如果他们将缴纳的社会保险费看成取得未来津贴的

“储蓄”手段，他们就会减少自己的自愿储蓄。在现收现付模式下，如果公共储蓄并没有相应增加，这就会造成社会总储蓄减少，这种现象就是财富替代效应。

（二）退休效应

养老保险制度可能会诱使人们和没有养老金制度相比提前退休。因为要领取保险津贴，就必须减少劳动。但是，人们退休后的年份增加了，工作年份就会减少，为了补充保险收入，人们自己必须提前储蓄，所以，退休效应往往会使私人储蓄增加。

（三）遗产效应

假定储蓄的一个重要原因是给子女留下一些遗产，这在中国可能是很明显的。进一步假定人们会意识到社会保险往往将子女的收入转移到父母那里，那么，父母也许会更多地储蓄，以便给子女留些遗产，从而抵消社会保险对子女收入的影响，这种效应即是遗产效应。

由于三种效应对自愿储蓄的作用方向不同，国外一些学者通过计量经济学进行分析，但是，不同学者得出的结论是不同的。这也进一步说明，养老金制度对人们储蓄行为的影响是复杂的。但是，结合中国的现实情况，可以进一步假设，对退休年龄采取强制性的规定，这样就可以忽略调整指数所可能产生的退休效应，另外调整指数的设定通常不会对遗产效应产生影响，这样，就可以通过调整指数对财富的替代效应的影响来分析调整指数对人们自愿储蓄行为的影响。由于调整指数的建立，会对人们的退休金给予进一步的保障，这样会导致人们减少在职时期的自愿储蓄，即调整指数的设立导致财富的替代效应增大，并且调整指数越大，所产生的替代效应越大。这一结论也可以用来说明美国为何选择调整幅度最低的 CPI 作为养老金调整指数的原因之一。美国国民整体的储蓄率从 20 世纪 70 年代开始呈下降趋势，在表 7—1 中，并由此引起储蓄—投资平衡被破坏，资本形成的不足引起资本成本上升，从而对经济发展产生不良的影响。因此，美国在 1972 年对养老金建立调整指数时，如果选择一个对养老金保障程度很高的调整指数，意味着退休后退休金能够获得充分的保障，但这会进一步促使国民减少个人的自愿储蓄，加剧美国资本形成的不足，不利于经济发展。

表 7—1　　美国 1950—1993 年净国民储蓄和投资
（占 GDP 的百分比）

项目	1950—1969	1970—1979	1980—1989	1990—1993
国民储蓄	8.5	7.9	4.3	2.0
私人	8.6	8.9	7.1	5.8
政府	−0.1	−1.1	−2.8	−3.8
投资	8.5	8.2	4.2	2.1
国内	8.1	7.9	6.1	3.2
国外	0.4	0.3	−1.9	−1.0
统计误差	0.0	0.3	−0.1	0.1

资料来源：Barry Bosworth：based on the data from U. S. National income and Product Accounts（What Economic Role for the Trust Funds?）

转引自：李珍. 社会保障制度与经济发展. 武汉：武汉大学出版社，1998. 33

二、调整指数对投资的影响

由经济学基本原理可知，短时期内投资需求是拉动一国经济增长的关键因素之一。投资需求的资金来源于国民储蓄的转化，但是，两者并不是完全等价的。当国民储蓄等于投资额时，由于调整指数的设立所带来的自愿储蓄减少会导致投资减少；当国民储蓄额大于投资额，尤其是储蓄额远远大于投资需求时，调整指数的设立所带来的自愿储蓄的减少并不会对投资需求产生影响。中国目前的情况就是国民储蓄存款余额远远高于投资需求的资金，如图 7—16 所示。因此，建立适度的调整指数虽然可能会由于财富的替代效应使个人的自愿储蓄额有所减少，但是，在预测期内，它不会对中国的投资需求产生不良的影响。

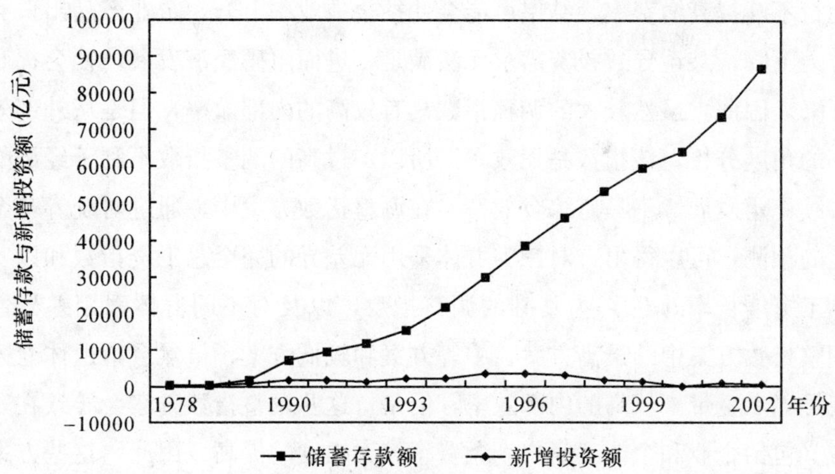

图 7—16　中国储蓄存款与新增投资额

资料来源：《中国统计年鉴》（历年）。

第七节　养老金调整指数综合效率分析

从不同利益群体的角度说，调整指数的效率分为内部效率和外部效率，本节在此基础上分析两者的综合效率，只有综合效率高，才能够既实现对老年人口统筹养老金的保障，又不会对经济的持续稳定发展产生负面影响，从而实现社会福利的改善。通过本章前几节分析，可以得出，反映综合效率的核心指标包括两个：一是基于指数化调整的养老金动态替代率，二是统筹基金比（企业向统筹账户的缴费率）。下面以这两个指标为判定依据，论述各种养老金调整指数方案的适度性。

一、过高调整指数

如果选择的调整指数较大，如采用完全的总工资指数，老年人口的退休生活得到了充分的保障，但是，在职者不得不为养老金制度的持续运行不断提高缴费率，结果可能会使社会失业率上升，企业产品出口竞争力下降，甚至导致投资需求无法满足，进而阻碍经济发展，社会福利下降。因此，虽然较大的调整指数具有较高的内部效率，但是从外部效率的角度分析，该指数是无效率。所以，过高的调整指数不利于经济的持续稳定发展，不具有综合效率。在调整指数方案中，通过对统筹基金比的预测，可以得出：对三类群体采用无差异的完全总工资指数和以实际工资增长率的50％为基础的调整指数，以及对不同群体采用差异性调整指数方案中的最高方案、中等方案和较低方案，虽然会给退休老人统筹养老金带来较高的内部效率，但是，这些调整指数方案会导致在职者（包括企业和个体工商户）缴费率较大幅度的提高。因此，这些方案不具有外部效率，综上所述，这些调整指数方案不具有综合效率。

二、过低调整指数

一方面，从在职者的角度分析，当调整指数设定较低时，在职者的缴费率不会因调整指数的设定而发生大幅度攀升①，进而对企业的竞争力影响较小。因此，如果仅从在职者缴费率的变化看，过低的调整指数能够保证外部效率的实现。另一方面，如果调整指数设定过低，如无指数化调整，老年人口的退休金不仅不能够分享经济增长的成果，甚至无法避免通货膨胀的侵蚀，在这种情况下，老年人口的绝对生活水平必然会下降，老年人口的贫困率上升，结果老年人口的基本消费需求可能也无法得到满足。如在第一章所述，在人口老龄化不断加剧、老年人口所占的比例越来越高的今天，如果老年人口消费需求不足，就不能发挥老年人口的消费需求对经济增长的拉动作用。另外，由于调整指数过低，导致老年人口贫困率上升，退休的老年人口与在职人口之间收入分配差距过大，可能会引起社会秩序的混乱，对经济持续稳定发展也会带来不良的影响。因此，虽然过低的调整指数能够避免在职者的缴费率过快增

① 如果无指数化调整时的缴费率是基于收支均衡状态下的缴费率。

长，但是由于代际间收入分配差距过大所带来的社会动荡及消费需求不足最终也会影响经济发展。因此，综合来说，过低的调整指数也是不合意的。在调整指数方案中，对三类群体采用相同的最低调整指数方案——CPI 调整指数方案，虽然能够使企业和个体工商户保持目前的缴费率水平，但是，从动态目标替代率的变化情况可以判断，该调整指数对晚年只有退休金的“老人”的统筹养老金保障程度过低，使部分曾经为中国经济发展作出过牺牲的“老人”在晚年陷入贫困状态，因此，从总体上说，这一调整指数方案也不具有综合效率。

三、适度的调整指数

在中国现行养老保险制度所覆盖的三类人口中，“老人”是一个十分特殊的群体，他们经历了“低工资，低消费，高积累”的工作期，当中国由计划经济转向市场经济以后，他们进入了退休状态，微薄的退休金成为多数“老人”维持晚年消费需求唯一的生活来源，可见，适当保障这一特殊群体的养老金相对购买力水平是公平的。因此，从“老人”的角度说，适度的调整指数应该不仅能够保障他们的退休金避免通货膨胀的侵蚀，而且应该适当分享经济增长的成果，使“老人”受到压抑的消费需求得到满足，从而在一定程度上起到扩大内需、拉动经济增长的作用。

从在职者的角度分析，适度的调整指数的建立，虽然可能使部分在职者的缴费率有所提高，但是，只要对经济的总体发展没有产生负面影响，如美国，就可以认为该调整指数是适度的。对于中国现行的统筹养老金制度，由于企业缴费率设定较高，企业缴费率是个体工商户缴费率的 2 倍，并且已经达到 20％的世界警戒线水平，因此，维持企业缴费率不提高是实现外部效率的前提。

通过前面的分析知，适当提高个体工商户的缴费率（如将个体工商户的统筹养老金缴费率由 10％提高到 12％）是可行的、合理的。这样，适度的调整指数应确保预测期内企业向统筹养老金账户的缴费率不再提高，个体工商户向统筹养老金账户的缴费率适当的提高，即适度调整指数应该既能保证内部效率的实现，同时又能够不影响外部效率，从而不会对经济发展产生负面影响。

在调整指数方案中，通过模拟预测，结果显示：对三类群体采用差异性调整指数方案中的最低方案——对“老人”采用给予食品相对消费水平保持不变的调整指数，对“新人”基础养老金采用保持绝对购买力水平不变的调整指数，“中人”基础养老金采用“新人”的调整指数，过渡性调节金采用“老人”的调整指数，既能够保障老年人口内部效率的实现，又能够使企业维持20%的缴费率不提高，从而实现外部效率。因此，面对现实的约束条件，对三类群体采用差异性调整指数方案中的最低调整指数方案是最优的选择。

为了使适度调整指数方案的判定过程更清晰，将上述推理过程总结在表7—2中。

表7—2　各种养老金调整指数方案内部效率和外部效率检验结果一览表

方案	三类群体采用无差异调整指数方案				三类群体采用差异性调整指数方案			
	无调整	总工资指数	50%工资增长率	CPI	最高方案	中等方案	较低方案	最低方案
内部效率	×	√	√	×	√	√	√	√
外部效率	√	×	×	√	×	×	×	√
适度方案	×	×	×	×	×	×	×	√

注：1.“×”表示不具有或不是，“√”表示具有或是。

2. 最高方案为“老人”综合消费相对水平保持不变，“新人”衣食医相对消费水平保持不变；中等方案为“老人”衣食医相对消费水平保持不变，“新人”衣食相对消费水平保持不变；较低方案为“老人”衣食相对消费水平保持不变，“新人”食品相对消费水平保持不变；最低方案为“老人”食品相对消费水平保持不变，“新人”仅获得绝对消费水平的保障。

此外，依据社会保障收入再分配优化理论以及养老金指数化调整应该遵循代际间调整指数相互衔接的原则，养老金调整指数是否合理，还要考察调整指数所带来的资金在“老人”与“中人”及“中人”与“新人”之间的分配是否合理。根据附表16可知，基于最优调整指数方案——最低方案，“老人”统筹养老金与“中人”基础养老金和过渡调节金合成的统筹养老金以及“中人”统筹养老金与“新人”由基础养老金构成的统筹养老金，表现为新退休的一代养老金收入高于已经退休的一代养老金收入水平这一规律，这表明同处一个时期两代退休人口的养老金收入分配是合理的，符合代际间平稳过渡的原则。

综上所述，基于内部效率与外部效率标准，最低调整指数方案是适度的。

第八节　养老金调整指数的目标约束值检验

根据前面的分析，可以得出结论：按照最低调整指数方案，即能够使“老人”食品相对消费水平保持不变、“新人”仅获得绝对消费水平保障的养老金指数化调整方式是现实最优的选择。下面利用在第三章测算的养老金指数化调整目标约束区间对设计的各种养老金调整指数方法进行检验，以此验证对养老金指数化调整方案的选择。

一、养老金指数化调整目标约束区间检验标准

本章确定了目标约束区间的两层次检验标准。

第一层次的检验标准为养老金内部效率标准，即判定养老金指数化调整方案能否使养老金水平位于第一章测定的目标约束区间之内。对于第一层次的检验标准，实际上，本章在推理中国适度养老金调整指数方案中，就是以该标准为判定是否具有内部效率的依据的。这里为了保持论述逻辑与内容的完整性，再对适度养老金调整指数方案进行该层次的检验。

如果按照本章选择的养老金指数化调整方案，各年养老金均位于养老金指数化调整的目标约束区间内，则养老金指数化调整方案可以通过养

老金内部效率标准检验，否则，相应的养老金指数化调整方案不合理。如果某个养老金指数化调整方案使养老金水平超出目标约束区间的上限值，说明该方案的调整指数过高，反之，如果某个养老金指数化调整方案使养老金水平低于目标约束区间的下限值，说明该方案的调整指数过低。

第二层次标准为养老金外部效率标准，即判定现实养老金供给水平能否满足设定的养老金指数化调整方案。如果按照本章选择的养老金指数化调整方案，养老金需求规模等于或低于养老金现实可供给规模，则养老金指数化调整方案可以通过养老金外部效率标准检验，否则，相应的养老金指数化调整方案不合理。

只有能够同时通过上述两个标准检验的养老金指数化调整方案，才可以通过目标约束区间检验。

按照上述标准，可以得出设定的无差异调整指数方案和差异性调整指数方案的检验结果，见表 7—3，如图 7—17 所示。

表 7—3　　各种指数化调整方案下人均养老金需求与目标约束区间比较

年份	三类群体采用无差异调整指数方案				三类群体采用差异性调整指数方案				养老金指数化调整目标约束区间	
	无调整	总工资指数	50%工资增长率	CPI	最高方案	中等方案	较低方案	最低方案	养老金指数化调整上限值	养老金指数化调整下限值
2001	6 912.61	6 912.61	6 912.61	6 912.61	6 912.61	6 912.61	6 912.61	6 912.61	6 986.17	2 149.59
2005	7 316.24	*9 199.10*	*8 484.86*	7 817.67	*8 352.15*	8 214.23	8 085.52	8 004.49	8 476.00	2 777.85
2010	8 207.02	*12 442.62*	*10 697.41*	9 221.12	10 372.39	10 062.27	9 785.30	9 592.43	10 409.16	3 691.36
2015	9 449.85	*16 019.09*	*13 286.54*	11 124.93	12 763.60	12 306.58	11 915.38	11 607.92	12 944.28	4 967.08
2020	11 072.80	*20 198.68*	*16 367.82*	13 473.73	15 596.65	14 985.25	14 485.94	14 031.33	16 273.32	6 756.96
2025	13 345.41	*25 407.76*	*20 307.02*	16 558.75	19 206.40	18 420.43	17 811.41	17 157.10	19 965.43	8 970.29
2030	15 653.64	*32 537.67*	*25 290.65*	20 104.42	23 646.20	22 567.14	21 768.94	20 793.09	24 830.45	12 071.59
2035	17 343.03	*42 138.44*	*31 479.79*	24 145.71	29 058.53	27 534.51	26 435.66	25 024.35	30 555.62	16 073.97
2040	**18 898.45**	*54 112.51*	*38 709.92*	28 589.37	35 265.62	33 160.36	31 672.13	29 709.70	38 053.04	21 660.76
2045	**23 555.75**	*67 238.32*	*47 737.88*	35 449.12	43 419.18	40 863.57	39 097.31	36 678.46	47 713.78	29 388.70
2050	**29 910.10**	*83 915.20*	*59 615.42*	44 708.64	54 187.78	51 097.82	49 021.73	45 990.14	59 538.73	39 681.53

注：斜体数字代表养老金超过目标约束区间上限值，说明调整指数过高；黑体数字代表养老金低于目标约束区间下限值，说明调整指数过低。

二、养老金指数化调整目标约束区间检验结论

（一）目标约束区间第一层次检验标准——内部效率标准检验结论

根据表 7—3 和图 7—17，无指数化调整方案、总工资指数调整方案以及 50％工资增长率调整方案均不同程度的超出养老金指数化调整

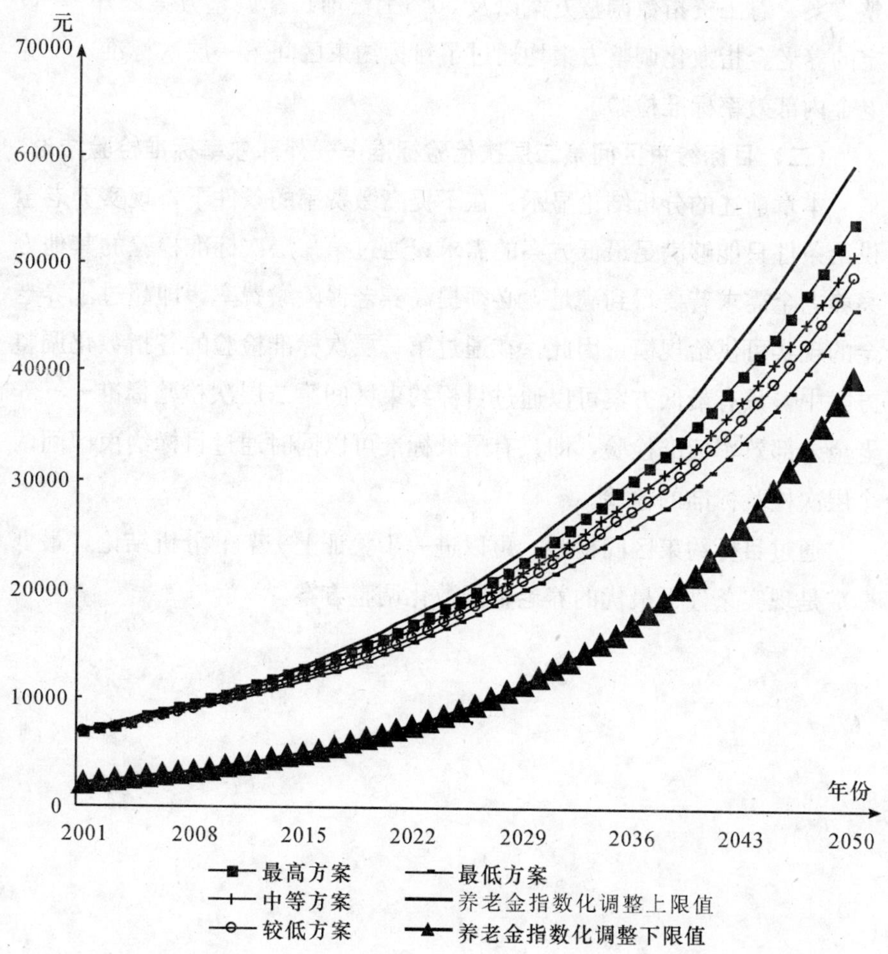

图 7—17　养老金指数化调整方案目标约束区间检验

注：本图数据源于表 7—3。

的目标约束区间，指数化调整方案不能通过目标约束区间检验。其中，总工资指数调整方案和50％工资增长率调整方案超出目标约束区间上限值，说明调整指数过高；无指数化调整方案低于目标约束区间下限值，说明调整指数过低。

最高方案、最低方案均位于目标约束区间之内，说明除无指数化调整方案、总工资指数调整方案以及50％工资增长率调整方案之外[①]，设定的养老金指数化调整方案均通过了目标约束区间第一层次标准——养老金内部效率标准检验。

（二）目标约束区间第二层次检验标准——外部效率标准检验结论

本章前述的分析结论显示：在不提高缴费率的条件下，现实养老金供给条件只能够满足最低方案的需求；通过第一层次标准检验的其他方案养老金需求若要得到满足，必须提高养老保险缴费率，即超过了养老金的现实可供给规模。因此，在通过第一层次标准检验的各指数化调整方案中，只有最低方案可以通过目标约束区间第二层次检验标准——养老金外部效率标准检验，即只有最低标准可以同时通过目标约束区间两个层次检验标准的检验。

通过目标约束区间检验，可以进一步验证上一节的分析结论，最低标准是现实条件下最优的养老金指数化调整方案。

① 除无指数化调整方案、总工资指数调整方案以及50％工资增长率调整方案外，其他方案均位于最高方案和最低方案之间，因此，如果最高方案和最低方案均位于目标约束区间之内，位于最高和最低方案之间的养老金指数化调整方案均可以通过第一层次标准的检验。

对策篇

Dui Ce Pian

第八章 养老金调整指数细化方案设计

随着中国由计划经济向市场经济的转轨，中国居民收入差距不断扩大。这其中，也表现为中国城镇退休人口养老金差距的不断扩大。此外，由于各地区经济发展的不平衡，使不同地区人们收入水平的差距也很大，因此，中国政府在 2006 年提出近期中国城镇养老金制度统筹目标：实现中国养老金制度的省级统筹。本章拟根据上述的现实，设计中国养老金调整指数细化方案，以实现养老金调整指数细化方案的总体战略与目标。

第一节　养老金调整指数方案设计的战略与规划

通过大量实证分析，我们已得出了中国养老金指数化调整适度方案，并验证了它的合理性。然而，上一篇对适度调整指数方案的推理，虽然在多数参数选择上，能够紧密结合中国目前养老金制度的现实进行，但是，仍然由于有些参数统计上的原因，没有纳入到推理过程中。本篇将进一步放宽假设条件，推理现实条件下的中国养老金调整指数的细化方案，这将使上一篇的分析结论进一步拓展，进而使研究成果更具有现实的应用价值与意义。

一、养老金调整指数细化方案的战略

由于中国城镇养老金制度目前的复杂性，所以，拟在上一篇推理思路框架下，结合中国养老金现实情况，进行中国统筹养老金指数化调整方案细化设计。为中国养老金调整指数细化方案设计把握总体方向，提出总体战略。

（一）总体战略

依据第一篇中关于适度养老金调整指数设计的理论依据，以及第二篇中关于适度养老金调整指数建立的原则，提出中国适度养老金调整指数微观方案设计的总体战略为：建立规范、适时、合理的中国统筹养老金调整指数，促进中国和谐社会的构建与完善。这一总体战略可进一步分解为 3 个目标。

（二）目标

1. 调整促进经济发展

根据卡尔多—希克斯社会福利补偿标准，如果设计的养老金调整指数使中国社会福利的变化 $dU>0$，即在用老年人口增加的福利补偿了年轻人口减少的福利以后还有剩余，说明中国社会福利增加了，进而对中国未来经济发展会带来积极的影响；如果设计的养老金调整指数使中国社会福利的变化 $dU<0$，即老年人口增加的福利不足以弥补年轻人口减少的福利，社会福利必将减少，进而对中国未来经济发展产生负面影响。

由于养老金指数化调整的物质基础是年轻人口在国民收入初次分配中获得的收入——工资收入。这样，调整指数设定的水平会对生产的劳动力成本产生直接影响，对企业竞争产生影响，进而对经济发展产生影响。而经济发展水平又决定了在职者工资水平的高低，这就形成一个循环。因此，设计合理的调整指数，依据卡尔多—希克斯社会福利补偿标准能够促进经济发展，经济发展又为基于指数化调整的养老金计划提供充足的资金支持；反之，经济发展将会停滞，养老金计划由于资金困难而陷入危机。因此，养老金调整指数的设计以促进经济发展为目标是实现促进和谐社会构建与完善总目标的重要条件，也是养老金调整指数设计与选择的长期战略目标。

2. 调整保障水平适度

在第四章对国外养老金调整指数的研究中，可以得出结论，世界各国建立养老金调整指数最基本的初衷是防范通货膨胀的风险，避免给退休者的养老金带来严重的损害，在此基础上，让老年人口适当分享经济增长成果。所以，世界各国采用的公共养老金调整指数相近，但由于各国国情不同，经济发展水平不同，导致公共养老金调整指数表现出一定的差异性。由于1997年中国养老保险制度改革产生了“老人”“中人”和“新人”三类群体，因此，在设计养老金调整时，必须首先考虑对三类人口设计既有差异又相互衔接的调整指数。此外，从目前的微观现实情况看，中国还有不同性质单位养老保险制度的差异性所带来的同一退休群体养老金差距问题，以及经济发展的不平衡所带来的不同地区之间的养老金差距问题。只有综合考虑中国这些现实情况，设计更细致、更具有针对性的规范的养老金调整指数，才可能使各类老年人口群体养老金的保障达到适度水平，才能促进和谐社会的构建与完善。所以，调整保障水平适度也是养老金调整指数设计中所要坚持的长期战略目标。

3. 调整促进分配公平

由于中国城镇养老金制度设计等因素，导致目前已经进入退休状态的“老人”之间以及部分“中人”之间的养老金差距很大。如果按照养老金调整指数设计的思路，在“老人”“中人”现有的养老金水平下进行指数化调整，意味着他们的养老金差距会进一步扩大，这对他们来说是不公平的，这也违背了设计养老金调整指数的初衷。为了保证基于调整指数的设计，使养老金分配更公平，应该根据现实情况，基于本课题提出的养老金指数化调整方案，对养老金收入水平过低群体的养老金加速补偿，也就是说对低养老金收入群体，基于养老金的指数化调整设计过渡补偿期，以实现中国和谐社会的构建与完善。可见，它是根据中国养老金收入差距现实情况提出的近期战略目标。

二、养老金调整指数细化方案的总体规划

为了实现上一节提出的近期与长期战略目标，养老金调整指数设计的总体规划可以概括为：根据中国各阶段的国情，分阶段设计调整指数。这一规划具体表现为以下几个方面：

（一）近期加速补偿

在这一阶段，根据中国目前所表现出来的企业、事业单位、机关所属的退休人员养老金差距过大的现实，为了保证战略目标的实现，对企业退休人员的养老金基于指数化调整设计加速补偿期，以使企业与机关、事业单位退休人员的养老金差距控制在合理范围内。

在加速补偿期，对养老金指数化调整的基数选择是以企业退休人员人均养老金水平为基数进行的。这样选择的依据在于：在中国现行养老金制度框架下，不同性质单位退休人口退休金表现出很大的差距，拟通过养老金调整指数的差异设计缩小这种差距。从理论上来说，基于指数化调整的养老金调整幅度计算的基数应为本人指数化调整前的养老金水平，但由于养老金差距较大，进而以本人退休金为基础设计过渡期的调整指数对养老金的补偿额度必然不会起到有效缩小养老金差距的效果。因此，在过渡补偿期，以人均养老金水平为基数，计算基于指数化调整的养老金调整幅度，能够保障那些养老金水平较低的退休人员获得较大的养老金补偿，以实现养老金指数化调整的战略目标。

（二）近期分地区设计

由于中国现阶段正处于市场经济发展的不断深化时期，各地区经济

发展不平衡的现象十分严重，所以，养老保险制度没有实行全国统筹，相应地，对养老金的指数化调整在相当长的一段时间内，也不可能全国采用统一的调整标准。为了实现战略目标，近期应该以市（省）为单位，即根据本市（省）的经济发展状况，以及在职者的工资收入水平等指标通过计量分析设计调整指数；长期实现全国统筹，即像实证篇阐述的那样，以全国相关统计数据确定调整指数。

（三）长期正常调整

经过上述加速补偿之后，不同性质单位的退休人员的养老金差距处于合理范围。此后，将养老金的指数化调整转为正常调整，即采用在实证中对“老人”“中人”和“新人”养老金调整指数的定位，对三类人口采用既有差异，又相互衔接的调整指数，目的是实现调整指数设计的战略目标。

为了清楚地说明中国养老金调整指数细化方案的总体规划，结合养老金目标约束区间与推理出的差异性调整指数方案，通过图示说明，如图 8—1 所示。

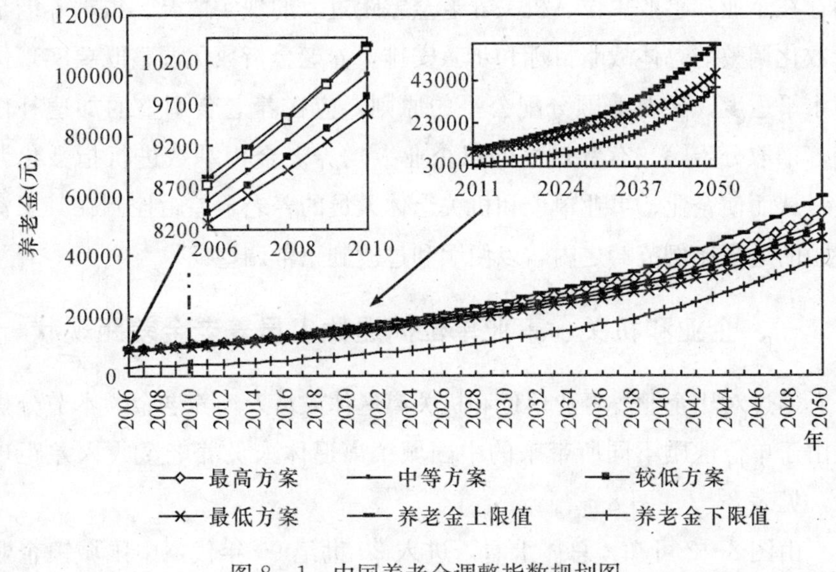

图 8—1 中国养老金调整指数规划图

由图 8—1 可知，近期，如在 2006—2010 年，拟通过加速补偿方式——采用最高方案或中等方案、较低方案，实现缩小养老金差距的目的。具体采用哪一个方案，要结合各地区养老金差距的实际情况，以及经济与财政负担能力加以确定。长期，如 2010 年以后，当养老金差距实现了控制在合理范围内时，便可以采用正常调整方案，也就是在实证篇设计的最低调整指数方案。并且，由图 8—1 可知，从中国总体情况看，从理论上说，在近期内设计的各种加速补偿方案均在中国经济承受能力范围内。

第二节　基于养老金差距的养老金指数化调整细化方案

由于中国养老金的制度安排设计的原因，导致中国养老金在微观层面存在企业和事业单位、机关养老金差距过大的现实情况。根据养老金指数化调整的总体战略目标和步骤安排，养老金指数化调整既要实现保障水平适度，又要兼顾分配公平的原则，应在养老金调整的加速补偿期，采取分步骤、有针对性的以企业人均养老金为基数进行指数化调整，从而使企业、事业单位和机关退休人员的养老金差距控制在其工资差距的适当比例范畴之内，以便顺利过渡到正常调整期。

一、企业和机关、事业单位离退休人员养老金差距现状

通过对比企业、事业单位和机关离退休人员人均养老金，本节分析了由于单位性质不同所带来的中国城镇离退休人员养老金收入差距现状，见表 8—1、图 8—2。

由图 8—2 可知，总体上看，进入 20 世纪 90 年代，中国城镇企业离退休金水平普遍低于事业单位和机关，并且差距呈逐年扩大的趋势。

并且根据表 8—1 可以得出：企业与事业单位的平均离退休金比例由 1990 年的 1.14 扩大到 2005 年的 1.87；企业与机关单位的平均离退休金比例则由 1990 年的 1.21 扩大到了 2005 年的 2.09；而事业单位和机关的平均离退休金水平基本持平，两者的比例在 0.09～1.12 之间。可见，事业单位和机关的平均离退休金水平不仅高于企业，甚至高于全国平均水平；而企业平均离退休金不仅低于事业单位和机关的平均离退休金水平，更低于全国平均水平。但从表 8—2 可知，城镇企业、事业单位、机关离休金差距很小，因此，可以判断城镇养老金的差距主要来源于不同性质单位的退休人员养老金的差距，而离休人员的养老金基本无差距。应将分析重点放在城镇不同性质单位退休人员养老金差距的形成上。

表 8—1　　中国企业、事业单位和机关离退休人员平均离退休金比较（单位：元/月）

费用 / 年份	全国平均离退休金	企业平均离退休金	事业单位平均离休退休金	机关平均离休退休金
1990	142.75	138.67	157.42	167.17
1991	164.00	158.33	184.83	195.17
1992	190.83	181.50	225.83	236.75
1993	234.25	221.50	283.50	287.50
1994	302.75	274.50	394.08	427.75
1995	359.25	331.33	442.50	481.92
1996	408.58	376.33	515.50	529.42
1997	452.42	414.58	570.00	623.00
1998	494.50	454.92	624.17	655.67
1999	548.00	495.42	723.08	746.33
2000	594.75	526.50	826.92	835.00
2001	643.08	547.75	943.67	934.58
2002	733.92	636.08	1 036.83	1 146.58
2003	783.92	663.08	1 173.08	1 276.58
2004	809.58	673.42	1 242.58	1 377.67
2005	889.00	733.58	1 368.75	1 534.17

资料来源：《中国劳动和社会保障年鉴》（历年）。

图 8—2 1990—2005 年全国平均离退休金

注：本图数据来源于《中国劳动和社会保障年鉴》(2006)。

表 8—2 城镇企业、事业单位、机关平均离休金比较

年份	企业平均（元/月）	事业单位平均（元/月）	机关平均（元/月）	事业单位与企业均值比	机关与企业均值比
1990	227.83	213.08	219.33	0.94	0.96
1995	547.83	624.17	629.42	1.14	1.15
2000	1 000.58	1 138.83	1 073.75	1.14	1.07
2001	1 138.83	1 299.08	1 322.17	1.14	1.16
2002	1 502.67	1 506	1 559.25	1	1.04
2003	1 468.92	1 600	1 683.08	1.09	1.15
2004	1 696.67	1 720.5	1 774.67	1.01	1.05
2005	1 829	1 918.5	2 096.42	1.05	1.15

注：本表数据根据《中国劳动和社会保障年鉴》(2006) 相关数据计算而得。

二、企业和机关、事业单位养老金差距形成的原因

目前已经进入退休状态的老年人口包括“老人”和“中人”，因此，上述退休金差距可以分解为“老人”退休人口之间的养老金差距和“中人”退休人口之间的养老金差距。下面分别阐述两类人口退休金差距不断扩大的根源。

(一)“老人”养老金差距成因分析

1992 年以前，中国关于企事业单位和机关的工资分配制度以及退

休金制度差异较小，但是，在1994年，企业养老金制度进行了较大幅度的改革，由现收现付转为部分积累制度，而机关、事业单位养老金制度基本保持不变，但对机关、事业单位退休金计发办法进行了较大幅度改革，养老金替代率得到普遍提高，在企业职工养老金替代率为60%的情况下，机关、事业单位退休金替代率则在75%以上，有的甚至达100%。① 这一改革的结果是企业与机关、事业单位退休的“老人”相比，养老金初始给付水平出现较大的差距。

1995年，按照国务院的精神，中国城镇企业退休金建立指数化调整机制，总体调整幅度在社会平均工资增长率的40%～60%的范围内，根据养老保险基金支付能力，在上述幅度内自行确定。但是，同时规定，在特殊情况下，也可以按照低于40%的比例进行调整。从此，企业退休人员养老金的补偿开始采用这种指数化调整方式进行。

进入20世纪90年代中期，中国城镇企业尤其是养老保险制度覆盖的主要企业——国有企业，经济效益不佳导致这一指数化调整机制运行较差，企业退休的绝大多数“老人”的退休金补偿额度较低，甚至没有及时得到补偿。与此同时，事业单位和机关仍然由财政部统一规定退休金调整标准，从数据看，共进行了5次较大规模的调整。② 因此，对“老人”退休金两种补偿标准，导致“老人”之间养老金差距进一步加大。

按照制度设计，“老人”在1997年已经全部进入退休状态，因此，在1994年关于养老金初始替代率的改革仅对此后退休的部分“老人”产生一定的影响，影响范围与幅度较小，而对多数“老人”来说，不同

① 王军祥. 公务员基本养老保险制度改革目标模式浅析. 中国社会保障网，http://www.cnss.cn

② 这5次调整的具体时间为1995年、1997年、1999年、2001年和2003年，具体的内容参见劳部发［1995］325号、449号、32号文件，人发［1997］91号文件，国办发［1999］78号文件，国办发［2001］14号文件，国办发［2003］93号文件。

的退休金补偿机制是造成从属于性质不同的单位所带来的退休金差距不断扩大的主要原因。

(二)“中人”养老金收入差距成因分析

按照制度设计，“中人”为养老金制度改革前（以1997年为界限）参加工作，改革后退休的人，因此，从1997年开始，“中人”陆续进入退休状态。他们经历了改革开放至今，中国政府对机关、事业单位进行的几次较大幅度的工资制度改革，具体来说是1993－1994年、1997年、1999年、2001年和2003年。这几年，机关和事业单位工资水平的大幅度提高带来的结果是：处于不同性质单位的“中人”，其过渡养老金及个人账户部分的养老金计算的工资基数差别很大，同时，根据前面的阐述，机关和事业单位养老金替代率高于企业，两者综合作用的结果带来企业与事业单位、机关退休的“中人”初始养老金收入差距很大。此外，根据中国目前的情况，单位性质不同对退休老人的养老金补偿机制不同，企业采用的指数化调整机制补偿不规范，补偿额度低，甚至无补偿，而机关、事业单位补偿额度高，进一步带来“中人”退休金差距的不断扩大。

综上所述，对已退休“老人”和“中人”来说，养老金差距既表现为从属于不同性质单位的两类人口所带来的初始养老金差距，又表现为两类人口养老金指数化调整机制的不同所带来的差距。

三、企业、事业单位和机关离退休金补偿方案设计

通过前面对“老人”和“中人”养老金收入差距的分析，可以看到，归根到底是由于企业、机关和事业单位养老金制度差异造成的，其中包括初始养老金给付水平的差异，以及退休后关于养老金补偿机制的差异。因此，从公平的角度看，应该缩小企事业单位和机关的养老金收入差距，这就要求首先必须在制度上统一，即企事业单位和机关应该将养老金制度统一，用一个标准发放养老金，只有这样才能够真正体现公平，否则，差距会继续扩大。因此，中国城镇养老金制度

应该实现企事业单位和机关的统一，这当然包括初始给付水平的计发办法以及退休后养老金的补偿机制。但是，根据已经发生的历史事实，政府应该在采用统一的养老金制度的同时，基于养老金指数化调整，对“老人”和已退休“中人”过去过低的养老金进行过渡补偿。

（一）补偿标准设计

企业和机关、事业单位养老金的差距主要源于初始养老金给付水平不同，以及退休后不同性质单位养老金补偿机制的差异。因此，要从微观层面上缩小企业和事业单位、机关的养老金收入差距，就需要依据养老金调整的战略与规划，对企业退休人员养老金采取加速调整的方法，来弥补“老人”和“中人”过低的养老金现状，即实施养老金指数化调整过渡期的加速补偿方案。

而对于企业“老人”和“中人”的补偿标准的选择，既要符合养老金调整适度的原则，保证不同性质单位退休职工养老金均能获得必要的保障，又要考虑加速补偿时期的养老金给付能力等实际操作问题。

（二）“老人”养老金补偿方案设计

1. 基于指数化调整的“老人”养老金补偿方案设计

对从属于企业、事业单位和机关退休的“老人”养老金差距，主要表现为机关和事业单位职工进行的5次较大幅度的养老金补偿，同时结合老年人口消费需求的特点，考虑近几年医疗服务水平的改善所带来的医疗费用的增加，综合这些因素设计出“老人”的调整指数微观补偿方案。而设计补偿方案的目的，并不是要求将不同性质单位的养老金水平调整到绝对统一的水平，而是要参照不同单位的“老人”在职时的平均工资差距状况（见表8—3、图8—3），进行养老金加速补偿方案设计。基于这种加速调整后，把企业与机关、事业单位的养老金差距调整到其工资差异比例的范畴内（见表8—4、表8—5），从而实现在加速调整期的战略目标，为实现养老金由全省统筹过渡到全国统筹创造条件。另外，养老金调整的上限不能超过理论篇中对应的人均养老金水平。

表 8—3　　企事业单位、机关职工月平均工资（单位：元）

年份	企业	事业单位	机关
1999	680.67	722.08	743.75
2000	765.75	802.83	835.00
2001	871.08	957.58	1010.42
2002	991.75	1087.83	1156.50
2003	1 131.50	1 213.67	1 311.33
2004	1 296.58	1 374.08	1 489.08
2005	1 487.75	1 560.00	1 735.67

注：本表数据来源于《中国劳动和社会保障年鉴》(2007)。

表 8—4　　企事业单位、机关职工月平均工资比例

比例 / 年份	事业单位/企业	机关/企业	机关/事业单位
1999	1.06	1.09	1.03
2000	1.05	1.09	1.04
2001	1.10	1.16	1.06
2002	1.10	1.17	1.06
2003	1.07	1.16	1.08
2004	1.06	1.15	1.08
2005	1.05	1.17	1.11

注：本表根据《中国劳动和社会保障年鉴》(2007) 相关数据计算而得。

根据上述的设计原则与思路，对在 1995—2005 年间基本没有享受到养老金指数化调整的企业退休“老人”，在 2006—2010 年期间，采用与日常消费水平挂钩的高指数化调整方案，即采用 $[1+\pi(t-1)+41\%\cdot g_W(t-1)]$ 调整指数，以上一年人均养老金为基数补偿养老金，从 2011 年开始，以上一年本人养老金为基数，采用最低调整指数方案——食品相对消费水平不降低方案，即采用 $[1+\pi(t-1)+15\%\cdot$

$g_W(t-1)$] 调整指数，直至死亡；对在 1995—2005 年间享受到养老金指数化调整的企业退休“老人”以及事业和机关单位退休的“老人”，从 2006 年开始采用最低调整指数方案进行养老金的指数化调整直至死亡。利用现有的数据，模拟这一微观补偿方案对企业、事业单位和机关退休金差距的影响情况，见表 8—5。

按照所设计的微观补偿方案调整后，企业与事业单位、机关之间由现实的退休金差距不断扩大转为逐渐缩小，到 2035 年，经过该方案的微观指数化调整补偿方案，事业单位与企业之间的平均退休金比值由微观补偿方案实施前的 1.79 逐渐下降为 1.35；机关与企业之间的退休金比值由微观补偿方案实施前的 1.9 逐渐下降为 1.44，见表 8—5。而对比同期预测的企业、事业单位和机关平均工资，在该方案的指数化调整后，不同性质单位平均养老金差距的比例逐步与其平均工资差距比例相接近，使养老金差距控制在适度比例范畴之内。可见，通过这一微观方案的设计，确实在一定程度上缩小了“老人”之间的养老金差距，并使低收入“老人”的养老金水平有较大幅度的提高，进而在绝对生活水平不降低的前提下，使支撑老人晚年生活的日常相对消费水平获得一定程度的保障。

表 8—5　　基于加速补偿方案的企业、事业单位和机关之间退休金差距的缩小情况

年份	企业退休金（元/月）	事业单位退休金（元/月）	机关退休金（元/月）	事业与企业退休金比值	机关与企业退休金比值
2005	644.33	1 150.75	1 221.17	1.79	1.9
2006	667.2	1 182.4	1 254.75	1.77	1.88
2007	690.89	1 214.92	1 289.26	1.76	1.87
2008	715.42	1 248.33	1 324.71	1.74	1.85
2009	740.82	1 282.66	1 361.14	1.73	1.84
2010	767.12	1 317.93	1 398.57	1.72	1.82
2011	798.88	1 358.79	1 441.93	1.70	1.80

续表

年份	企业退休金（元/月）	事业单位退休金（元/月）	机关退休金（元/月）	事业与企业退休金比值	机关与企业退休金比值
2012	831.95	1 400.91	1 486.63	1.68	1.79
2013	866.40	1 444.34	1 532.71	1.67	1.77
2014	902.26	1 489.11	1 580.22	1.65	1.75
2015	939.62	1 535.27	1 629.21	1.63	1.73
2016	978.52	1 582.87	1 679.72	1.62	1.72
2017	1 019.03	1 631.94	1 731.79	1.60	1.70
2018	1 061.22	1 682.53	1 785.47	1.59	1.68
2019	1 105.15	1 734.68	1 840.82	1.57	1.67
2020	1 150.90	1 788.46	1 897.89	1.55	1.65
2021	1 198.55	1 843.90	1 956.72	1.54	1.63
2022	1 248.17	1 901.06	2 017.38	1.52	1.62
2023	1 299.85	1 960.00	2 079.92	1.51	1.60
2024	1 353.66	2 020.75	2 144.40	1.49	1.58
2025	1 409.70	2 083.40	2 210.87	1.48	1.57
2026	1 468.06	2 147.98	2 279.41	1.46	1.55
2027	1 528.84	2 214.57	2 350.07	1.45	1.54
2028	1 592.13	2 283.22	2 422.93	1.43	1.52
2029	1 658.05	2 354.00	2 498.04	1.42	1.51
2030	1 726.69	2 426.98	2 575.48	1.41	1.49
2031	1 799.73	2 510.71	2 664.33	1.40	1.48
2032	1 875.86	2 597.33	2 756.25	1.38	1.47
2033	1 955.21	2 686.93	2 851.34	1.37	1.46
2034	2 037.91	2 779.63	2 949.71	1.36	1.45
2035	2 124.12	2 875.53	3 051.48	1.35	1.44

注：在微观补偿方案中关于消费价格上涨率和工资增长率，采用第五章中的假设，即在2005—2009年间消费价格上涨率分别为2%，工资增长率分别为5%。

2. “老人”养老金调整指数方案设计的实证分析

从目前全国实施的调整、补偿措施看，2000—2007年间，共对企业退休职工养老金进行了 6 次调整，各地根据实际情况，确定了人均养老金调整的绝对标准，在现有退休职工范围内进行结构性分配，总额控制。针对不同人群，采取普调、特调、加调三种分配方法进行组合。普调，就是人人有份，幅度可以相同，也可以不同，幅度相同的居多。特调，就是人人有份，但考虑缴费年限、退休时间等因素，一般考虑缴费年限居多。加调，就是针对特定人群体调整。实际操作中，有的采用按照退休时间划段的分配办法。划段依据主要是针对标志性事件，往往是养老金计发办法改革引起的新旧办法的待遇差，如 1993 年、2002 年、2007 年等几次变动。在实际操作中，也有的是通过测算反推哪个段落退休职工待遇偏低，给单独划段加调，以体现倾斜。

按照原劳动部的设计，拟将全国平均养老金水平由 2007 年年底的 921 元调整到 2010 年的 1 200 元左右，大体提高 300 元的幅度。而按照本书设计的企业“老人”养老金加速补偿调整方案，到 2010 年，企业、事业单位和机关的总体平均养老金为 1160 元。因此，在实施加速补偿方案的过程中，需要在 2007 年至 2010 年的 3 年中，根据各省的企业“老人”养老金的实际水平，采取区别对待和加速调整的方案，使调整后的平均养老金达到 1 200 元，从而为建立全国动态养老金调整机制消除障碍。

本书在理论篇中通过 GDP 增长率和劳动要素分配系数计算出了目标养老金上限值。这一动态数值要求，无论是在实证篇提出的中国养老金适度调整指数方案，还是本篇——对策篇提出的基于指数化调整的养老金加速补偿方案，它们所带来的养老金水平，在预测的各年度不能超过该数值，否则，基于指数化调整的养老金制度会对经济发展带来严重的负面影响。由于采用的近期加速补偿方案——对在 1995—2005 年间基本没有享受到养老金指数化调整的企业退休“老人”，在 2006—2010 年期间，采用与日常消费水平挂钩的高指数化调整方案，即采用 $[1+\pi(t-1)+41\%\cdot g_W(t-1)]$ 调整指数，对企业退休的“老人”采用基于指数化调整的养老金给付所带来的养老金水平，在目标上限值的下方，如图 8—3 所示，即从理论角度说，综合分析近期基于指数化调整的“老人”养老金加速补偿方案，在 2010 年以前，根据各省的实际情况，将养老金平均水平调整到 1 200 元，具体调整方案要根据各省养老金的现实水平确定，高于 1 200 元的，可以按照设计方案调整；低于 1 200元的，可以有针对性地对特殊人群实行加调和特调。典型省份的调整对策见下一节论证。基于指数化调整“老人”养老金的微观补偿会导致指数化调整加速期养老金需求额增加，对于这部分增加的养老金也应该由社会统筹基金统一支付，在经济承受能力范围内，政府应该通过财政专项支出给予适当补充，以减轻在职者缴费率进一步上升的压力。

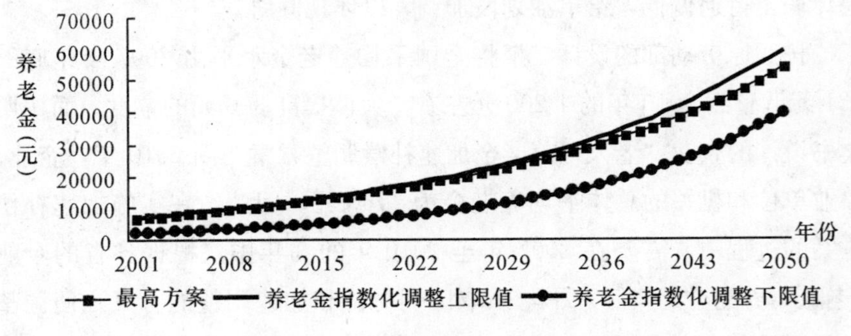

图 8—3　基于加速补偿的养老金水平与目标上限值对比

（三）“中人”养老金补偿方案设计

根据前面养老金调整指数实证设计方案，对“中人”过渡养老金和基础养老金进行指数化调整，并且对基础养老金采用的调整指数与“新人”的相同，过渡养老金采用的调整指数与“老人”的相同。因此，这里仅对“中人”过渡养老金设计加速补偿方案，“中人”基础养老金仍然采用实证分析中给出的最优方案中的 CPI 调整指数。

在 1997—2005 年之间退休的“中人”，如果从属于企业，并且基本没有享受到养老金指数化调整所带来的补偿，采用 $[1+\pi(t-1)+41\%\cdot g_W(t-1)]$ 调整指数，以上一年所发放的过渡养老金为基数补偿养老金，补偿时间以其退休起始时间到 2005 年的年数为加速补偿的年限，此后采用最低调整指数方案对养老金进行指数化调整直至死亡；对其他“中人”则直接采用本课题设计的最低调整指数方案调整养老金。

第三节　典型地区养老金指数化调整细化方案设计

退休人员养老金的差异不仅表现在企业、事业单位和机关之间，地区之间的差距也很明显。由于各地区经济发展水平不同，我国现在的养老金还没有实现全国统筹和省级统筹，仍停留在市级层次上，因此，在对养老金进行指数化调整的过程中，近期并不能在全国范围内实现，按照统一的标准进行，而是应该兼顾公平与效率的原则，既要尽量减小地区之间的差距，维持社会公平，又要认识到缩小地区之间的差距是一个渐进的过程，由于经济发展水平的不同，短期内还应保持一定的差异性，以保证中国社会、经济持续稳定的发展。

根据中国各地的平均工资水平，本节由高到低选取了几个有代表性的省份，按照前面的方法，利用中国统计年鉴相关数据，分别进行计量分析，以针对各地区不同的经济发展水平进行设计不同的养老金调整指数，进而按照前面调整原则及战略分析，根据各地区的经济社会发展状况讨论该地区的养老金指数化调整的具体方案。

结合中国政府目前的政策目标：到 2010 年，各省月平均养老金达到 1 200 元水平，加速调整期的调整原则以此为参照，其具体调整应秉承以下几个原则：

第一，对于目前养老金水平超过 1 200 元或接近 1 200 元的地区，应采用最低方案进行指数化调整，放慢养老金调整的速度。

第二，对于目前养老金水平未超越 1 200 元的地区，应采取较高的养老金调整指数，力争在 2010 年达到 1 200 元水平。若多个调整指数方案均可达到此目标，选择低方案。

第三，若采取最高调整方案，到2010年仍不能达到1 200元的地区，在地方财政负担允许的条件下，应采用特调的方案，即采取绝对数补偿或人均工资水平的一定比例（如10%）进行加速调整。

经过上述的加速调整期，各地区养老金差距过大问题不再是养老金调节的主要问题。进入全国统筹之前，各省依然需要参照本地的收入增长水平和通货膨胀水平实施养老金调整。而在长期实现养老金全国统筹之后，才可以依据全国相关统计数据，计量分析出调整指数，统一加以调整。在加速期结束之后，全国统筹实现之前，各地属于中期的正常调整期。此期间养老金指数调整应秉承以下几个原则：

第一，养老金指数化正常调整期，是相对时间较长的指数调整的动态时期。调整的依据依然是各地工资水平及物价水平的变动。保证养老金既能够体现经济发展成果，又能够抵御通货膨胀。因此，应根据上文各省计量模型的计算结果进行调整，选择可以保障不同需求水平的养老金调整指数。

第二，养老金调节具有刚性，应该遵循养老金逐步调高、留有余地的原则。因此，在以上满足不同需求层次的诸方案选择中，应当留有余地，考虑当地财政收支状况，适当加以调整。

第三，应坚持在实施当地养老金指数调整的同时，兼顾不同地区的养老金水平。为实现长期全国统筹奠定基础。

一、高收入地区养老金指数化调整细化方案——北京市

按照实证篇的分析思路，北京市养老金指数化调整细化方案的确定步骤为：首先通过计量分析确定各层次调整指数，然后再结合目前的现实情况细化北京市养老金调整指数，实现上述战略与规划。

（一）北京城镇满足不同层次消费支出的计量分析结果

根据第四章的分析思路，计算出北京市历年各层次消费支出与实际工资数据，见表8—6，在此基础上，通过计量分析得到各层次消费支

出与工资之间的量化关系，见表 8—7，进而确定北京市不同保障层次的养老金调整指数。

表 8—6　　1995—2005 年北京市城镇人均各层次实际消费支出额和社会平均实际工资额（单位：元）

年份	人均实际消费额 $c(t)$	人均衣食医消费支出额 ysyc	人均衣食消费支出额 ysc	人均食品消费支出额 sc	平均实际工资 $w(t)$
1995	5 019.77	3 341.44	3 193.68	2 436.48	8 144.00
1994	5 133.98	3 383.64	3 185.80	2 480.52	8 583.33
1995	5 558.29	3 464.62	3 207.79	2 593.23	9 376.69
1996	5 792.85	3 484.27	3 211.83	2 681.32	10 346.93
1997	6 194.16	3 695.86	3 376.37	2 833.95	11 609.39
1998	6 778.84	3 824.55	3 549.02	3 016.22	13 049.29
1999	6 907.29	4 030.00	3 693.86	3 112.27	14 828.34
2000	8 107.49	4 517.73	4 059.27	3 414.56	17 226.23
2001	8 751.57	4 562.98	4 071.18	3 356.91	19 913.96
2002	9 503.51	5 051.75	4 429.12	3 569.47	23 114.58
2005	10 164.12	5 352.38	4 617.87	3 654.13	26 239.51

注：本表根据《中国统计年鉴》（历年）相关数据计算而得。

表 8—7　　线性计量分析报告总结及所确定的调整指数

因变量	自变量	系数	调整指数
$c(t)$	$w(t-1)$	0.34	$1+\pi+0.34g_W$
$ysyc(t)$	$w(t-1)$	0.136	$1+\pi+0.136g_W$
$ysc(t)$	$w(t-1)$	0.102	$1+\pi+0.102g_W$
$sc(t)$	$w(t-1)$	0.079	$1+\pi+0.079g_W$

注：调整指数的设计均以上一年的消费价格上涨率和工资增长率为基础。

（二）北京养老金调整指数选择原则

如前所述，任何一个地区的养老金指数化调整均应保持公平与效率统一的原则。即养老金调整既能体现当地的经济社会发展状况（效率原则），又能保证不断缩小与其他地区的差异（公平原则）。

在这一总体目标下，可以将其分解为三个基本原则。第一，最高层次原则，考虑该地区经济发展水平，指数选择以符合经济发展水平为宜。第二，中间层次原则，考虑该地区人均工资收入水平，调整指数充分与工资收入挂钩。第三，基本层次原则，考虑该地区现行养老金水平，指数调整与目前养老金水平相衔接。

另外，根据原劳动和社会保障部目前的政策设计，到 2010 年，要实现全国人均月养老金 1 200 元的基本水平，可将其视为加速期内的目标。

这里选择北京市的 GDP 水平，人均收入水平以及养老金水平同全国平均情况作对比，以反映北京市经济发展水平在全国的状况，见表 8—8。

表 8—8　北京及全国 GDP 指数、人均收入、养老金水平对比

年份	GDP 指数（上年 100）		人均工资收入（元）		月养老金水平（元）	
	北京	全国	北京	全国	北京	全国
2000	108.0	111.0	16 350	9 371	826.58	598.58
2001	111.7	108.3	19 155	10 870	879.5	643.08
2002	111.5	109.1	21 852	12 422	932.17	733.92
2003	111.0	110.0	25 312	14 040	969.75	783.92
2004	114.1	110.1	29 674	16 024	1 085.5	809.58
2005	111.8	110.2	34 191	18 364	1 301.5	889.00

注：本表根据《中国劳动和社会保障年鉴》相关数据计算而得。

对比北京市以及全国各地区的经济总量、人均收入及养老金水平，可以发现，自 2001 年以后，北京市的各项指标都处于全国平均水平之上。

（三）北京市养老金指数化调整细化方案

1. 加速调整期和正常调整期的划分及调整原则

（1）加速调整期和正常调整期的划分

原劳动和社会保障部设立的目标表明，到 2010 年，我国各地区月人均养老金的水平应该达到 1 200 元。根据这一政策规定，将 2010 年之前的养老金调整时期确定为加速调整期，在这一时期，养老金水平较高的地区要运用较低的调整指数，养老金水平较低的地区，要运用较高的调整指数。这一时期的调整目的在于，使全国养老金水平达到一定程度上的平衡。在承认各地经济差别的同时，尽量缩短由于各种历史和社会原因造成的过大的养老金差距。在 2010 年之后，各地区可根据经济状况和加速期间养老金调整的水平，对养老金实行正常的指数化调整。这时期养老金调节的主要目标是使养老金分享当地的经济发展成果和抵御通货膨胀，将平衡地区间的养老金水平作为次要目标。

（2）北京养老金指数细化方案

1）加速调整期

由于北京市是全国经济发展较好的地区，按照 2010 年目标的规定，月人均养老金水平达到 1 200 元。但 2005 年北京月人均养老金水平是 1 301.5元，其水平已超过国家在 2010 年预定的目标。因此，在针对北京进行养老金指数化调整时，原则是：第一，在养老金加速期利用最低的指数调节；第二，养老金必须可以抵御通货膨胀的风险；第三，养老金必须分享经济发展成果。因此，在加速调整期，针对北京市，选择养老金调整指数 $[1+\pi(t-1)+0.079\cdot g_W(t-1)]$。这使退休者维持晚年生存最基本的消费水平完全跟上在职者的变化，即当在职者社会平均货币工资增长 1%时，退休者的养老金应增加 0.079%。这个指数可以保证，在完全补偿通货膨胀带来损失的同时，让老年人口维持生存最基本需要的食品消费完全跟上在职者的变化。

如果按照最低标准调整，可以计算出 2010 年加速期结束时北京市的养老金水平。根据表 8—9 的计算，到 2010 年加速调整期结束时，北京市月平均养老金水平达到 1 465 元。

表 8—9　　北京市加速调整期后养老金调整后水平估计

年份	调整指数	月养老金水平	年份	调整指数	月养老金水平
2005	—	1 301.5	2008	1.023 95	1 397.27
2006	1.023 95	1 332.67	2009	1.023 95	1 430.73
2007	1.023 95	1 364.59	2010	1.023 95	1 465.00

2）正常调整期

北京市月人均养老金在 2005 年已达到 1 200 元目标，经过加速调整期后，可顺利进入正常调整期。按照正常调整期的调整原则，应该采用相对保障水平最低的方案。根据前面的设计，由于北京市的养老金在全国居于较高水平，加速期即采用的相对保障水平最低的调整指数方案——$[1+\pi(t-1)+0.079g_W(t-1)\}$，因此，按照调整指数方案的设计思路，进入正常调整期，北京市仍然采用这一方案。

正常调整期内的调整指数也并不是一成不变的，根据经济发展状况、财政状况、人均收入状况以及不同性质单位的收入差距，依然可以变化。从理论上说，基于养老金目标上限值，相对保障水平最低的调整指数$[1+\pi(t-1)+0.079g_W(t-1)]$为北京正常调整期内的养老金水平提升预留了一定空间，可根据经济发展灵活调节。

二、中等收入地区养老金指数化调整细化方案——辽宁省

按照实证篇的分析思路，辽宁省养老金调整指数细化方案的确定步骤为：首先通过计量分析确定各层次调整指数，然后再结合目前的现实情况细化辽宁省养老金调整指数，实现上述战略与规划。

（一）辽宁省城镇满足不同层次消费支出的计量分析结果

根据第四章的分析思路，计算出辽宁省历年各层次消费支出与实际工资数据，见表 8—10，在此基础上，通过计量分析得到各层次消费支出与工资之间的量化关系，见表 8—11，进而确定辽宁省不同保障层次的养老金调整指数。

表 8—10　1995—2005 年辽宁省城镇人均各层次实际消费支出额和社会平均实际工资额（单位：元）

年份	人均实际消费额 $c(t)$	人均衣食医消费支出额 ysyc	人均衣食消费支出额 ysc	人均食品消费支出额 sc	平均实际工资 $w(t)$
1995	3 113.39	2 288.18	2 181.81	1 615.29	4 911.00
1994	3 228.30	2 348.42	2 223.86	1 658.54	4 869.69
1995	3 312.13	2 392.56	2 233.60	1 696.43	4 978.11
1996	3 471.18	730.27	556.84	227.31	6 388.79
1997	3 606.56	2 518.01	2 285.12	1 780.27	7 136.41
1998	3 937.51	2 704.30	2 402.16	1 865.66	7 964.40
1999	4 211.41	2 858.55	2 491.07	1 909.17	9 179.40
2000	4 887.89	3 311.41	2 838.32	2 191.57	10 666.63
2001	5 494.65	3 584.23	3 056.56	2 402.58	11 759.69
2002	5 754.24	3 635.28	3 115.23	2 440.06	13 121.70
2005	6 429.19	4 104.31	3 377.92	2 593.67	15 120.12

注：本表根据《中国统计年鉴》（2007）的相关数据计算而得。

表 8—11　线性计量分析报告总结及所确定的调整指数

因变量	自变量	系数	调整指数
$c(t)$	$w(t-1)$	0.378	$1+\pi+0.378g_W$
$ysyc(t)$	$w(t-1)$	0.272	$1+\pi+0.272g_W$
$ysc(t)$	$w(t-1)$	0.208	$1+\pi+0.208g_W$
$sc(t)$	$w(t-1)$	0.173	$1+\pi+0.173g_W$

注：调整指数的设计均以上一年的消费价格上涨率和工资增长率为基础。

（二）辽宁省养老金指数化调整细化方案

1. 加速调整期

(1) 辽宁经济发展水平

对于辽宁省的经济发展情况，可参照全国 GDP 水平来判断，见表 8—12。

通过表 8—12 的数据可以得出：进入 21 世纪后的前 5 年，辽宁省的人均工资收入水平略低于全国的平均工资收入水平，因此，辽宁省收入水平基本上处于全国的平均水平位置，属于中等收入地区。

表 8—12 辽宁省及全国 GDP 指数、人均收入、养老金水平对比

年份	GDP 指数（上年 100）		年人均工资收入（元）		月养老金水平（元）	
	辽宁	全国	辽宁	全国	辽宁	全国
2000	108.9	111.0	8 811	9 371	499.67	598.58
2001	109.0	108.3	10 145	10 870	542.00	643.08
2002	110.2	109.1	11 659	12 422	643.75	733.92
2003	111.5	110.0	13 008	14 040	633.17	783.92
2004	112.8	110.1	14 921	16 024	630.92	809.58
2005	112.3	110.2	17 331	18 364	778.08	889

注：本表数据根据《中国劳动和社会保障年鉴》的相关数据计算而得。

（2）加速期调整方案

根据表 8—13 数据，辽宁省养老金水平处于全国平均水平以下，考虑尝试按最高的方案调整，指数为 $[1+\pi(t-1)+0.378\cdot g_W(t-1)]$，这样，在设计调整指数中，在完全补偿通货膨胀带来损失的同时，让老年人口的日常消费水平完全跟上在职者的变化。辽宁省 2010 年加速调整期养老金调整后水平估计见表 8—13。

表 8—13 辽宁省加速调整期养老金调整后水平估计

年份	调整指数	月养老金水平	年份	调整指数	月养老金水平
2005	—	778.1	2008	1.038 9	872.48
2006	1.038 9	808.36	2009	1.038 9	906.42
2007	1.038 9	839.81	2010	1.038 9	941.68

参照原劳动部的设想：全国平均养老金水平到 2010 年调整到 1 200 元左右，辽宁省即使采用最高调整指数方案，到 2010 年也仅为 941.68 元，与全国的养老金水平相差较大。因此，无法利用最高调整指数方案达到 2010 年 1 200 元的目标。

从表 8—13 观察辽宁省经济发展状况，可以看出辽宁省经济总量发展较快，2001 年后由低于全国平均水平到超越全国平均水平，说明辽宁省经济实力正稳步增强。但是，职工人均工资水平和退休金水平还相

对滞后，这说明经济增长没有过多地向劳动要素倾斜。因此，可以假定辽宁省财政具有一定快速调整养老金的负担能力。同时，由于老工业基地部分国有企业1995年至2000年期间效益不佳，养老金没能得到及时调节，造成养老金水平过低，因此，可以认为辽宁省必须加速调整养老金水平，拟采用人均养老金按固定比例提高的方案，以固定比例的形式达到基本目标。

从辽宁省的情况看，采取与上年人均养老金挂钩的办法，2005年养老金778.1元，距离2010年目标还差422元左右。考虑每年提高10%，2008年可以达到1 035.65元，2009年达到1 139.21元，2010年达到1 253元左右。即使考虑其他未知因素，到2010年应该能达到1 200元的目标水平。但是，这种与上年人均养老金挂钩的形式必须考虑当地的财政收入状况，量力而行，否则会对经济发展产生严重的负面影响，进而对养老金制度的稳定运行产生负面影响。

2. 正常调整期

辽宁省经过上述加速调整期后，可以达到1 200元的退休金标准，解决了同其他地区养老金的差距问题。在2011年进入正常调整期后，应结合辽宁省经济发展和物价水平调整养老金。

方案原则为：第一，由于辽宁省养老金水平基础低，加速调整时期前没有使用指数化方案，辽宁省加速调整期调整比例较大，政府财政压力增加，进入正常调整后，应将调整指数标准适当降低；第二，辽宁省加速期应与正常调整期的合理衔接，调整指数的选择不宜立即降低，应考虑使用第一调整方案或第二调整方案，同时如果进一步考虑为以后长期养老金调整留下一定空间，则应该选择第二养老金调整指数方案。因此，综合以上各个原则，可以推论：第二调整方案，养老金调整指数设定为 $[1+\pi(t-1)+0.272\cdot g_W(t-1)]$ 较为可行。在完全补偿通货膨胀带来损失的同时，保持老年人口衣食医基本生活需要的消费水平完全跟上在职者的变化。

利用第二种养老金调整指数方案调节，既可以与加速期衔接，又不会突然降低养老金调整水平；既体现经济发展，又抵制通货膨胀；既留有一定的提升空间，又为全国统筹奠定基础，具有一定的可行性。

三、低收入地区养老金指数化调整细化方案——河南省

同高收入地区与中等收入地区选择方法相同，通过统计年鉴的相关数据首先找到部分低收入地区，最后选择河南省作为代表地区进行分析。

按照实证篇的分析思路，河南省养老金指数化调整细化方案的确定步骤为：首先通过计量分析确定各层次调整指数，然后再结合目前的现实情况细化河南省养老金调整指数，实现上述战略与规划。

(一) 河南省城镇满足不同层次消费支出的计量分析结果

根据第四章的分析思路，可以计算出河南省历年各层次消费支出与实际工资数据，见表 8—14。在此基础上，通过计量分析得到各层次消费支出与工资之间的量化关系，见表 8—15，进而确定了河南省不同保障层次的养老金调整指数。

表 8—14　1995—2005 年河南省城镇人均各层次实际消费支出额和社会平均实际工资额（单位：元）

年份	人均实际消费额 $c(t)$	人均衣食医消费支出额 ysyc	人均衣食消费支出额 ysc	人均食品消费支出额 sc	平均实际工资 $w(t)$
1995	2 673.95	1 873.35	1 776.38	1 338.93	4 344.00
1994	2 748.26	1 859.12	1 743.27	1 290.87	4 496.80
1995	3 012.65	1 929.29	1 784.62	1 345.51	4 659.85
1996	3 111.55	1 916.27	1 759.04	1 360.97	5 266.31
1997	3 298.28	2 007.55	1 812.76	1 411.62	5 841.14
1998	3 645.29	2 109.71	1 839.23	1 406.35	6 594.56
1999	3 884.03	2 186.88	1 901.24	1 439.27	7 480.47
2000	4 265.37	2 440.34	2 091.88	1 533.88	8 686.63
2001	4 600.86	2 593.82	2 206.76	1 605.30	10 007.82
2002	4 676.60	2 614.03	2 225.46	1 578.69	10 700.85
2005	5 223.96	2 936.03	2 508.40	1 701.29	12 356.46

注：本表根据《中国统计年鉴》（历年）的相关数据计算而得。

表 8—15　　线性计量分析报告总结及所确定的调整指数

因变量	自变量	系数	调整指数
$c(t)$	$w(t-1)$	0.348	$1+\pi+0.348g_W$
$ysyc(t)$	$w(t-1)$	0.155	$1+\pi+0.155g_W$
$ysc(t)$	$w(t-1)$	0.108	$1+\pi+0.108g_W$
$sc(t)$	$w(t-1)$	0.055	$1+\pi+0.055g_W$

注：调整指数的设计均以上一年的消费价格上涨率和工资增长率为基础。

（二）河南省养老金调整指数细化方案

1. 加速调整期

（1）河南省经济发展水平

对于河南省的经济发展情况，可参照全国 GDP 水平来判断，见表 8—16。

通过表 8—16 的数据，可以得出：河南省的各项指标低于全国的平均水平，属经济发展水平相对比较低的地区。因此，将河南省作为低收入地区的代表，分析河南省养老金指数化调整的细化方案。

表 8—16　河南省及全国 GDP 增长率、人均收入、养老金水平对比

年份	GDP 指数（上年 100）		年人均工资收入（元）		月养老金水平（元）	
	河南	全国	河南	全国	河南	全国
2000	109.4	108.4	6 930	9 371	6 468	7 137
2001	109.0	108.3	7 916	10 870	7 082	7 717
2002	109.5	109.1	9 174	12 422	7 847	8 807
2003	110.7	110.0	10 749	14 040	8 314	9 407
2004	113.7	110.1	12 114	16 024	8 946	9 715
2005	114.2	110.2	14 282	18 364	9 188	10 668

注：本表根据《中国劳动和社会保障年鉴》的相关数据计算而得。

（2）加速调整期方案

通过表 8—16 可以看出，河南省退休人员的养老金水平与全国的平均水平差距甚大，因此，对于像河南省这样经济处于低水平的地区，按照 2010 年目标的规定，月人均养老金水平要达到 1 200 元，首先可以考虑采取最高的调整指数，也就是按照指数为 $[1+\pi(t-1)+0.348\cdot g_W(t-1)]$ 的高方案进行调整。但通过表 8—17 的计算发现，即使是按照最高方案进行调整，2010 年河南的月养老金也仅为 916.96 元。

表 8—17　　河南省加速调整期养老金调整后水平估计

年份	调整指数	月养老金水平	年份	调整指数	月养老金水平
2005	—	767.78	2008	1.037	854.83
2006	1.037	794.25	2009	1.037	886.80
2007	1.037	824.01	2010	1.037	916.96

为了达到国家的预定目标，尽力缩小地区之间的差距，维护社会公平，保障退休人员的利益，按照前文所述，可以采用特调的方案，但需结合河南省本省的财政状况，采取绝对数补偿的方式进行加速调节。按照这种方法 2005 年河南的月养老金水平为 766 元，与目标值 1 200 元相差的 434 元可用 3 年时间补齐，平均每年上调月养老金 145 元，就可以在 2010 年使退休人员的养老金达到 1 200 元的目标值。

2. 正常调整期

按照正常调整期的调整原则，考虑养老金刚性及财政负担能力，低收入地区的养老金调整不宜采用最高方案，以便为更长时间内的养老金调节保留一定的空间，但为了全国统筹的长远目标，养老金调节宜采用由高到低的动态步骤。因此，建议类似河南地区应该采用第三个调整指数 $[1+\pi(t-1)+0.108\cdot g_W(t-1)]$。当社会平均货币工资增加 1 个单位，会带来城镇人均衣食消费支出增加 0.108 个单位。在养老金调整指数设计中，使退休者维持晚年生活必需品的消费水平完全跟上在职者的变化。

同样，对于河南省而言，正常调整期内的调整指数也并不是一成不变的，根据经济发展状况、财政状况、人均收入状况以及不同性质单位的收入差距，依然可以变化。而且第三个调整指数 $[1+\pi(t-1)+0.108\cdot g_W(t-1)]$ 为河南省正常调节期内的养老金水平提升预留了一定的空间，河南省可根据经济发展灵活调节。

第九章
基于指数化调整养老金面临困境与对策选择分析

综合上述几章的分析，本书从中国宏观、微观两个层次上确定了对三类群体在未来 50 年（至 2050 年）养老金调整指数方案的设计问题。本章将在上述研究成果的基础上，重点结合实证篇中关于适度养老金调整方案的相关数据，分析基于指数化调整的中国养老金面临的困境与对策选择问题。

第一节　基于指数化调整的养老金计划面临的困境

通过第七章的分析，可以得出结论，采用逐步分段提高统筹养老金覆盖率和遵缴率的做法是一种比较现实的选择。同时，可以看到，在覆盖率和遵缴率分段提高情况下，中国统筹养老金如果保持辽宁省试点方案中的缴费率参数：企业为 20%，个体工商户为 10%，对统筹养老金

覆盖的三类群体只能采用最低的消费价格指数作为调整指数，只有这样，才能保证不对外部效率产生负面影响。但是，从内部效率的角度分析，这种最低调整指数会使为中国经济发展作出过牺牲的部分“老人”在晚年陷入贫困状态，这是十分不公平的，因此，这种调整指数方案不具有内部效率。综合来说，这种对三类群体采用相同的 CPI 调整指数的方案不是最优的选择。

反之，如果要保障“老人”的晚年生活不陷入贫困状态，由前面的分析可知，至少要采用保障其食品相对消费水平不降低的调整指数方案设计，即对三类群体采用差异性调整指数方案中的最低方案，从而保证内部效率的实现。但是，如果采用该方案，在覆盖率和遵缴率分段提高的情况下，在预测期内，统筹基金比出现了负值，这意味着企业和个体工商户的统筹养老金缴费率很难保持不提高，如果将企业的缴费率在高达 20%的基础上进一步上升，可能会对就业、企业竞争力等产生负面的影响，从而不具有外部效率，在这种情况下，该调整指数方案也不是最优的选择。

所以，中国目前基于指数化调整的统筹养老金制度所面临的困境是：既要保证“老人”不陷入贫困状态，又要维持企业统筹养老金的缴费率不再提高，以实现内部效率和外部效率。

第二节　基于指数化调整的养老金计划现实对策选择

针对中国基于指数化调整的统筹养老金目前的困境，结合中国统筹养老金的现实情况，提出以下几种对策选择：

一、分阶段适当提高个体工商户对统筹养老金账户的缴费率

通过前面的分析，可以得出结论：目前雇员所在企业向统筹养老金计划的缴费率为20%，个体工商户的相应缴费率却为10%，而享受的统筹养老金待遇是无差异的，过大差别的缴费率，使企业和个体工商户的竞争起点不同，这对企业来说是十分不公平的。

参照美国1983年关于公共养老金缴费率的改革，同时，考虑到中国个体工商户目前的经营状况，适当提高个体工商户缴费率应该说是合理的。实证篇的第六章给出了在覆盖率和遵缴率分段提高的情况下，将个体工商户统筹养老金的缴费率由10%提高到12%、15%及20%后，预测期内基于指数化调整的中国统筹养老金基金比的情况，得出：当个体工商户缴费率提高到12%和15%后，三类群体采用的不同调整指数方案中的最低方案成为可行选择方案；当个体工商户缴费率提高到20%后，三类群体采用的不同调整指数方案中的最低方案和较低方案均成为可行方案。从中国目前的经济发展状况来看，将个体工商户缴费率立刻提高到15%或20%，可能会对个体工商户的未来发展带来负面影响，同时，在中国目前遵缴率不高的情况下，如果将个体工商户的统筹养老金缴费率提高过多，会进一步加重他们逃缴、拒缴行为，进而导致中国统筹养老金的财务状况可能不但没有得到改善，反而雪上加霜，适得其反。

综上所述，提出两种提高个体工商户缴费率的改革方案。(1) 在企业缴费率保持在20%不变的情况下，将个体工商户向统筹账户的缴费率在10%的基础上提高到12%，并一直保持到2050年不变，对“老人”“中人”和“新人”采用差异性调整指数的最低方案。对于这种改革方案来说，虽然企业缴费率没有进一步上升，但是与个体工商户的缴费率相比较，仍然处于较高的水平；同时，如前所述，与世界平均水平相比较而言，中国城镇企业的缴费率已经达到世界的警戒线水平，从竞争起点公平的角度看，这种税率的设置仍然是不合理的。(2) 对个体工

商户的缴费率采取分段提高，企业缴费率分段下调，至 2050 年均达到 15%的缴费率水平。

与（1）方案相比较而言，（2）方案对企业来说更公平，但（2）方案是否合理，还要取决于该方案能否满足最优调整指数方案——三类群体采用的不同调整指数方案中的最低方案对资金的需求[①]，经模拟预测表明（见图 9—1 和表 9—1），如果个体工商户向统筹养老金的缴费率设置为：2001—2005 年为 10%，2006—2010 年为 12%，2011—2015 年为 14%，2016—2050 年为 15%。企业向统筹基金的缴费率的设置为：2001—2040 年为 20%，2041—2045 年为 18%，2046—2049 年为 17%，2050 年为 15%。预测期内，基于最低调整指数方案，统筹基金比由 2002 年的 10.62%逐渐提高到 2015 年的 191.2%，此后开始缓慢下降，到 2049 年降至 12.58%，到预测期的最后一年 2050 年又开始回升，达到 13.97%。可见，如果将个体工商户和城镇企业向统筹养老金的缴费率进行分段调整，能够实现统筹基金比始终大于 9%，因此，统筹养老金计划能够保持财务稳定，即分段调整方案是可行的。

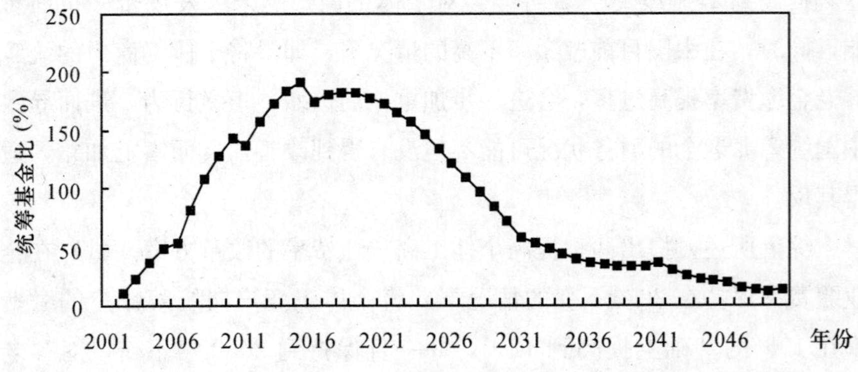

图 9—1　个体工商户和企业向统筹基金缴费率均分段调整下的统筹基金比

① 在（2）方案中，关于养老金的计发办法，采用 2005 年底国务院发布的第 38 号文件中有关的规定，从 2006 年开始，当缴费满 15 年，每增加 1 年，替代率增加额由辽宁试点方案中的 0.6%调整为 1%。

表 9—1　个体工商户和企业向统筹基金缴费率分段调整下的统筹基金比

年份	个体缴费率（%）	企业缴费率（%）	统筹基金比（%）	年份	个体缴费率（%）	企业缴费率（%）	统筹基金比（%）
2001	10	20		2026	15	20	122.28
2002	10	20	10.62	2027	15	20	109.88
2003	10	20	23.21	2028	15	20	97.31
2004	10	20	36.75	2029	15	20	84.85
2005	10	20	50.01	2030	15	20	72.89
2006	12	20	53.71	2031	15	20	58.93
2007	12	20	82.46	2032	15	20	53.97
2008	12	20	107.37	2033	15	20	49.33
2009	12	20	127.83	2034	15	20	45.02
2010	12	20	143.79	2035	15	20	40.88
2011	14	20	137.66	2036	15	20	37.34
2012	14	20	157.53	2037	15	20	34.98
2013	14	20	172.74	2038	15	20	33.72
2014	14	20	183.8	2039	15	20	33.53
2015	14	20	191.2	2040	15	20	34.38
2016	15	20	174.71	2041	15	18	36.38
2017	15	20	179.97	2042	15	18	30.92
2018	15	20	182.33	2043	15	18	26.6
2019	15	20	181.68	2044	15	18	23.3
2020	15	20	178.14	2045	15	18	20.95
2021	15	20	173.58	2046	15	17	19.69
2022	15	20	165.89	2047	15	17	15.54
2023	15	20	156.65	2048	15	17	13.15
2024	15	20	146.08	2049	15	17	12.58
2025	15	20	134.29	2050	15	15	13.97

从（2）方案设定的缴费率来看，一方面，个体工商户的缴费率由较低的10%逐年分段提高到适度的15%，可以避免由于缴费率的过快、

过大幅度的提高对个体工商户竞争能力的不利影响，进而加重目前的逃缴和拒缴行为；另一方面，企业缴费率分阶段适度下调，会减轻企业的劳动力成本压力，提高经济竞争力，因此，从外部效率的角度看，分段调整缴费率的方案，有利于外部效率的提高。依据适度养老金调整指数内部效率与外部效率的理论标准，（2）方案在实现内部效率提高的同时，带来外部效率的提高，因此，（2）方案能够实现社会福利的改善。可见，采取对个体工商户缴费率分段提高、企业缴费率分段下调的改革方案对统筹养老金进行最低调整指数方案的调整是中国养老金最现实的选择。

二、政府提供的专项财政支出

从中国养老金的制度设计上看，没有明确规定政府对统筹养老金提供专项的财政资金。但是，事实上，自中国基本养老保险制度改革以来，由于改革初期的遵缴率较低，提前退休现象严重，并且缴费工资低于社会平均工资等造成中国基本养老金收支出现缺口，中国政府一直没有停止对养老金的暗补。据财政部统计，1998 年至 2001 年，各级财政用于养老金的补助支出达到 839 亿元，2002 年，仅中央财政对基本养老金补助支出就达 410 亿元。[①] 因此，如果对中国统筹养老金覆盖的三类群体采用差异性调整指数的最低方案，企业向统筹养老金的缴费率为 20%，个体工商户缴费率为 10%，并采用覆盖率和遵缴率分段提高的方案，由中国政府的财政提供专项资金，补偿由于指数化调整所带来的资金缺口，也是一种可以考虑的选择方案。根据王利军（2005）对中国未来各年度财政收入规模的预测结果，可以预测出，由于采用差异性调整指数的最低方案，中国统筹养老金所需要的政府财政补贴[②]占财政总收入的比例情况，见表 9—2。

① 王利军．养老金缺口财政支付能力研究（博士论文）．辽宁大学．2005．4

② 这里对基于指数化调整所需要的财政资金资金采用个体工商户缴费率 12% 与 10% 下的统筹养老金实际差额进行计算。

由表9—2中的数据可以看到，中国统筹养老金在覆盖率和遵缴率分段提高，企业缴费率20%，个体工商户缴费率10%的条件下，如果采用三类群体差异性调整指数的最低方案，需要的财政支出占财政收入的比例逐年提高，但是所占的比例很小，不到1%，因此，从数值上看，中国财政拿出专项资金用于支付基于指数化调整的统筹养老金需求缺口应该是可行的。从实践上看，世界各国的养老保险计划实践表明，建立养老保险专项财政制度，给养老保险以稳定的支持，这已经是通行的国际惯例①，如前面所介绍的德国养老金需求资金的30%左右由政府财政支付，因此中国政府对基于指数化调整的统筹养老金需求缺口建立专项支出是符合国际惯例的。此外，在计划经济时代，中国政府为实施“赶超战略”筹集资金而采用“低工资，高积累”的优先发展重工业战略，使一部分国有资产是靠“老人”在职期间牺牲消费和未来积累凝聚起来的，这样在国家（或国有企业）与职工之间，事实上存在一种职工养老保障由国家提供的契约关系。当经济体制转轨以及养老保险制度改革后，基本养老保险制度规定，统筹养老金供给主要由在职者承担，没

表9—2　基于指数化调整所需要的财政资金占财政收入的比例

年份	财政收入（亿元）	调整指数所需财政收入比例（%）	年份	财政收入（亿元）	调整指数所需财政收入比例（%）
2005	27 990.31	0.198 533	2030	119 957.9	0.598 018
2010	41 969.16	0.258 237	2035	148 837.2	0.729 058
2015	60 675.85	0.300 828	2040	183 937.1	0.797 833
2020	76 711.51	0.364 743	2045	226 721.5	0.878 113
2025	96 221.28	0.542 219	2050	278 731.3	0.986 308

注：财政收入预测数据来源于王利军．养老金缺口财政支付能力研究（博士论文）．辽宁大学．2005．56

① 王利军．养老金缺口财政支付能力研究（博士论文）．辽宁大学．2005．60

有明确政府的责任，但是，从历史的发展看，政府拿出专项资金用于养老金的需求，承担统筹养老金的资金需求缺口是中国政府义不容辞的责任。差异性调整指数方案中的最低方案，使“老人”的养老金保持最基本生存需要的相对消费水平不变，这也正是对“老人”在计划经济时代为中国经济发展所作出的牺牲的一种补偿。因此，中国政府为基于指数化调整的中国统筹养老金缺口设立专项资金是一种现实的选择。

三、适当推迟退休年龄

退休年龄在不同国家有不同的界定，不过世界上多数国家把退休年龄规定在 60 岁至 65 岁之间，为了适应人口预期寿命的延长和人口老龄化的不断加剧，进入 20 世纪 80 年代以来，各发达国家普遍将提高退休年龄作为养老金制度改革的重要内容之一，目的是减轻退休人口对退休金的压力，如前述的美国在 1983 年的养老金制度改革中提出：从 2003 年开起，至 2022 年分阶段将退休年龄由 65 岁逐渐提高到 67 岁；德国在 1992 年的养老金制度改革中规定：将标准退休年龄由 62 岁逐步提高到 65 岁。

中国关于退休年龄的规定男性 60 岁，女性 55 岁，这一规定是在 20 世纪 50 年代初制定的，当时中国人口的平均预期寿命男性为 40 岁，女性为 42.3 岁，而到了 1991 年这两个指标增长到 67.72 岁和 71.1 岁，见表 9—3。但是，中国政府在 1991 年 6 月颁布的《关于企业职工养老保险制度改革的决定》中，将 20 世纪 50 年代规定的退休年龄作为一个合理的事实来接受和认定，没有基于人口平均预期寿命的变化而对此提出任何的异议。由表 9—3 可见，随着时间的推移，中国人口平均预期寿命会继续不断提高，如果仍然采用原有的退休年龄规定，就显得十分不恰当了。国际劳工部的研究表明，将退休年龄从 60 岁提高到 65 岁，现收现付部分养老金可以减少 50%①，而中国学者根据中国养老社会保

① 李珍．社会保障制度与经济发展．武汉：武汉大学出版社．1998．160

险的现状，分析中国养老金对退休年龄的敏感性，得出：退休年龄每提高1%，基金缺口缩小1.949%，如果退休年龄提高5年，基金缺口将缩小22.69%。[①] 因此，将中国城镇职工的退休年龄适当提高，既能够适应人口预期寿命不断延长的发展趋势，又能在一定程度上缓解中国统筹养老金基于指数化调整所带来的统筹基金缺口压力。

表9—3　　中国人口平均预期寿命的变化（岁）

年份	男性	女性	年份	男性	女性
1950—1955	40.0	42.3	1995	68.3	71.7
1960—1965	48.7	50.4	2000	67.0	72.4
1970—1975	62.5	63.9	2010	70.4	74.0
1980—1985	66.1	69.1	2030	73.19	77.0
1991	67.72	71.1			

资料来源：国家统计局人口与就业统计司．1990年人口普查数据专题分析论文集（上）．北京：中国统计出版社，1995

转引自：李珍．社会保障制度与经济发展．武汉：武汉大学出版社，1998．161

综上所述，本章分别讨论了基于三类群体采用不同调整指数的最低方案下，中国统筹养老金如何解决统筹基金的缺口问题。根据中国统筹养老金财务紧张的目前状况，单独采用上述的某一个途径增加资金供给方案可能无法满足资金缺口的问题，因此，需要多方面的协同改革，只有这样，才能保证内部效率和外部效率的实现，提高社会整体福利水平。

① 邓大松，刘昌平．中国养老社会保险基金敏感性实证研究．经济科学，2001，6：19

研究结论

通过大量实证分析和规范分析，主要得到以下几个方面的研究成果：

1. 构建了养老金调整指数理论框架和合理约束区间。在理论框架的构建中，通过养老金调整指数数理分析，得出中国养老金调整指数设计的理论标准为：在调整指数的设计中，不论社会价值取向如何，都应该坚持“公平与效率的统一与兼得”的原则，初始设定较小的调整指数，在人口老龄化的现实条件下，才能避免由于养老金调整指数的不断削减所产生的社会动荡，保持养老金计划的持续性和稳定性。

2. 深入分析了国外典型国家养老金调整指数的实践情况，总结出对建立中国养老金调整指数的启示。德国 1957 年建立的对老年人口保障最高的总工资指数调整指数，在人口老龄化的背景下，导致在职者缴费率过快的上涨，企业的劳动力成本不断加重，进而对就业产生负面影响，最终对经济社会的持续、稳定发展产生负面的影响。面对人口老龄化的压力，自 1991 年以来，德国对养老金调整指数进行了不断的削减改革，这在德国民众中产生不满情绪。美国 1972 年建立调整机制，采用对老年人口保障程度最低的消费价格指数作为调整指数，并运行至今。总体上看，美国公共养老金调整指数运行稳定，没有给经济发展带来不良的影响。通过对德国和美国等关于养老金调整指数运行的实证分析，得出结论：一个国家关于养老金调整指数的选择是由该国的经济、制度以及文化价值观念等因素综合决定的。一般来说，在市场经济条件下，在设计养老金指数化调整方案时，不论采用何种调整指数形式，都应该坚持“公平与效率的统一与兼得”的原则，才能保持养老保险制度的稳定运行，保持经济的持续稳定增长，提高社会福利水平。

3. 既模拟国内外养老金调整指数实践，又根据中国国情特点设计了养老金调整指数高、中、较低、最低四种方案，并对各方案的效果进行检验。其中，调整指数效果检验是以生存公平和资金收支平衡为依据，通过内部效率和外部效率双因素标准的实证检验，确定了养老金调整指数适度方案，并对适度方案进行了合理约束区间的检验。对中国养老金调整指数的实证分析表明：（1）模拟德国初始设计的调整指数，采用完全总工资指数调整养老金，虽然会使内部效率达到最大，但不具有外部效率，因此，对中国养老保险计划来说，该调整指数不合理。（2）中国各省市初始设计的对“老人”和“中人”普遍采用的无差异的、以社会平均工资增长率的50%为基础的调整指数，对统筹养老金调整幅度过高，对退休老人的保障程度过大，使得统筹养老金财务负担过重，对外部效率产生很大的负面影响；（3）对“老人”“中人”和“新人”的统筹退休金采用消费价格指数作为调整指数会导致部分“老人”陷入贫困状态，即这一调整指数方案没能保证内部效率的实现，因此，中国现行的统筹养老金计划不能盲目照搬美国养老金调整指数模式；（4）在对不同群体统筹养老金采用差异性调整指数的各种方案中，保障“老人”日常相对消费水平不降低，“新人”衣食医相对消费水平不降低的较高调整指数方案；保障“老人”衣食医相对消费水平不降低，“新人”衣食相对消费水平不降低的中等调整指数方案；以及保障“老人”衣食相对消费水平不降低，“新人”食品相对消费水平不降低的较低调整指数方案，虽然这些调整指数方案能够实现内部效率，但是不具有外部效率，因此，这些调整指数方案也是不合意的。对不同群体采用差异性的调整指数方案中的最低方案——“老人”养老金调整指数为$[1+\pi(t-1)+0.15\cdot g_W(t-1)]$，新人基础养老金调整指数为$[1+\pi(t-1)]$，“中人”基础养老金调整指数为$[1+\pi(t-1)]$，过渡养老金调整指数为$[1+\pi(t-1)+0.15\cdot g_W(t-1)]$。该调整指数方案保障“老人”食品相对消费水平不降低，保障“新人”绝对生活水平不降低，进而“中人”基础养老金账户获得的保障水平与“新人”相同，过渡养老金账户获得的保障水平与“老人”相同，在该调整指数方案下，既保证了内部效率的实现，又保证了外部效率的实现，因此，该方案是中国现行养老金计划的适度调整指数方案。从“老人”角度看，这一方案能够保证其养老金收入不低于社会平均工资的20%这一指标，即保证了内部效率的实现；从在职者角度看，本项目设计的个体工商户和企业的缴费率分阶段调整方案，能够满足统筹基金比在预测期内始终保持高于9%这一指标的要求，即保证了外部效率的实现。并通过目标约束区间的检验，验证了适度养老金调整指数方案的合理性。

4. 加强了养老金调整指数对策研究，指出中国养老金调整指数方案设计的总体战略与规划，进而对“老人”“中人”“新人”养老金调整指数的具体操作方案进行了详细的分析。其中，中国养老金细化调整指数方案的总体战略为：建立规范、适时、合理的调整指数，以促进中国和谐社会的构建与完善；其具体目标为：调整促进经济发展，调整保障水平适度，调整促进分配公平；具体规划为：近期加速补偿与分地区设计、长期正常调整。

针对已退休“老人”和“中人”来说，养老金差距既表现为从属于不同性质单位退休的两类人口所带来的初始养老金差距，又表现为两类人口养老金指数化调整机制的不同所带来的差距，对企业退休的“老人”与“中人”，近期采用加速调整指数方案。针对中国目前各地区经济发展差异较大的现实，近期采取分地区设计养老金调整指数，对典型地区——北京市、辽宁省、河南省设计了养老金调整指数细化方案。

5. 针对基于指数化调整的中国统筹养老金账户的资金收支平衡问题，提出了对财政投入和个体工商户缴费改革的具体方案。基于中国统筹养老金财务紧张的现实，提出将个体工商户和企业向统筹养老金账户的缴费率实施分阶段调整：个体工商户在2001—2005年保持10%，2006—2010年提高到12%，2011—2015年提高到14%，2016—2050年提高到15%；企业在2001—2040年保持20%，2041—2045年下调到18%，2046—2049年下调到17%，2050年下调到15%。精算分析表明：在适度统筹养老金调整指数方案下，基于上述缴费率的方案设计既能满足内部效率的实现，又能够提高外部效率，因此是中国统筹养老金关于缴费率参数设计的现实选择。这一结论佐证了中国政府在2006年初提出的将个体工商户向统筹养老金计划缴费率提高到12%的改革方案的合理性。

附表

附表1　　统筹养老金退休人数和缴费人口数　　（单位：万人）

年份	退休人数				缴费人数
	“老人”	“中人”	“新人”	合计	
2001	5 111.44	250.36	0	5 449.8	28 490.46
2002	5 002.79	529.87	0	5 691.06	29 088.61
2003	4 895.77	843.85	0	5 954.34	29 679.61
2004	4 789.68	1 201.46	0	6 250.92	30 227.79
2005	4 684.16	1 607.85	0	6 292.01	30 709.2
2006	4 520.49	2 033.09	0	6 553.58	31 139.17
2007	4 371.45	2 508.79	0	6 880.24	31 507.5
2008	4 235.94	3 027.19	0	7 263.13	31 818.32
2009	4 112.95	3 576.94	0	7 689.89	32 080.25
2010	4 001.5	4 151.09	0	8 152.59	32 298.01
2011	3 833.38	4 712.66	0	8 546.04	32 479.44
2012	3 668.42	5 302.19	0	8 970.61	32 622.02
2013	3 504.09	5 920.89	0	9 424.98	32 725.72
2014	3 336.92	6 572.06	0	9 908.98	32 788.21
2015	3 161.77	7 258.69	0	10 420.46	32 808.93
2016	2 979.77	7 919.22	0	10 898.99	32 797.72
2017	2 791.08	8 615.46	0	11 406.54	32 749.38
2018	2 597.05	9 352.61	0	11 949.66	32 685.89

续表

年份	退休人数				缴费人数
	“老人”	“中人”	“新人”	合计	
2019	2 399.33	10 138.11	0	12 537.44	32 639.66
2020	2 199.9	10 975.65	0	13 175.55	32 629.77
2021	1 855.73	11 859.26	0	13 714.99	32 657.48
2022	1 586.47	12 744.89	0	14 331.36	32 733.74
2023	1 374.07	13 643.74	0	15 017.81	32 840.3
2024	1 206.26	14 559.71	0	15 765.97	32 943.54
2025	1 074.8	15 495.39	0	16 570.19	33 021.42
2026	794.95	16 462.1	0	17 257.05	33 039.87
2027	588.97	17 368.64	0	17 957.61	33 040.55
2028	437.02	18 218.8	0	18 655.82	33 040.67
2029	324.7	19 003.38	0	19 328.08	33 068.35
2030	228.6	19 718.68	0	19 947.28	33 139.39
2031	160.02	20 242.73	0	20 402.75	33 175.96
2032	112.01	20 758.85	0	20 870.86	33 256.8
2033	78.41	21 283.8	0	21 362.21	33 369.93
2034	54.89	21 836.5	0	21 891.39	33 495.25
2035	0	22 469.64	0	22 469.64	33 618.71
2036	0	22 315.3	517.68	22 832.98	33 672.99
2037	0	22 147.48	1 050.61	23 198.09	33 732.49
2038	0	21 972.79	1 590.47	23 563.26	33 799.72
2039	0	21 801.89	2 123.33	23 925.22	33 879.49
2040	0	21 638.74	2 640.22	24 278.96	33 974.81
2041	0	20 825.16	3 633.12	24 458.28	34 017.58
2042	0	20 058.48	4 616.88	24 675.36	34 079.4
2043	0	19 334.66	5 588	24 922.66	34 166.22
2044	0	18 649.33	6 540.89	25 190.22	34 285.87
2045	0	17 997.88	7 472.45	25 470.33	34 442.45
2046	0	17 179.2	8 352.62	25 531.82	34 576.82
2047	0	16 372.19	9 210.98	25 583.17	34 746.87
2048	0	15 570.48	10 046.87	25 617.35	34 958.97
2049	0	14 765.98	10 858.29	25 624.27	35 222.49
2050	0	13 948.08	11 645.96	25 594.04	35 540.08

资料来源：辽宁大学人口研究所“人口老龄化与养老保障研究”课题组.《人口老龄化与养老保障研究》。

附表 2　合意状态下中国社会平均工资及统筹养老金供给额预测

年份	社平工资（元）	缴费人数（万人）	统筹养老金供给（亿元）	年份	社平工资（元）	缴费人数（万人）	统筹养老金供给（亿元）
2001	10 870	28 490.46	6 069.95	2026	54 736.53	33 039.87	35 446.36
2002	11 630.9	29 088.61	6 631.2	2027	58 294.41	33 040.55	37 751.15
2003	12 445.06	29 679.61	7 239.55	2028	62 083.54	33 040.67	40 205.12
2004	13 316.22	30 227.79	7 889.39	2029	66 118.97	33 068.35	42 854.33
2005	14 248.35	30 709.2	8 576.09	2030	70 416.7	33 139.39	45 737.91
2006	15 245.74	31 139.17	9 304.9	2031	74 641.71	33 175.96	48 535.68
2007	16 312.94	31 507.5	10 074.01	2032	79 120.21	33 256.8	51 573.19
2008	17 454.84	31 818.32	10 885.52	2033	83 867.42	33 369.93	54 853.54
2009	18 676.68	32 080.25	11 743.39	2034	88 899.47	33 495.25	58 363.11
2010	19 984.05	32 298.01	12 650.72	2035	94 233.44	33 618.71	62 092.93
2011	21 283.01	32 479.44	13 548.7	2036	99 887.44	33 672.99	65 924.77
2012	22 666.41	32 622.02	14 492.71	2037	105 880.7	33 732.49	70 003.74
2013	24 139.73	32 725.72	15 483.8	2038	112 233.5	33 799.72	74 351.85
2014	25 708.81	32 788.21	16 521.74	2039	118 967.5	33 879.49	78 998.97
2015	27 379.88	32 808.93	17 606.77	2040	126 105.6	33 974.81	83 974.51
2016	29 159.58	32 797.72	18 744.8	2041	133 671.9	34 017.58	89 125.03
2017	31 054.95	32 749.38	19 933.79	2042	141 692.2	34 079.4	94 644.22
2018	33 073.52	32 685.89	21 188.33	2043	150 193.8	34 166.22	100 578.5
2019	35 223.3	32 639.66	22 533.66	2044	159 205.4	34 285.87	106 986.5
2020	37 512.81	32 629.77	23 991.07	2045	168 757.7	34 442.45	113 923.6
2021	39 951.14	32 657.48	25 572.19	2046	178 883.2	34 576.82	121 230.2
2022	42 547.97	32 733.74	27 297.98	2047	189 616.2	34 746.87	129 136
2023	45 313.59	32 840.3	29 166.99	2048	200 993.2	34 958.97	137 719.7
2024	48 258.97	32 943.54	31 160.5	2049	213 052.7	35 222.49	147 083.3
2025	51 395.8	33 021.42	33 264.38	2050	225 835.9	35 540.08	157 314

注：表格数据依据社会平均工资的假设条件计算而得。

附表 3　　个体工商户缴费率为 10%下中国统筹养老金供给额预测　（单位：亿元）

年份	覆盖率和遵缴率均为 100%供给额	覆盖率和遵缴率均为 90%供给额	覆盖率和遵缴率均为 80%供给额	覆盖率和遵缴率分段提高供给额
2001	5 590.47	4 528.28	3 577.9	2 515.71
2002	6 107.39	4 946.99	3 908.73	2 748.33
2003	6 667.67	5 400.81	4 267.31	3 000.45
2004	7 266.19	5 885.61	4 650.36	3 269.79
2005	7 898.64	6 397.9	5 055.13	3 554.39
2006	8 569.88	6 941.6	5 484.72	5 099.08
2007	9 278.23	7 515.37	5 938.07	5 520.55
2008	10 025.65	8 120.78	6 416.42	5 965.26
2009	10 815.76	8 760.77	6 922.09	6 435.38
2010	11 651.41	9 437.64	7 456.9	6 932.59
2011	12 478.46	10 107.55	7 986.21	8 984.49
2012	13 347.9	10 811.8	8 542.66	9 610.49
2013	14 260.7	115 51.17	9 126.85	10 267.7
2014	15 216.64	12 325.48	9 738.65	10 955.98
2015	16 215.97	13 134.94	10 378.22	11 675.5
2016	17 264.11	13 983.93	11 049.03	13 983.93
2017	18 359.17	14 870.93	11 749.87	14 870.93
2018	19 514.62	15 806.84	12 489.36	15 806.84
2019	20 753.66	16 810.46	13 282.34	16 810.46
2020	22 095.96	17 897.73	14 141.41	17 897.73
2021	22 917.35	18 563.05	14 667.1	18 563.05
2022	24 463.97	19 815.82	15 656.94	19 815.82
2023	26 138.95	21 172.55	16 728.93	21 172.55
2024	27 925.49	22 619.65	17 872.31	22 619.65
2025	29 810.96	24 146.88	19 079.01	24 146.88

续表

年份	覆盖率和遵缴率均为100%供给额	覆盖率和遵缴率均为90%供给额	覆盖率和遵缴率均为80%供给额	覆盖率和遵缴率分段提高供给额
2026	31 766.42	25 730.8	20 330.51	25 730.8
2027	33 831.92	27 403.86	21 652.43	27 403.86
2028	36 031.13	29 185.22	23 059.92	29 185.22
2029	38 405.3	31 108.29	24 579.39	31 108.29
2030	40 989.51	33 201.5	26 233.29	33 201.5
2031	43 496.83	35 232.43	27 837.97	39 255.89
2032	46 218.98	37 437.37	29 580.15	41 712.63
2033	49 158.78	39 818.61	31 461.62	44 365.8
2034	52 304.01	42 366.25	33 474.57	47 204.37
2035	55 646.59	45 073.74	35 613.82	50 221.05
2036	59 080.63	47 855.31	37 811.6	53 320.27
2037	62 736.12	50 816.26	40 151.12	56 619.35
2038	66 632.83	53 972.59	42 645.01	60 136.13
2039	70 797.49	57 345.97	45 310.39	63 894.73
2040	75 256.48	60 957.75	48 164.15	67 918.97
2041	79 872.3	64 696.56	51 118.27	72 084.75
2042	84 818.49	68 702.98	54 283.83	76 548.69
2043	90 136.65	73 010.69	57 687.46	81 348.33
2044	95 879.45	77 662.35	61 362.85	86 531.2
2045	102 096.4	82 698.04	65 341.66	92 141.96
2046	108 644.3	88 001.92	69 532.38	98 051.52
2047	115 729.4	93 740.8	740 66.8	104 445.8
2048	123 422	99 971.79	78 990.05	111 388.3
2049	131 813.4	106 768.89	84 360.6	118 961.6
2050	140 982.1	114 195.48	90 228.53	127 236.3

附表 4　个体缴费率 12%和 15%下统筹养老金供给额预测

（单位：亿元）

年份	覆盖率和遵缴率分段提高			年份	覆盖率和遵缴率分段提高		
	个体 12%	个体 15%	个体 20%		个体 12%	个体 15%	个体 20%
2001	2 555.04	2 614.04	2 712.36	2026	26 286.75	27 120.69	28 510.57
2002	2 791.29	2 855.74	2 963.15	2027	27 995.97	28 884.12	30 364.38
2003	3 047.36	3 117.72	3 234.99	2028	29 815.81	30 761.7	32 338.19
2004	3 320.9	3 397.58	3 525.37	2029	31 780.44	32 788.66	34 469.02
2005	3 609.96	3 693.31	3 832.22	2030	33 918.87	34 994.93	36 788.37
2006	5 178.8	5 298.37	5 497.66	2031	40 104.08	41 376.36	43 496.83
2007	5 606.85	5 736.31	5 952.08	2032	42 613.9	43 965.8	46 218.99
2008	6 058.52	6 198.4	6 431.55	2033	45 324.39	46 762.29	49 158.78
2009	6 535.98	6 686.9	6 938.41	2034	48 224.29	49 754.18	52 304
2010	7 040.97	7 203.54	7 474.49	2035	51 306.16	52 933.83	55 646.6
2011	9 124.95	9 335.64	9 686.78	2036	54 472.34	56 200.44	59 080.63
2012	9 760.73	9 986.1	10 361.71	2037	57 842.71	59 677.74	62 736.12
2013	10 428.22	10 669	11 070.3	2038	61 435.47	63 384.48	66 632.83
2014	11 127.26	11 384.18	11 812.38	2039	65 275.29	67 346.11	70 797.49
2015	11 858.03	12 131.82	12 588.14	2040	69 386.48	71 587.73	75 256.48
2016	14 202.54	14 530.47	15 077.01	2041	73 642.26	75 978.52	79 872.29
2017	15 103.41	15 452.14	16 033.35	2042	78 202.65	80 683.59	84 818.49
2018	16 053.96	16 424.63	17 042.41	2043	83 105.99	85 742.49	90 136.65
2019	17 073.28	17 467.48	18 124.5	2044	88 400.85	91 205.32	95 879.45
2020	18 177.53	18 597.24	19 296.74	2045	94 132.83	97 119.16	102 096.36
2021	18 964.13	19 565.76	20 568.48	2046	100 170.08	103 347.9	108 644.34
2022	20 243.97	20 886.2	21 956.59	2047	106 702.48	110 087.6	115 729.38
2023	21 630.01	22 316.21	23 459.89	2048	113 795.04	117 405.1	123 421.96
2024	23 108.38	23 841.48	25 063.32	2049	121 531.99	125 387.5	131 813.45
2025	24 668.61	25 451.2	26 755.54	2050	129 985.48	134109.2	140 982.09

附表 5　个体缴费 10%覆盖率和遵缴率 100%及无差异调整指数下统筹养老金需求总额　（单位：亿元）

年份	无指数调整	$1+\pi+g_W$	$1+\pi+0.5g_W$	$1+\pi$
2001	3 767.23	3 767.23	3 767.23	3 767.23
2002	3 908.4	4 166.75	4 074.48	3 982.22
2003	4 088.47	4 627.59	4 430.97	4 238.9
2004	4 317.52	5 163.8	4 848.89	4 548.16
2005	4 603.39	5 788.09	5 338.69	4 918.89
2006	4 881.24	6 424.81	5 828.46	5 283.14
2007	5 234.52	7 175.38	6 412.37	5 728.88
2008	5 659.08	8 044.53	7 091.12	6 253.85
2009	6 146.26	9 032.76	7 860.91	6 851.27
2010	6 690.84	10143.95	8 721.16	7 517.6
2011	7 205.66	11 254.55	9 571.26	8 156.88
2012	7 776.22	12 429.71	10 500.31	8 902.45
2013	8 404.34	13 723.56	11 520.58	9 720.71
2014	9 093.84	15 143.39	12 637.78	10 616.48
2015	9 847.18	16 692.62	13 854.94	11 592.69
2016	10 586.67	18 300.3	15 098.26	12 573.49
2017	11 413.66	20 068.77	16 469.08	13 659.97
2018	12 343.42	22 022.5	17 988.13	14 870
2019	13 396.3	24 193.4	19 682.53	16 227.2
2020	14 589.02	26 612.88	21 577.66	17 752.38
2021	15 821.71	28 924.09	23 439.86	19 293.31
2022	17 181.89	31 609.35	25 567.14	21 022.38
2023	18 680.8	34 686.93	27 972.69	22 951.39
2024	20 322.75	38 175.4	30 666.76	25 086.89
2025	22 113.6	42 101.13	33 664.27	27 438.16

续表

年份	无指数调整	$1+\pi+g_w$	$1+\pi+0.5g_w$	$1+\pi$
2026	23 954.53	45 880.26	36 625.65	29 814.5
2027	25 810.27	50 082.98	39 819.64	32 298.4
2028	27 667.07	54 689.14	43 224.61	34 871.37
2029	29 484.18	59 657.55	46 795.03	37 489.12
2030	31 224.75	64 903.81	50 466.85	40 102.84
2031	32 561.68	70 173.59	54 090.47	42 394.26
2032	33 947.17	75 555.34	57 811.72	45 015.91
2033	35 424.82	81 405.99	61 817.92	47 817.59
2034	37 051.53	87 797.12	66 172.31	50 859.28
2035	38 969.16	94 683.57	70 933.97	54 254.54
2036	40 154.74	101 128.5	75 070.1	57 200.39
2037	41 449.49	107 987.4	79 455.52	59 816.03
2038	42 849.35	115 292.8	84 104.5	62 852.43
2039	44 334.53	123 082.7	89 027.41	66 055.14
2040	45 883.46	131 379.6	94 223.7	69 412.01
2041	48 202.48	138 129.2	98 849.08	72 878.71
2042	50 790.24	145 476.7	103 921	76 705.73
2043	53 634.03	153 443.1	109 447	80 892.05
2044	56 708.95	162 034.1	115 420.4	85 423.19
2045	59 997.28	171 258.2	121 838.7	90 290.08
2046	63 002.31	179 409.9	127 552.1	94 687.37
2047	66 176.85	187 905.9	133 545.6	99 323.91
2048	69 508.1	196 696.2	139 791.6	104 182.52
2049	72 971.31	205 691.9	146 237.3	109 228.21
2050	76 552.04	214 772.9	152 820.2	114 427.48

附表 6　　个体缴费 10%及覆盖率和遵缴率 100%下差异性不同调整指数的统筹养老金需求总额　（单位：亿元）

年份	最高方案	中等方案	较低方案	最低方案
2001	3 767.23	3 767.23	3 767.23	3 767.23
2002	4 057.12	4 038.29	4 020.3	4 009.43
2003	4 394.17	4 354.8	4 317.46	4 294.64
2004	4 790.19	4 728.28	4 670.03	4 633.93
2005	5 255.19	5 168.4	5 087.42	5 036.44
2006	5 717.81	5 604.63	5 499.93	5 432.85
2007	6 270.83	6 128.49	5 997.93	5 912.67
2008	6 914.17	6 739.25	6 580.21	6 474.2
2009	7 643.12	7 431.58	7 240.95	7 111.12
2010	8 456.19	8 203.36	7 977.55	7 820.31
2011	9 254.78	8 958.62	8 696.62	8 509.43
2012	10 136.14	9 800.9	9 506.67	9 291.79
2013	11 102.69	10 724.44	10 395.16	10 149.01
2014	12 159.58	11 734.25	11 367.05	11 085.71
2015	13 309.43	12 832.92	12 425.11	12 104.34
2016	14 477.54	13 945.4	13 494.02	13 129.04
2017	15 764.85	15 172.56	14 674.76	14 260.56
2018	17 190.92	16 533.44	15 986.01	15 516.88
2019	18 781.55	18 053.11	17 452.43	16 921.79
2020	20 560.45	19 754.37	19 096.2	18 496.5
2021	22 310.95	21 438.73	20 735.07	20 066.95
2022	24 303.06	23 348.57	22 587.2	21 837.05
2023	26 548.76	25 495.59	24 664.28	23 817.92
2024	29 056.41	27 887.39	26 973.57	26 015.85
2025	31 838.6	30 535.33	29 525.72	28 440.32
2026	34 588.14	33 165.86	32 076.72	30 862.39
2027	37 530.78	35 963.1	34 774.77	33 409.59

续表

年份	最高方案	中等方案	较低方案	最低方案
2028	40 644.41	38 905.63	37 599.43	36 061.49
2029	43 882.58	41 947.27	40 505.12	38 772.36
2030	47 183.6	45 029.83	43 436.94	41 488.65
2031	50 381.22	47 977.34	46 212.42	44 018.68
2032	53 719.07	51 088.15	49 166.07	46 753.42
2033	57 304.5	54 424.44	52 329.99	49 679.04
2034	61 198.8	58 046.84	55 764.61	52 855
2035	65 472.69	62 038.84	59 564.54	56 380.72
2036	69 098.44	65 365.47	62 686.09	59 220.23
2037	72 940.02	68 890.81	65 995.8	62 231.43
2038	77 007.88	72 623.23	69 500.78	65 419.43
2039	81 306.4	76 563.91	73 200.01	68 779.96
2040	85 830.41	80 705.23	77 084.42	72 301.65
2041	90 006.64	84 639.4	80 863.07	75 846.79
2042	94 593.08	88 966.34	85 024.43	79 753.58
2043	99 593.6	93 688.23	89 569.74	84 021.02
2044	104 998.1	98 793.38	94 486.51	88 634.53
2045	110 800.9	104 274.9	99 767.21	93 584.77
2046	115 971.6	109 174.1	104 503	98 027.79
2047	121 399.5	114 322.9	109 486.3	102 702.8
2048	127 060.1	119 699.4	114 696.7	107 590.6
2049	132 906.5	125 260.4	120 094	112 653.5
2050	138 886.4	130 959.6	125 636.3	117 854.3

注：最高方案为“老人”综合消费相对水平保持不变，“新人”衣食医相对消费水平保持不变；中等方案为“老人”衣食医相对消费水平保持不变，“新人”衣食相对消费水平保持不变；较低方案为“老人”衣食相对消费水平保持不变，“新人”食品相对消费水平保持不变；最低方案为“老人”食品相对消费水平保持不变，“新人”仅获得绝对消费水平的保障。

附表 7　　覆盖率 90%无差异调整指数下统筹养老金需求额预测

（单位：亿元）

年份	无指数化调整	$1+\pi+g_W$	$1+\pi+0.5g_W$	$1+\pi$
2001	3 390.51	3 390.51	3 390.51	3 390.51
2002	3 517.56	3 750.08	3 667.03	3 584
2003	3 679.62	4 164.83	3 987.87	3 815.01
2004	3 885.77	4 647.42	4 364	4 093.34
2005	4 143.05	5 209.28	4 804.82	4 427
2006	4 393.12	5 782.33	5 245.61	4 754.83
2007	4 711.07	6 457.84	5 771.13	5 155.99
2008	5 093.17	7 240.08	6 382.01	5 628.47
2009	5 531.63	8 129.48	7 074.82	6 166.14
2010	6 021.76	9 129.56	7 849.04	6 765.84
2011	6 485.09	10 129.1	8 606.77	7 341.19
2012	6 998.6	11 186.74	9 442.58	8 012.21
2013	7 563.91	12 351.2	10 360.49	8 748.64
2014	8 184.46	13 629.05	11 365.61	9 554.83
2015	8 862.46	15 023.36	12 460.67	10 433.42
2016	9 528	16 470.27	13 579.26	11 316.14
2017	10 272.29	18 061.89	14 812.59	12 293.97
2018	11 109.08	19 820.25	16 179.3	13 383
2019	12 056.67	21 774.06	17 703.81	14 604.48
2020	13 130.12	23 951.59	19 408.95	15 977.14
2021	14 239.54	26 031.68	21 084.44	17 363.98
2022	15 463.7	28 448.42	22 998.47	18 920.14
2023	16 812.72	31 218.24	25 162.94	20 656.25
2024	18 290.48	34 357.86	27 587.03	22 578.2
2025	19 902.24	37 891.02	30 284.21	24 694.34

续表

年份	无指数化调整	$1+\pi+g_W$	$1+\pi+0.5g_W$	$1+\pi$
2026	21 559.08	41 292.23	32 948.84	26 833.05
2027	23 229.24	45 074.68	35 822.79	29 068.56
2028	24 900.36	49 220.23	38 886.59	31 384.23
2029	26 535.76	53 691.8	42 099.26	33 740.21
2030	28 102.28	58 413.43	45 403.17	36 092.56
2031	29 305.51	63 156.23	48 530.47	38 154.83
2032	30 552.45	67 999.81	51 872.8	40 514.32
2033	31 882.34	73 265.39	55 471.28	43 035.83
2034	33 346.38	79 017.41	59 382.82	45 773.35
2035	35 072.24	85 215.21	63 660.56	48 829.09
2036	36 139.27	91 015.61	67 376.27	51 256.41
2037	37 304.54	97 188.67	71 316.2	53 834.43
2038	38 564.42	103 763.48	75 493.17	56 567.19
2039	39 901.08	110 774.45	79 916.38	59 449.63
2040	41 295.11	118 241.6	84 585.29	62 470.81
2041	43 382.23	124 316.29	88 746.91	65 590.84
2042	45 711.22	130 929.01	93 310.19	69 035.16
2043	48 270.63	138 098.75	98 282.02	72 802.85
2044	51 038.06	145 830.68	103 656.37	76 880.87
2045	53 997.55	154 132.4	109 430.96	81 261.07
2046	56 702.08	161 468.87	114 573.57	85 218.63
2047	59 559.17	169 115.28	119 968.64	89 391.52
2048	62 557.29	177 026.62	125 591.37	93 764.27
2049	65 674.18	185 122.72	131 394.47	98 305.39
2050	68 896.84	193 295.6	137 321.96	102 984.73

附表 8　　覆盖率 90%不同群体不同调整指数统筹养老金需求总额预测值　　（单位：亿元）

年份	最高方案	中等方案	较低方案	最低方案
2001	3 390.51	3 390.51	3 390.51	3 390.51
2002	3 651.41	3 634.46	3 618.27	3 608.49
2003	3 954.75	3 919.32	3 885.71	3 865.18
2004	4 311.17	4 255.45	4 203.03	4 170.54
2005	4 729.67	4 651.56	4 578.68	4 532.8
2006	5 146.03	5 044.17	4 949.94	4 889.57
2007	5 643.75	5 515.64	5 398.14	5 321.4
2008	6 222.75	6 065.33	5 922.19	5 826.78
2009	6 878.81	6 688.42	6 516.86	6 400.01
2010	7 610.57	7 383.02	7 179.8	7 038.28
2011	8 322.17	8 055.73	7 819.99	7 651.68
2012	9 115.13	8 813.55	8 548.82	8 355.64
2013	9 984.74	9 644.49	9 348.24	9 126.95
2014	10 935.67	10 553.07	10 222.71	9 969.8
2015	11 970.23	11 541.62	11 174.73	10 886.39
2016	13 021.23	12 542.58	12 136.5	11 808.43
2017	14 179.49	13 646.75	13 198.91	12 826.61
2018	15 462.62	14 871.26	14 378.78	13 957.1
2019	16 893.85	16 238.67	15 698.3	15 221.32
2020	18 494.5	17 769.5	17 177.42	16 638.35
2021	20 069.58	19 285.11	18 652.11	18 051.54
2022	21 862.1	21 003.64	20 318.73	19 644.42
2023	23 882.83	22 935.63	22 187.8	21 426.98
2024	26 139.3	25 087.91	24 265.85	23 404.89
2025	28 642.84	27 470.7	26 562.46	25 586.68
2026	31 116.99	29 837.81	28 858.02	27 766.31
2027	33 764.9	32 354.95	31 285.94	30 058.54

续表

年份	最高方案	中等方案	较低方案	最低方案
2028	36 566.69	35 002.83	33 827.78	32 445
2029	39 480.55	37 739.9	36 442.54	34 884.52
2030	42 450.96	40 513.78	39 080.8	37 328.91
2031	45 204.76	43 047.07	41 461.84	39 495.35
2032	48 203.41	45 842	44 115.67	41 952.97
2033	51 424.67	48 839.68	46 958.59	44 582.27
2034	54 923.69	52 094.68	50 044.97	47 436.78
2035	58 764.11	55 682.15	53 459.97	50 605.94
2036	62 022.11	58 671.68	56 265.31	53 158.37
2037	65 474.32	61 840.01	59 239.97	55 865.33
2038	69 130.09	65 194.66	62 390.35	58 731.4
2039	72 993.24	68 736.59	65 715.43	61 752.66
2040	77 059.13	72 458.91	69 206.98	64 918.86
2041	80 817.71	76 000.14	72 608.51	68 110.81
2042	84 945.33	79 894.72	76 354.34	71 628.11
2043	89 445.51	84 144.63	80 445.59	75 469.88
2044	94 309.1	88 739.37	84 871.04	79 623.01
2045	99 531.08	93 672.77	89 623.94	84 079.12
2046	104 186.25	98 083.92	93 888.24	88 080.33
2047	109 073.16	102 720.04	98 375.52	92 290.46
2048	114 169.91	107 561.3	103 067.5	96 692.37
2049	119 434.39	112 569.12	107 928.07	101 252.24
2050	124 819.57	117 701.97	112 919.77	105 936.62

注：最高方案为“老人”综合消费相对水平保持不变，“新人”衣食医相对消费水平保持不变；中等方案为“老人”衣食医相对消费水平保持不变，“新人”衣食相对消费水平保持不变；较低方案为“老人”衣食相对消费水平保持不变，“新人”食品相对消费水平保持不变；最低方案为“老人”食品相对消费水平保持不变，“新人”仅获得绝对消费水平的保障。

附表 9　　覆盖率为 80%无差异调整指数下统筹养老金需求额预测　　（单位：亿元）

年份	无指数化调整	$1+\pi+g_W$	$1+\pi+0.5g_W$	$1+\pi$
2001	3 013.78	3 013.78	3 013.78	3 013.78
2002	3 126.72	3 333.4	3 259.58	3 185.78
2003	3 270.78	3 702.07	3 544.78	3 391.12
2004	3 454.02	4 131.04	3 879.11	3 638.53
2005	3 682.71	4 630.47	4 270.95	3 935.11
2006	3 904.99	5 139.85	4 662.77	4 226.51
2007	4 187.62	5 740.3	5 129.9	4 583.1
2008	4 527.26	6 435.62	5 672.9	5 003.08
2009	4 917.01	7 226.21	6 288.73	5 481.02
2010	5 352.67	8 115.16	6 976.93	6 014.08
2011	5 764.53	9 003.64	7 650.46	6 525.5
2012	6 220.98	9 943.77	8 393.41	7 121.96
2013	6 723.47	10 978.85	9 209.32	7 776.57
2014	7 275.07	12 114.71	10 102.76	8 493.18
2015	7 877.74	13 354.1	11 076.15	9 274.15
2016	8 469.34	14 640.24	12 070.46	10 058.79
2017	9 130.93	16 055.02	13 166.74	10 927.98
2018	9 874.74	17 618	14 381.6	11 896
2019	10 717.04	19 354.72	15 736.72	12 981.76
2020	11 671.22	21 290.3	17 252.4	14 201.9
2021	12 657.37	23 139.27	18 741.72	15 434.65
2022	13 745.51	25 287.48	20 443.09	16 817.9
2023	14 944.64	27 749.54	22 367.06	18 361.11
2024	16 258.2	30 540.32	24 521.81	20 069.51
2025	17 690.88	33 680.9	26 919.3	21 950.53

续表

年份	无指数化调整	$1+\pi+g_W$	$1+\pi+0.5g_W$	$1+\pi$
2026	19 163.62	36 704.21	29 287.86	23 851.6
2027	20 648.22	40 066.38	31 842.48	25 838.72
2028	22 133.66	43 751.31	34 565.86	27 897.1
2029	23 587.34	47 726.04	37 421.57	29 991.3
2030	24 979.8	51 923.05	40 358.38	32 082.27
2031	26 049.34	56 138.87	43 138.19	33 915.41
2032	27 157.74	60 444.27	46 109.15	36 012.73
2033	28 339.86	65 124.79	49 307.81	38 254.07
2034	29 641.22	70 237.7	52 784.73	40 687.42
2035	31 175.33	75 746.86	56 587.17	43 403.63
2036	32 123.79	80 902.76	59 890.02	45 561.26
2037	33 159.59	86 389.93	63 392.18	47 852.82
2038	34 279.48	92 234.2	67 105.04	50 281.94
2039	35 467.62	98 466.18	71 036.78	52 844.11
2040	36 706.77	105 103.64	75 186.93	55 529.61
2041	38 561.98	110 503.37	78 886.14	58 302.97
2042	40 632.19	116 381.34	82 942.39	61 364.58
2043	42 907.22	122 754.44	87 361.79	64 713.64
2044	45 367.16	129 627.27	92 138.99	68 338.55
2045	47 997.82	137 006.58	97 271.96	72 232.06
2046	50 401.85	143 527.88	101 843.18	75 749.9
2047	52 941.48	150 324.7	106 638.79	79 459.13
2048	55 606.48	157 356.99	111 636.78	83 346.02
2049	58 377.05	164 553.53	116 795.08	87 382.57
2050	61 241.63	171 818.31	122 063.96	91 541.98

附表 10　　覆盖率 80%不同群体不同调整指数统筹养老金需求总额预测值　　（单位：亿元）

年份	最高方案	中等方案	较低方案	最低方案
2001	3 013.78	3 013.78	3 013.78	3 013.78
2002	3 245.7	3 230.63	3 216.24	3 207.54
2003	3 515.34	3 483.84	3 453.97	3 435.71
2004	3 832.15	3 782.62	3 736.02	3 707.14
2005	4 204.15	4 134.72	4 069.94	4 029.15
2006	4 574.25	4 483.7	4 399.94	4 346.28
2007	5 016.66	4 902.79	4 798.34	4 730.14
2008	5 531.34	5 391.4	5 264.17	5 179.36
2009	6 114.5	5 945.26	5 792.76	5 688.9
2010	6 764.95	6 562.69	6 382.04	6 256.25
2011	7 397.48	7 160.65	6 951.1	6 801.5
2012	8 102.34	7 834.26	7 598.95	7 427.23
2013	8 875.33	8 572.88	8 309.54	8 112.85
2014	9 720.59	9 380.5	9 086.86	8 862.05
2015	10 640.21	10 259.22	9 933.1	9 676.79
2016	11 574.42	11 148.96	10 788	10 496.38
2017	12 603.99	12 130.45	11 732.37	11 401.43
2018	13 744.55	13 218.9	12 781.14	12 406.31
2019	15 016.75	14 434.38	13 954.04	13 530.06
2020	16 439.55	15 795.11	15 268.82	14 789.65
2021	17 839.62	17 142.32	16 579.66	16 045.82
2022	19 432.98	18 669.9	18 061.1	17 461.7
2023	21 229.18	20 387.22	19 722.49	19 046.2
2024	23 234.94	22 300.36	21 569.64	20 804.34
2025	25 460.3	24 418.4	23 611.07	22 743.71
2026	27 659.54	26 522.5	25 651.58	24 681.16

续表

年份	最高方案	中等方案	较低方案	最低方案
2027	30 013.25	28 759.95	27 809.72	26 718.7
2028	32 503.73	31 113.62	30 069.14	28 840
2029	35 093.82	33 546.58	32 393.37	31 008.46
2030	37 734.18	36012.25	34 738.49	33 181.26
2031	40 182.01	38 264.06	36 854.97	35 106.98
2032	42 847.47	40 748.44	39 213.93	37 291.53
2033	45 710.82	43 413.05	41 740.97	39 628.69
2034	48 821.06	46 306.38	44 484.42	42 166.02
2035	52 234.77	49 495.24	47 519.98	44 983.06
2036	55 130.77	52 152.61	50 013.61	47 251.88
2037	58 199.39	54 968.9	52 657.75	49 658.07
2038	61 448.97	57 950.81	55 458.09	52 205.69
2039	64 882.88	61 099.19	58 413.71	54 891.26
2040	68 497	64 407.92	61 517.31	57 705.66
2041	71 837.96	67 555.68	64 540.9	60 542.94
2042	75 506.96	71 017.53	67 870.52	63 669.43
2043	79 507.12	74 795.22	71 507.19	67 084.34
2044	83 830.31	78 879.44	75 440.92	70 776.01
2045	88 472.07	83 264.69	79 665.72	74 736.99
2046	92 610	87 185.7	83 456.22	78 293.62
2047	96 953.92	91 306.7	87 444.9	82 035.97
2048	101 484.37	95 610.05	91 615.55	85 948.78
2049	106 163.9	100 061.44	95 936.06	90 001.99
2050	110 950.73	104 623.98	100 373.13	94 165.88

注：最高方案为“老人”综合消费相对水平保持不变，“新人”衣食医相对消费水平保持不变；中等方案为“老人”衣食医相对消费水平保持不变，“新人”衣食相对消费水平保持不变；较低方案为“老人”衣食相对消费水平保持不变，“新人”食品相对消费水平保持不变；最低方案为“老人”食品相对消费水平保持不变，“新人”仅获得绝对消费水平的保障。

附表 11　　覆盖率分段提高和无差异调整指数下统筹养老金需求额预测　　（单位：亿元）

年份	无指数化调整	$1+\pi+g_W$	$1+\pi+0.5g_W$	$1+\pi$
2001	2 260.34	2 260.34	2 260.34	2 260.34
2002	2 345.04	2 500.05	2 444.69	2 389.33
2003	2 453.08	2 776.55	2 658.58	2 543.34
2004	2 590.51	3 098.28	2 909.33	2 728.9
2005	2 762.03	3 472.85	3 203.21	2 951.33
2006	3 416.87	4 497.37	4 079.92	3 698.2
2007	3 664.16	5 022.77	4 488.66	4 010.22
2008	3 961.36	5 631.17	4 963.78	4 377.7
2009	4 302.38	6 322.93	5 502.64	4 795.89
2010	4 683.59	7 100.77	6 104.81	5 262.32
2011	5 764.53	9 003.64	7 650.46	6 525.5
2012	6 220.98	9 943.77	8 393.41	7 121.96
2013	6 723.47	10 978.85	9 209.32	7 776.57
2014	7 275.07	12 114.71	10 102.76	8 493.18
2015	7 877.74	13 354.1	11 076.15	9 274.15
2016	9 528	16 470.27	13 579.26	11 316.14
2017	10 272.29	18 061.89	14 812.59	12 293.97
2018	11 109.08	19 820.25	16 179.3	13 383
2019	12 056.67	21 774.06	17 703.81	14 604.48
2020	13 130.12	23 951.59	19 408.95	15 977.14
2021	14 239.54	26 031.68	21 084.44	17 363.98
2022	15 463.7	28 448.42	22 998.47	18 920.14
2023	16 812.72	31 218.24	25 162.94	20 656.25
2024	18 290.48	34 357.86	27 587.03	22 578.2
2025	19 902.24	37 891.02	30 284.21	24 694.34

续表

年份	无指数化调整	$1+\pi+g_W$	$1+\pi+0.5g_W$	$1+\pi$
2026	21 559.08	41 292.23	32 948.84	26 833.05
2027	23 229.24	45 074.68	35 822.79	29 068.56
2028	24 900.36	49 220.23	38 886.59	31 384.23
2029	26 535.76	53 691.8	42 099.26	33 740.21
2030	28 102.28	58 413.43	45 403.17	36 092.56
2031	30 933.6	66 664.91	51 226.6	40 274.55
2032	32 249.81	71 777.57	54 754.62	42 765.11
2033	33 653.58	77 335.69	58 553.02	45 426.71
2034	35 198.95	83 407.26	62 681.86	48 316.32
2035	37 020.7	899 49.39	67 197.26	51 541.81
2036	38 147	96 072.03	71 119.39	54 103.99
2037	39 377.02	102 588.04	75 278.21	56 825.23
2038	40 706.88	109 528.11	79 687.24	59 709.81
2039	42 117.8	116 928.58	84 356.18	62 752.38
2040	43 589.29	124 810.57	89 284.48	65 941.41
2041	45 792.36	131 222.75	93 677.3	69 234.77
2042	48 250.73	138 202.85	98 494.09	72 870.44
2043	50 952.33	145 770.9	103 742.13	76 847.45
2044	53 873.5	153 932.39	109 415.05	81 152.03
2045	56 997.42	162 695.31	115 510.45	85 775.58
2046	59 852.19	170 439.36	120 938.77	89 953
2047	62 868.01	178 510.58	126 633.57	94 357.71
2048	66 032.7	186 861.43	132 568.67	98 973.39
2049	69 322.74	195 407.31	138 694.16	103 766.8
2050	72 724.44	204 034.25	144 950.95	108 706.11

附表 12　覆盖率分段提高和不同群体不同调整指数下统筹养老金需求总额预测　（单位：亿元）

年份	最高方案	中等方案	较低方案	最低方案
2001	2 260.34	2 260.34	2 260.34	2 260.34
2002	2 434.27	2 422.97	2 412.18	2 405.66
2003	2 636.5	2 612.88	2 590.48	2 576.78
2004	2 874.11	2 836.97	2 802.02	2 780.36
2005	3 153.11	3 101.04	3 052.45	3 021.86
2006	4 002.47	3 923.24	3 849.95	3 803
2007	4 389.58	4 289.94	4 198.55	4 138.87
2008	4 839.92	4 717.48	4 606.15	4 531.94
2009	5 350.18	5 202.11	5 068.67	4 977.78
2010	5 919.33	5 742.35	5 584.29	5 474.22
2011	7 397.48	7 160.65	6 951.1	6 801.5
2012	8 102.34	7 834.26	7 598.95	7 427.23
2013	8 875.33	8 572.88	8 309.54	8 112.85
2014	9 720.59	9 380.5	9 086.86	8 862.05
2015	10 640.21	10 259.22	9 933.1	9 676.79
2016	13 021.23	12 542.58	12 136.5	11 808.43
2017	14 179.49	13 646.75	13 198.91	12 826.61
2018	15 462.62	14 871.26	14 378.78	13 957.1
2019	16 893.85	16 238.67	15 698.3	15 221.32
2020	18 494.5	17 769.5	17 177.42	16 638.35
2021	20 069.58	19 285.11	18 652.11	18 051.54
2022	21 862.1	21 003.64	20 318.73	19 644.42
2023	23 882.83	22 935.63	22 187.8	21 426.98
2024	26 139.3	25 087.91	24 265.85	23 404.89
2025	28 642.84	27 470.7	26 562.46	25 586.68
2026	31 116.99	29 837.81	28 858.02	27 766.31

续表

年份	最高方案	中等方案	较低方案	最低方案
2027	33 764.9	32 354.95	31 285.94	30 058.54
2028	36 566.69	35 002.83	33 827.78	32 445
2029	39 480.55	37 739.9	36 442.54	34 884.52
2030	42 450.96	40 513.78	39 080.8	37 328.91
2031	47 716.13	45 438.58	43 765.27	41 689.53
2032	50 881.37	48 388.77	46 566.54	44 283.69
2033	54 281.59	51 552.99	49 567.4	47 059.07
2034	57 975	54 988.83	52 825.24	50 072.15
2035	62 028.79	58 775.6	56 429.97	53 417.38
2036	65 467.79	61 931.22	59 391.16	56 111.61
2037	69 111.78	65 275.56	62 531.08	58 968.96
2038	72 970.65	68 816.58	65 856.48	61 994.25
2039	77 048.42	72 555.29	69 366.28	65 183.37
2040	81 340.19	76 484.41	73 051.81	68 525.47
2041	85 307.58	80 222.37	76 642.31	71 894.75
2042	89 664.52	84 333.31	80 596.24	75 607.45
2043	94 414.71	88 819.33	84 914.79	79 662.65
2044	99 548.5	93 669.34	89 586.09	84 046.51
2045	105 060.59	98 876.82	94 603.04	88 750.18
2046	109 974.38	103 533.02	99 104.26	92 973.68
2047	115 132.78	108 426.71	103 840.82	97 417.71
2048	120 512.69	113 536.93	108 793.47	102 064.17
2049	126 069.64	118 822.96	113 924.08	106 877.37
2050	131 753.99	124 240.97	119 193.09	111 821.98

注：最高方案为“老人”综合消费相对水平保持不变，“新人”衣食医相对消费水平保持不变；中等方案为“老人”衣食医相对消费水平保持不变，“新人”衣食相对消费水平保持不变；较低方案为“老人”衣食相对消费水平保持不变，“新人”食品相对消费水平保持不变；最低方案为“老人”食品相对消费水平保持不变，“新人”仅获得绝对消费水平的保障。

附表 13　调整指数对“老人”统筹养老金替代率影响（%）

年份	动态无调整	CPI	CPI＋0.5g_W	CPI＋g_W	最高方案	中等方案	偏低方案	最低方案
2001								
2002	65.11	66.42	68.04	69.67	67.74	67.41	67.09	66.9
2003	60.85	63.31	66.45	69.67	65.86	65.22	64.6	64.24
2004	56.87	60.35	64.9	69.67	64.04	63.1	62.21	61.69
2005	53.15	57.53	63.38	69.67	62.27	61.05	59.91	59.24
2006	49.67	54.84	61.9	69.67	60.54	59.07	57.69	56.88
2007	46.42	52.28	60.46	69.67	58.86	57.15	55.55	54.62
2008	43.39	49.84	59.04	69.67	57.23	55.3	53.49	52.45
2009	40.55	47.51	57.67	69.67	55.65	53.5	51.51	50.37
2010	37.9	45.29	56.32	69.67	54.11	51.76	49.6	48.36
2011	35.42	43.17	55	69.67	52.61	50.08	47.76	46.44
2012	33.26	41.55	53.97	69.67	51.44	48.78	46.34	44.96
2013	31.23	39.99	52.96	69.67	50.29	47.5	44.96	43.52
2014	29.32	38.49	51.96	69.67	49.17	46.26	43.62	42.13
2015	27.53	37.04	50.99	69.67	48.08	45.06	42.32	40.79
2016	25.85	35.65	50.03	69.67	47.01	43.88	41.06	39.48
2017	24.27	34.31	49.09	69.67	45.96	42.73	39.84	38.22
2018	22.79	33.02	48.17	69.67	44.94	41.62	38.65	37
2019	21.4	31.78	47.26	69.67	43.94	40.53	37.5	35.82
2020	20.09	30.59	46.37	69.67	42.96	39.48	36.39	34.67
2021	18.87	29.44	45.5	69.67	42	38.45	35.3	33.57
2022	17.72	28.34	44.65	69.67	41.07	37.44	34.25	32.49
2023	16.63	27.27	43.81	69.67	40.15	36.46	33.23	31.46
2024	15.62	26.25	42.99	69.67	39.26	35.51	32.24	30.45
2025	14.67	25.26	42.18	69.67	38.38	34.59	31.28	29.48
2026	13.77	24.31	41.39	69.67	37.53	33.68	30.35	28.54
2027	12.93	23.4	40.61	69.67	36.69	32.8	29.45	27.62
2028	12.14	22.52	39.85	69.67	35.88	31.95	28.57	26.74
2029	11.4	21.67	39.1	69.67	35.08	31.11	27.72	25.89
2030	10.7	20.86	38.37	69.67	34.3	30.3	26.89	25.06
2031	10.05	20.08	37.65	69.67	33.53	29.51	26.09	24.26
2032	9.48	19.51	37.11	69.67	32.97	28.93	25.51	23.68
2033	8.95	18.96	36.59	69.67	32.42	28.36	24.93	23.11
2034	8.44	18.42	36.07	69.67	31.87	27.8	24.37	22.55

附表 14　调整指数对“新人”统筹养老金替代率影响（%）

年份	动态无调整	CPI	CPI+0.5g_W	CPI+g_W	最高方案	中等方案	偏低方案	最低方案
2036	30	30	30	30	30	30	30	30
2037	29.16	29.58	29.79	30	29.71	29.67	29.64	29.58
2038	28.36	29.17	29.58	30	29.42	29.34	29.29	29.17
2039	27.57	28.76	29.37	30	29.13	29.01	28.94	28.76
2040	26.79	28.35	29.16	30	28.84	28.68	28.59	28.35
2041	26.56	28.22	29.09	30	28.75	28.58	28.47	28.22
2042	26.11	27.97	28.96	30	28.57	28.37	28.26	27.97
2043	25.57	27.67	28.8	30	28.35	28.13	28	27.67
2044	24.98	27.34	28.63	30	28.12	27.86	27.72	27.34
2045	24.37	26.99	28.45	30	27.87	27.58	27.42	26.99
2046	23.73	26.63	28.25	30	27.6	27.28	27.1	26.63
2047	23.09	26.26	28.05	30	27.33	26.98	26.78	26.26
2048	22.47	25.89	27.85	30	27.06	26.68	26.45	25.89
2049	21.85	25.52	27.64	30	26.79	26.37	26.13	25.52
2050	21.25	25.15	27.44	30	26.52	26.07	25.81	25.15

注：“新人”统筹养老金是指基础养老金，此外，“新人”还有一部分个人账户养老金。

附表 15　调整指数对“中人”统筹养老金替代率影响（%）

年份	动态无调整	CPI	CPI+0.5g_W	CPI+g_W	最高方案	中等方案	偏低方案	最低方案
2035	19.65	27.35	35.76	47.73	33.01	31.28	30.03	28.42
2036	18.53	26.58	35.25	47.73	32.4	30.61	29.32	27.66
2037	17.48	25.83	34.76	47.73	31.79	29.95	28.64	26.93
2038	16.5	25.09	34.26	47.73	31.2	29.31	27.96	26.21
2039	15.56	24.38	33.78	47.73	30.63	28.69	27.31	25.51
2040	14.68	23.69	33.3	47.73	30.06	28.07	26.67	24.82
2041	13.85	23.02	32.83	47.73	29.5	27.47	26.04	24.16
2042	13.07	22.37	32.37	47.73	28.95	26.88	25.43	23.52
2043	12.33	21.74	31.91	47.73	28.42	26.31	24.83	22.89
2044	11.63	21.12	31.46	47.73	27.89	25.75	24.25	22.28
2045	10.97	20.53	31.01	47.73	27.37	25.2	23.68	21.68
2046	10.35	19.95	30.57	47.73	26.86	24.66	23.13	21.11
2047	9.76	19.38	30.14	47.73	26.37	24.13	22.58	20.54
2048	9.21	18.83	29.71	47.73	25.88	23.61	22.05	19.99
2049	8.69	18.3	29.29	47.73	25.4	23.11	21.54	19.46
2050	8.2	17.78	28.88	47.73	24.93	22.62	21.03	18.94

注：“中人”统筹养老金是指基础养老金和过渡养老金，此外，“中人”还有一部分个人账户养老金。

附表 16　最低方案的“老人”“中人”和“新人”统筹养老金平均水平　（单位：元/月）

年份	“老人”统筹养老金水平	“中人”统筹养老金	“新人”统筹养老金
2001	585.69	581.76[1]	NX[3]
2002	601.78	623.99	NX
2003	618.31	653.88	NX
2004	635.29	681.47	NX
2005	652.74	708.7	NX
2006	670.68	736.61	NX
2007	689.1	765.99	NX
2008	708.03	796.58	NX
2009	727.48	828.15	NX
2010	747.46	860.66	NX
2011	767.99	893.51	NX
2012	791.78	930.35	NX
2013	816.31	967.13	NX
2014	841.59	1 002.84	NX
2015	867.66	1 037.65	NX
2016	894.54	1 071.24	NX
2017	922.25	1 106.12	NX
2018	950.82	1 142.67	NX
2019	980.27	1 181.74	NX
2020	1 010.63	1 223.38	NX
2021	1 041.94	1 267.51	NX
2022	1 074.21	1 313.64	NX
2023	1 107.49	1 361.92	NX
2024	1 141.79	1 412.4	NX
2025	1 177.16	1 465.15	NX
2026	1 213.63	1 520.38	NX

续表

年份	“老人”统筹养老金水平	“中人”统筹养老金	“新人”统筹养老金
2027	1 251.22	1 576.75	NX
2028	1 289.98	1 634.36	NX
2029	1 329.94	1 693.09	NX
2030	1 371.13	1 752.84	NX
2031	1 413.6	1 811.25	NX
2032	1 462.35	1 879.31	NX
2033	1 512.77	1 949.93	NX
2034	1 564.93	2 023.58	NX
2035	NL[2]	2 101.45	NX
2036	NL	2 167.99	2 479.71
2037	NL	2 236.65	2 591.69
2038	NL	2 307.5	2 709.11
2039	NL	2 380.6	2 831.3
2040	NL	2 456.03	2 958.39
2041	NL	2 533.85	3 121.51
2042	NL	2 614.16	3 279.49
2043	NL	2 697.02	3 438.98
2044	NL	2 782.52	3 601.84
2045	NL	2 870.75	3 769.07
2046	NL	2 961.78	3 941.93
2047	NL	3 055.72	4 120.39
2048	NL	3 152.65	4 306.07
2049	NL	3 252.67	4 499.21
2050	NL	3 355.87	4 700.01

注：[1]“中人”的统筹养老金包括基础养老金和过渡调节金，此外“中人”还有一部分个人账户，在2001年退休的“中人”个人账户部分大约能够提供10.8元/月，这样，“中人”在2001年总计月退休金为592.56元/月；[2]表示“老人”已经全部死亡；[3]表示“新人”还没有进入退休状态。

附表 17　　合意条件下不同调整指数的统筹基金比（%）

年份	无指数调整	不同群体无差异调整指数			不同群体采用有差异的调整指数			
		CPI	CPI＋0.5g_W	CPI＋g_W	最高方案	中等方案	较低方案	最低方案
2001								
2002	57.83	56.76	55.47	54.24	55.71	55.97	56.22	56.37
2003	120.74	114.72	107.66	101.1	108.96	110.38	111.75	112.6
2004	186.15	171.78	155.26	140.2	158.29	161.6	164.8	166.81
2005	250.98	225.64	196.93	171.21	202.21	207.93	213.47	217.02
2006	316.85	278.17	234.9	196.7	242.88	251.48	259.8	265.23
2007	378.73	325.59	266.71	215.36	277.62	289.3	300.58	308.09
2008	434.59	366.61	291.82	227.25	305.78	320.58	334.86	344.56
2009	483.94	401.13	310.55	232.99	327.58	345.48	362.71	374.66
2010	526.97	429.56	323.49	233.38	343.6	364.54	384.62	398.87
2011	570.81	457.74	334.89	231.84	358.31	382.46	405.54	422.29
2012	609.27	478.9	342.23	227.61	368.59	395.46	421.03	439.95
2013	642.45	495.06	345.7	220.45	374.82	404.2	432.03	453.03
2014	670.39	506.55	345.64	210.69	377.38	409.06	438.9	461.9
2015	693.36	513.83	342.47	198.7	376.69	410.44	442.08	466.98
2016	717.06	520.6	338.31	185.56	375.12	411.05	444.55	471.51
2017	735.44	523.41	331.49	170.77	370.73	408.57	443.67	472.55
2018	747.93	522.07	321.98	154.38	363.41	402.89	439.3	469.96
2019	754.07	516.43	309.77	136.46	353.13	393.94	431.35	463.58
2020	753.97	506.7	295.05	117.23	340.06	381.9	420	453.6
2021	753.59	497.7	281.19	98.21	328	370.87	409.6	444.64
2022	749.64	485.78	265.43	78.7	313.8	357.47	396.64	432.99
2023	742.62	471.46	248.11	58.74	297.82	342.11	381.56	419.11
2024	733.22	455.29	229.54	38.38	280.42	325.2	364.83	403.48
2025	721.86	437.61	209.92	17.62	261.84	307.01	346.74	386.4
2026	711.96	421.5	191.22	－3.6	244.48	290.18	330.09	370.95
2027	704.34	405.75	172.3	－24.63	226.93	273.26	313.46	355.65

续表

年份	无指数调整	不同群体无差异调整指数			不同群体采用有差异的调整指数			
		CPI	CPI+0.5g_W	CPI+g_W	最高方案	中等方案	较低方案	最低方案
2028	699.27	390.69	153.33	−45.59	209.44	256.51	297.12	340.8
2029	697.74	376.89	134.58	−66.54	192.34	240.34	281.55	326.94
2030	700.71	364.95	116.38	−87.51	176.07	225.23	267.26	314.65
2031	715.53	357.76	99.25	−108.71	161.39	212.21	255.49	305.49
2032	732.38	349.82	82.67	−130.05	147.3	199.71	244.18	296.55
2033	750.57	342.28	66.63	−150.61	133.7	187.7	233.33	288.06
2034	769.01	334.89	51.14	−170.33	120.56	176.06	222.79	279.82
2035	784.81	327.01	36.12	−189.46	107.74	164.58	212.26	271.37
2036	818.14	323.11	21.78	−210.04	96.57	155.63	205.03	267.27
2037	853.65	322.8	8.49	−229.73	86.5	147.8	198.95	264.37
2038	891.25	322.63	−3.8	−248.54	77.48	141.07	193.98	262.61
2039	931.28	323.61	−15.13	−266.5	69.47	135.38	190.09	262.01
2040	974.18	325.81	−25.53	−283.64	62.48	130.77	187.32	262.62
2041	1 005.12	329.49	−35.3	−304.53	56.87	127.86	186.36	264.96
2042	1 033.25	333.41	−43.53	−323.26	52.52	125.98	186.22	267.85
2043	1 059	337.52	−50.42	−340.04	49.27	124.98	186.77	271.18
2044	1 083.12	341.83	−56.1	−355.07	47	124.79	187.96	274.95
2045	1 106.3	346.46	−60.68	−368.52	45.66	125.37	189.79	279.21
2046	1 137.86	354.49	−64.79	−384.18	45.62	127.85	193.97	286.49
2047	1 169.99	363.81	−67.26	−398.23	47.22	131.89	199.65	295.22
2048	1 203.19	374.59	−68.05	−410.77	50.49	137.59	206.92	305.54
2049	1 238.24	387.11	−67.13	−421.94	55.57	145.1	215.99	317.69
2050	1 275.79	401.7	−64.36	−431.87	62.64	154.66	227.12	332.01

注：最高方案为“老人”综合消费相对水平保持不变，“新人”衣食医相对消费水平保持不变；中等方案为“老人”衣食医相对消费水平保持不变，“新人”衣食相对消费水平保持不变；较低方案为“老人”衣食相对消费水平保持不变，“新人”食品相对消费水平保持不变；最低方案为“老人”食品相对消费水平保持不变，“新人”仅获得绝对消费水平的保障。

附表 18　个体缴费 10%及覆盖率和遵缴率 100%下不同调整指数的统筹基金比（%）

年份	无指数调整	不同群体无差异调整指数			不同群体采用有差异的调整指数			
		CPI	CPI＋0.5g_W	CPI＋g_W	最高方案	中等方案	较低方案	最低方案
2001								
2002	46.65	45.78	44.75	43.76	44.94	45.15	45.35	45.47
2003	98.38	93.15	87.03	81.34	88.15	89.38	90.57	91.3
2004	152.9	140.21	125.65	112.4	128.32	131.24	134.06	135.83
2005	207.46	184.9	159.41	136.6	164.09	169.16	174.09	177.24
2006	263.16	228.56	189.93	155.91	197.04	204.71	212.15	216.99
2007	315.86	268.14	215.39	169.5	225.15	235.6	245.72	252.44
2008	363.62	302.39	235.19	177.32	247.69	260.98	273.82	282.53
2009	405.84	331.08	249.49	179.86	264.78	280.89	296.42	307.16
2010	442.6	354.47	258.76	177.73	276.84	295.72	313.86	326.68
2011	479.82	377.36	266.62	173.59	287.72	309.55	330.45	345.55
2012	512.42	394.3	270.81	167.02	294.6	318.95	342.17	359.27
2013	540.42	406.84	271.63	157.97	297.97	324.65	349.97	368.98
2014	563.85	415.28	269.37	146.7	298.12	326.93	354.14	374.98
2015	582.89	419.99	264.39	133.53	295.4	326.15	355.04	377.63
2016	602.33	424	258.33	119.19	291.71	324.46	355.08	379.54
2017	617.19	424.61	250.04	103.52	285.63	320.15	352.27	378.49
2018	626.97	421.66	239.49	86.58	277.09	313.14	346.48	374.32
2019	631.23	415.02	226.68	68.44	266.05	303.34	337.64	366.92
2020	630.05	404.86	211.79	49.3	252.67	290.94	325.92	356.45
2021	628.41	395.04	197.22	29.74	239.77	279.05	314.67	346.53
2022	619.96	379.79	178.82	8.21	222.66	262.6	298.57	331.54
2023	609.2	362.86	159.54	−13.12	204.47	244.9	281.08	315.03
2024	596.68	344.68	139.58	−34.31	185.45	226.24	262.52	297.37
2025	582.74	325.49	119.05	−55.46	165.73	206.78	243.09	278.77
2026	570.09	307.5	98.93	−77.68	146.72	188.23	224.68	261.36
2027	559.36	289.9	78.83	−99.34	127.73	169.73	206.38	244.17

续表

年份	无指数调整	不同群体无差异调整指数			不同群体采用有差异的调整指数			
		CPI	CPI+0.5g_w	CPI+g_w	最高方案	中等方案	较低方案	最低方案
2028	550.82	272.91	58.8	−120.69	108.88	151.44	188.4	227.42
2029	545.24	256.94	38.97	−141.91	90.36	133.64	171.04	211.46
2030	543.41	242.48	19.54	−163.19	72.46	116.65	154.69	196.76
2031	551.09	231.47	0.74	−185.01	55.74	101.37	140.52	184.86
2032	560.81	220.44	−17.4	−207.14	39.71	86.68	126.82	173.2
2033	572.06	210.04	−34.79	−228.29	24.37	72.67	113.78	162.19
2034	584.01	200.11	−51.41	−248.4	9.74	59.3	101.34	151.71
2035	594.41	190.25	−67.29	−267.82	−4.25	46.47	89.31	141.49
2036	618.4	183.69	−83.73	−289.35	−18.03	34.55	78.85	133.71
2037	644.74	178.45	−99.02	−309.91	−30.59	23.89	69.67	127.26
2038	673.35	174.47	−113.22	−329.52	−42.01	14.41	61.7	122.07
2039	704.44	171.74	−126.38	−348.2	−52.34	6.07	54.9	118.1
2040	738.34	170.26	−138.55	−366.01	−61.61	−1.17	49.24	115.37
2041	763.75	170.19	−151.05	−388.76	−70.29	−7.34	44.9	114.09
2042	787.19	170.81	−161.73	−409.17	−77.39	−12.13	41.75	113.75
2043	808.9	172	−170.82	−427.46	−83.12	−15.74	39.6	114.2
2044	829.41	173.7	−178.52	−443.86	−87.66	−18.33	38.34	115.35
2045	849.24	175.92	−184.97	−458.58	−91.11	−19.98	37.89	117.16
2046	875.55	180.22	−191.98	−476.3	−94.38	−20.9	38.58	120.71
2047	902.52	185.86	−197.34	−492.42	−96.03	−20.26	40.77	125.71
2048	930.56	192.94	−201.1	−507.11	−96.05	−18.01	44.53	132.26
2049	960.28	201.64	−203.26	−520.56	−94.4	−14.08	49.95	140.51
2050	992.22	212.21	−203.78	−532.94	−90.97	−8.32	57.22	150.7

注：最高方案为“老人”综合消费相对水平保持不变，“新人”衣食医相对消费水平保持不变；中等方案为“老人”衣食医相对消费水平保持不变，“新人”衣食相对消费水平保持不变；较低方案为“老人”衣食相对消费水平保持不变，“新人”食品相对消费水平保持不变；最低方案为“老人”食品相对消费水平保持不变，“新人”仅获得绝对消费水平的保障。

附表 19　个体缴费率 10%及覆盖率和遵缴率为 90%下不同调整指数的统筹基金比（%）

年份	无指数调整	不同群体无差异调整指数			不同群体采用有差异的调整指数			
		CPI	CPI＋0.5g_W	CPI＋g_W	最高方案	中等方案	较低方案	最低方案
2001								
2002	32.35	31.75	31.03	30.34	31.16	31.31	31.45	31.53
2003	69.77	65.55	60.63	56.06	61.53	62.52	63.48	64.07
2004	110.36	99.83	87.78	76.83	89.99	92.39	94.73	96.2
2005	151.78	132.79	111.39	92.31	115.31	119.57	123.71	126.35
2006	194.46	165.09	132.4	103.72	138.4	144.89	151.18	155.27
2007	235.44	194.66	149.73	110.82	158.01	166.9	175.52	181.23
2008	272.83	220.24	162.73	113.46	173.38	184.75	195.74	203.17
2009	305.94	241.45	171.37	111.88	184.44	198.27	211.62	220.81
2010	334.66	258.4	175.95	106.54	191.43	207.68	223.33	234.33
2011	363.43	274.54	178.92	99.06	197.02	215.84	233.92	246.9
2012	388.52	286.08	178.97	89.51	199.47	220.57	240.74	255.49
2013	409.9	294	176.33	78.03	199.09	222.28	244.36	260.81
2014	427.53	298.52	171.21	64.85	196.1	221.21	245	263.08
2015	441.55	299.94	163.87	50.15	190.76	217.62	242.95	262.57
2016	455.55	300.41	155.34	34.28	184.31	212.96	239.85	261.11
2017	465.92	298.22	145.14	17.49	176.04	206.29	234.54	257.34
2018	472.22	293.21	133.24	－0.16	165.91	197.53	226.92	251.14
2019	474.07	285.28	119.66	－18.58	153.89	186.66	216.94	242.44
2020	471.52	274.58	104.54	－37.61	140.12	173.8	204.74	231.34
2021	468.26	263.71	89.07	－57.86	126.15	160.81	192.41	220.21
2022	459.15	248.36	70.69	－79.2	108.91	144.21	176.19	204.96
2023	448.2	231.82	51.96	－99.82	91.13	126.88	159.08	188.7
2024	435.82	214.37	32.93	－119.94	72.9	108.97	141.28	171.67
2025	422.28	196.17	13.6	－139.74	54.24	90.53	122.86	153.96
2026	409.52	178.49	－6.13	－161.51	35.48	72.21	104.72	136.69

续表

年份	无指数调整	不同群体无差异调整指数			不同群体采用有差异的调整指数			
		CPI	CPI＋0.5g_W	CPI＋g_W	最高方案	中等方案	较低方案	最低方案
2027	398.03	160.98	−25.79	−182.48	16.74	53.9	86.6	119.5
2028	388.08	143.79	−45.4	−203.01	−1.94	35.68	68.61	102.52
2029	380.31	127.24	−64.98	−223.42	−20.49	17.68	50.95	86.01
2030	375.38	111.65	−84.46	−244.02	−38.78	0.1	33.86	70.26
2031	377.37	98.04	−104.16	−265.62	−56.88	−16.9	17.74	55.96
2032	381.37	85.12	−123.09	−287.76	−74.03	−32.91	2.55	42.52
2033	387.06	72.98	−141.13	−308.8	−90.33	−48.1	−11.83	29.88
2034	393.86	61.59	−158.19	−328.65	−105.7	−62.41	−25.36	18.04
2035	400.2	50.75	−174.29	−347.75	−120.16	−75.86	−38.11	6.89
2036	416.06	41.02	−192.26	−369.69	−135.93	−90.08	−51.11	−3.85
2037	434.47	32.74	−209.01	−390.62	−150.4	−102.95	−62.74	−13.15
2038	455.31	25.82	−224.6	−410.56	−163.65	−114.57	−73.07	−21.11
2039	478.67	20.21	−239.1	−429.52	−175.75	−124.99	−82.19	−27.78
2040	504.76	15.86	−252.59	−447.59	−186.78	−134.29	−90.13	−33.21
2041	525.8	12.8	−267.37	−471.79	−198.02	−143.16	−97.27	−37.47
2042	545.64	10.87	−280.07	−493.5	−207.38	−150.33	−102.86	−40.4
2043	564.34	9.85	−290.94	−512.94	−215.1	−156.04	−107.14	−42.22
2044	582.21	9.6	−300.23	−530.38	−221.43	−160.51	−110.32	−43.11
2045	599.61	10.04	−308.14	−546.04	−226.54	−163.88	−112.51	−43.15
2046	621.63	11.26	−317.64	−565.47	−232.58	−167.7	−114.78	−42.76
2047	644.36	13.85	−325.51	−583.34	−236.99	−169.94	−115.52	−40.89
2048	668.12	17.84	−331.82	−599.85	−239.84	−170.64	−114.76	−37.53
2049	693.38	23.33	−336.66	−615.24	−241.16	−169.79	−112.46	−32.6
2050	720.59	30.49	−340.06	−629.76	−240.9	−167.32	−108.52	−25.95

注：最高方案为“老人”综合消费相对水平保持不变，“新人”衣食医相对消费水平保持不变；中等方案为“老人”衣食医相对消费水平保持不变，“新人”衣食相对消费水平保持不变；较低方案为“老人”衣食相对消费水平保持不变，“新人”食品相对消费水平保持不变；最低方案为“老人”食品相对消费水平保持不变，“新人”仅获得绝对消费水平的保障。

附表 20　　个体缴费 10%及覆盖率和遵缴率为 80%下不同调整指数的统筹基金比（%）

年份	无指数调整	不同群体无差异调整指数			不同群体采用有差异的调整指数			
		CPI	CPI＋0.5g_W	CPI＋g_W	最高方案	中等方案	较低方案	最低方案
2001								
2002	18.04	17.71	17.31	16.92	17.38	17.46	17.54	17.59
2003	41.16	37.95	34.23	30.78	34.91	35.66	36.38	36.83
2004	67.82	59.45	49.9	41.27	51.65	53.55	55.41	56.56
2005	96.1	80.69	63.38	48.03	66.54	69.98	73.33	75.45
2006	125.77	101.62	74.87	51.53	79.76	85.06	90.22	93.55
2007	155.01	121.17	84.08	52.15	90.87	98.21	105.33	110.03
2008	182.04	138.08	90.28	49.59	99.08	108.51	117.66	123.81
2009	206.03	151.83	93.26	43.9	104.1	115.64	126.82	134.46
2010	226.72	162.33	93.14	35.34	106.03	119.65	132.8	141.98
2011	247.03	171.72	91.21	24.54	106.32	122.14	137.39	148.25
2012	264.62	177.85	87.14	11.99	104.33	122.18	139.3	151.71
2013	279.37	181.15	81.04	－1.9	100.21	119.91	138.75	152.64
2014	291.22	181.76	73.06	－17.01	94.08	115.5	135.87	151.18
2015	300.22	179.88	63.35	－33.22	86.12	109.09	130.86	147.51
2016	308.77	176.83	52.35	－50.63	76.91	101.46	124.62	142.67
2017	314.65	171.82	40.23	－68.54	66.46	92.42	116.81	136.2
2018	317.47	164.75	26.98	－86.89	54.73	81.93	107.36	127.97
2019	316.92	155.54	12.63	－105.6	41.73	69.98	96.25	117.96
2020	312.99	144.3	－2.7	－124.52	27.57	56.66	83.56	106.24
2021	308.12	132.38	－19.09	－145.46	12.52	42.56	70.15	93.88
2022	298.35	116.93	－37.43	－166.61	－4.83	25.82	53.81	78.37
2023	287.2	100.78	－55.61	－186.53	－22.21	8.86	37.09	62.38
2024	274.97	84.07	－73.71	－205.57	－39.66	－8.3	20.03	45.97
2025	261.83	66.85	－91.85	－224.02	－57.25	－25.71	2.64	29.16
2026	248.95	49.48	－111.19	－245.35	－75.77	－43.81	－15.24	12.02

续表

年份	无指数调整	不同群体无差异调整指数			不同群体采用有差异的调整指数			
		CPI	CPI+0.5g_w	CPI+g_w	最高方案	中等方案	较低方案	最低方案
2027	236.7	32.05	−130.4	−265.62	−94.25	−61.93	−33.19	−5.18
2028	225.35	14.68	−149.61	−285.34	−112.75	−80.09	−51.17	−22.37
2029	215.39	−2.47	−168.94	−304.93	−131.34	−98.29	−69.14	−39.44
2030	207.35	−19.18	−188.47	−324.86	−150.01	−116.46	−86.96	−56.24
2031	203.65	−35.39	−209.06	−346.23	−169.5	−135.16	−105.05	−72.94
2032	201.93	−50.2	−228.78	−368.39	−187.76	−152.51	−121.72	−88.16
2033	202.05	−64.08	−247.46	−389.3	−205.03	−168.87	−137.43	−102.42
2034	203.71	−76.94	−264.97	−408.89	−221.15	−184.13	−152.07	−115.63
2035	205.98	−88.74	−281.29	−427.69	−236.08	−198.19	−165.52	−127.71
2036	213.72	−101.64	−300.79	−450.04	−253.82	−214.71	−181.07	−141.4
2037	224.2	−112.97	−319	−471.33	−270.2	−229.8	−195.15	−153.56
2038	237.27	−122.83	−335.99	−491.6	−285.28	−243.54	−207.85	−164.28
2039	252.91	−131.32	−351.82	−510.85	−299.17	−256.04	−219.27	−173.66
2040	271.18	−138.54	−366.62	−529.16	−311.95	−267.41	−229.51	−181.79
2041	287.85	−144.58	−383.68	−554.83	−325.75	−278.99	−239.44	−189.03
2042	304.08	−149.08	−398.4	−577.83	−337.36	−288.54	−247.47	−194.55
2043	319.78	−152.3	−411.05	−598.42	−347.08	−296.34	−253.89	−198.64
2044	335.02	−154.51	−421.94	−616.89	−355.21	−302.68	−258.97	−201.56
2045	349.98	−155.83	−431.32	−633.49	−361.97	−307.78	−262.91	−203.47
2046	367.7	−157.69	−443.31	−654.64	−370.77	−314.49	−268.13	−206.23
2047	386.2	−158.16	−453.67	−674.26	−377.96	−319.63	−271.82	−207.5
2048	405.68	−157.25	−462.54	−692.59	−383.64	−323.28	−274.05	−207.32
2049	426.48	−154.97	−470.06	−709.92	−387.92	−325.51	−274.87	−205.72
2050	448.96	−151.23	−476.34	−726.58	−390.84	−326.32	−274.25	−202.61

注：最高方案为“老人”综合消费相对水平保持不变，“新人”衣食医相对消费水平保持不变；中等方案为“老人”衣食医相对消费水平保持不变，“新人”衣食相对消费水平保持不变；较低方案为“老人”衣食相对消费水平保持不变，“新人”食品相对消费水平保持不变；最低方案为“老人”食品相对消费水平保持不变，“新人”仅获得绝对消费水平的保障。

附表 21　个体缴费率 10%及覆盖率和遵缴率分段提高下不同调整指数的统筹基金比（%）

年份	无指数调整	不同群体无差异调整指数			不同群体采用有差异的调整指数			
		CPI	CPI+0.5g_w	CPI+g_w	最高方案	中等方案	较低方案	最低方案
2001								
2002	10.89	10.69	10.45	10.21	10.49	10.54	10.59	10.62
2003	26.85	24.16	21.03	18.14	21.6	22.23	22.83	23.21
2004	46.56	39.26	30.97	23.48	32.48	34.13	35.74	36.75
2005	68.26	54.63	39.38	25.89	42.15	45.18	48.13	50.01
2006	78.37	59.91	39.52	21.8	43.23	47.27	51.2	53.74
2007	118.99	90.18	58.63	31.5	64.4	70.64	76.7	80.69
2008	156.92	117.11	73.81	36.94	81.78	90.32	98.61	104.18
2009	191.06	140	84.78	38.18	95.01	105.89	116.43	123.64
2010	221.05	158.75	91.69	35.58	104.21	117.41	130.15	139.06
2011	218.62	153.61	83.99	26.19	97.08	110.77	123.96	133.36
2012	254.34	175.27	92.45	23.53	108.22	124.53	140.15	151.52
2013	285.74	192.52	97.47	18.27	115.79	134.52	152.37	165.63
2014	312.79	205.61	99.33	10.69	120.05	141.01	160.89	175.94
2015	335.59	214.85	98.3	1.02	121.28	144.29	166	182.76
2016	317.32	197.3	84.6	−9.37	107.06	129.31	150.22	166.7
2017	337.71	203.31	80.29	−22.31	105.1	129.41	152.12	170.43
2018	353.67	206.02	73.86	−36.43	100.85	126.99	151.27	171.27
2019	364.83	205.38	65.4	−51.59	94.34	122.05	147.65	169.2
2020	371.21	201.55	55.05	−67.62	85.73	114.76	141.41	164.34
2021	375.77	196.51	43.51	−85.48	76.03	106.4	134.09	158.45
2022	373.98	186.68	28.92	−104.47	62.9	94.26	122.66	148.21
2023	369.86	175.33	13.79	−122.85	49.01	81.14	110.06	136.68
2024	363.82	162.69	−1.89	−140.86	34.41	67.15	96.45	124.04
2025	356.11	148.92	−18.12	−158.71	19.12	52.34	81.91	110.39
2026	348.43	135.01	−35.28	−178.92	3.15	37.05	67.02	96.54

续表

年份	无指数调整	不同群体无差异调整指数			不同群体采用有差异的调整指数			
		CPI	CPI＋0.5g_w	CPI＋g_w	最高方案	中等方案	较低方案	最低方案
2027	341.33	120.83	－52.6	－198.43	－13.05	21.47	51.83	82.41
2028	335.19	106.61	－70.11	－217.62	－29.45	5.7	36.46	68.16
2029	330.68	92.65	－87.8	－236.81	－45.97	－10.12	21.1	54.05
2030	328.52	79.32	－105.62	－256.33	－62.48	－25.8	6.03	40.4
2031	314.93	63.91	－117.43	－262.42	－74.97	－39.1	－8.05	26.27
2032	327.89	57.8	－131.73	－281.91	－86.93	－49.49	－17.25	19.24
2033	342.33	52.1	－145.46	－300.53	－98.38	－59.4	－26	12.64
2034	357.73	46.79	－158.51	－318.18	－109.21	－68.76	－34.24	6.5
2035	372.56	41.7	－170.89	－335.29	－119.44	－77.57	－42.02	0.72
2036	396.16	37.29	－185.34	－355.27	－131.2	－87.44	－50.37	－5.01
2037	422.32	34.12	－198.74	－374.38	－141.86	－96.15	－57.55	－9.5
2038	450.88	32.13	－211.16	－392.63	－151.48	－103.78	－63.62	－12.82
2039	481.91	31.25	－222.65	－410.02	－160.12	－110.39	－68.65	－15.05
2040	515.6	31.47	－233.28	－426.62	－167.84	－116.05	－72.68	－16.19
2041	543.92	32.83	－245.15	－449.13	－175.77	－121.32	－75.97	－16.28
2042	570.7	35.1	－255.08	－469.23	－181.97	－125.05	－77.9	－15.23
2043	595.98	38.07	－263.33	－487.17	－186.71	－127.5	－78.7	－13.27
2044	620.08	41.6	－270.14	－503.19	－190.21	－128.88	－78.58	－10.57
2045	643.4	45.63	－275.7	－517.51	－192.62	－129.31	－77.64	－7.21
2046	671.43	50.59	－282.65	－535.4	－195.76	－130	－76.6	－3.24
2047	699.98	56.81	－288.01	－551.74	－197.34	－129.18	－74.12	2.12
2048	729.4	64.35	－291.85	－566.72	－197.4	－126.88	－70.19	8.91
2049	760.21	73.34	－294.23	－580.56	－195.94	－123.04	－64.75	17.23
2050	792.9	83.99	－295.15	－593.48	－192.88	－117.56	－57.66	27.28

注：最高方案为“老人”综合消费相对水平保持不变，“新人”衣食医相对消费水平保持不变；中等方案为“老人”衣食医相对消费水平保持不变，“新人”衣食相对消费水平保持不变；较低方案为“老人”衣食相对消费水平保持不变，“新人”食品相对消费水平保持不变；最低方案为“老人”食品相对消费水平保持不变，“新人”仅获得绝对消费水平的保障。

附表 22　个体缴费 12%及覆盖率和遵缴率分段提高下不同调整指数的统筹基金比（%）

年份	无指数调整	不同群体无差异调整指数			不同群体采用有差异的调整指数			
		CPI	CPI＋0.5g_W	CPI＋g_W	最高方案	中等方案	较低方案	最低方案
2001								
2002	12.57	12.33	12.05	11.79	12.11	12.16	12.22	12.25
2003	30.2	27.39	24.12	21.1	24.72	25.38	26.01	26.4
2004	51.54	44	35.41	27.65	36.97	38.69	40.35	41.39
2005	74.79	60.74	45.01	31.08	47.87	51	54.04	55.97
2006	85.27	66.28	45.3	27.05	49.13	53.28	57.33	59.94
2007	127.6	98.05	65.66	37.79	71.59	77.99	84.22	88.32
2008	167.07	126.29	81.9	44.08	90.08	98.84	107.34	113.05
2009	202.57	150.32	93.78	46.01	104.27	115.41	126.2	133.59
2010	233.77	170.07	101.45	43.97	114.27	127.78	140.82	149.94
2011	230.83	164.4	93.19	34.02	106.6	120.61	134.09	143.72
2012	267.91	187.13	102.51	32.02	118.65	135.31	151.26	162.89
2013	300.54	205.31	108.28	27.33	127	146.12	164.34	177.89
2014	328.67	219.21	110.77	20.23	131.93	153.32	173.6	188.98
2015	352.43	229.15	110.28	10.95	133.75	157.22	179.35	196.47
2016	333.16	210.64	95.71	−0.2	118.65	141.34	162.65	179.48
2017	354.53	217.36	91.95	−12.74	117.28	142.07	165.21	183.9
2018	371.31	220.67	85.98	−26.54	113.53	140.17	164.9	185.31
2019	383.14	220.5	77.87	−41.45	107.41	135.65	161.71	183.7
2020	390.03	217.01	67.78	−57.31	99.08	128.66	155.79	179.18
2021	395.08	212.35	56.55	−74.91	89.73	120.66	148.84	173.68
2022	394.36	203.34	42.63	−93.39	77.31	109.26	138.16	164.25
2023	391.15	192.66	28.01	−111.39	64	96.75	126.19	153.38
2024	385.89	180.57	12.74	−129.11	49.85	83.24	113.08	141.29
2025	378.84	167.24	−3.18	−146.76	34.92	68.82	98.95	128.08
2026	371.84	153.82	−19.97	−166.7	19.37	53.97	84.51	114.72

续表

年份	无指数调整	不同群体无差异调整指数			不同群体采用有差异的调整指数			
		CPI	CPI+0.5g_W	CPI+g_W	最高方案	中等方案	较低方案	最低方案
2027	365.45	140.11	−36.96	−186	3.54	38.79	69.74	101.05
2028	360.07	126.35	−54.18	−205.03	−12.5	23.4	54.77	87.26
2029	356.4	112.88	−71.59	−224.1	−28.68	7.96	39.83	73.62
2030	355.2	100.1	−89.11	−243.49	−44.81	−7.29	25.21	60.48
2031	341.49	84.3	−101.39	−250.1	−57.75	−21.02	10.72	45.98
2032	355.99	79	−115.18	−269.29	−69.12	−30.76	2.21	39.7
2033	371.94	74.03	−128.44	−287.64	−80.02	−40.07	−5.89	33.81
2034	388.76	69.4	−141.08	−305.09	−90.37	−48.9	−13.56	28.31
2035	404.82	64.87	−153.12	−322.01	−100.18	−57.25	−20.85	23.08
2036	384.49	61.37	−167.02	−341.71	−111.3	−66.4	−28.44	18.21
2037	400.85	59.08	−179.9	−360.56	−121.34	−74.42	−34.88	14.55
2038	420.25	57.93	−191.83	−378.56	−130.37	−81.39	−40.23	12.02
2039	442.73	57.87	−202.85	−395.73	−138.44	−87.37	−44.57	10.58
2040	468.46	58.89	−213.02	−412.13	−145.61	−92.4	−47.92	10.2
2041	492.13	61.07	−224.28	−434.23	−152.85	−96.95	−50.46	10.92
2042	515.59	64.07	−233.65	−453.96	−158.43	−100.02	−51.71	12.69
2043	538.72	67.69	−241.39	−471.55	−162.6	−101.87	−51.9	15.3
2044	561.66	71.82	−247.73	−487.26	−165.58	−102.7	−51.21	18.6
2045	584.62	76.39	−252.85	−501.29	−167.5	−102.62	−49.75	22.52
2046	612.64	82.14	−259.18	−518.74	−169.95	−102.58	−47.96	27.29
2047	641.87	89.13	−263.93	−534.65	−170.85	−101.06	−44.75	33.43
2048	672.55	97.45	−267.14	−549.19	−170.22	−98.03	−40.08	41.01
2049	705.13	107.23	−268.88	−562.56	−168.05	−93.45	−33.88	50.13
2050	740.05	118.7	−269.12	−574.98	−164.24	−87.19	−26	61.02

注：最高方案为“老人”综合消费相对水平保持不变，“新人”衣食医相对消费水平保持不变；中等方案为“老人”衣食医相对消费水平保持不变，“新人”衣食相对消费水平保持不变；较低方案为“老人”衣食相对消费水平保持不变，“新人”食品相对消费水平保持不变；最低方案为“老人”食品相对消费水平保持不变，“新人”仅获得绝对消费水平的保障。

附表 23　个体工商户缴费率 15%情况下的各调整指数方案的中国统筹养老金基金比（%）

年份	无指数调整	不同群体无差异调整指数			不同群体采用有差异的调整指数			
		CPI	CPI＋0.5g_W	CPI＋g_W	最高方案	中等方案	较低方案	最低方案
2001								
2002	15.08	14.8	14.47	14.15	14.53	14.6	14.66	14.7
2003	35.24	32.25	28.77	25.55	29.4	30.1	30.78	31.19
2004	59.02	51.1	42.07	33.91	43.71	45.52	47.27	48.36
2005	84.58	69.91	53.45	38.87	56.45	59.72	62.9	64.92
2006	95.63	75.85	53.98	34.92	57.97	62.3	66.52	69.25
2007	140.52	109.85	76.21	47.21	82.38	89.03	95.49	99.76
2008	182.29	140.06	94.05	54.78	102.54	111.62	120.43	126.35
2009	219.83	165.81	107.28	57.76	118.15	129.69	140.85	148.51
2010	252.85	187.05	116.09	56.56	129.37	143.35	156.83	166.27
2011	249.15	180.59	107	45.75	120.88	135.36	149.28	159.25
2012	288.28	204.92	117.61	44.76	134.29	151.48	167.94	179.95
2013	322.73	224.5	124.48	40.93	143.81	163.53	182.3	196.28
2014	352.5	239.62	127.92	34.53	149.76	171.8	192.67	208.53
2015	377.69	250.61	128.25	25.86	152.45	176.61	199.39	217.04
2016	356.92	230.64	112.38	13.54	136.03	159.39	181.3	198.65
2017	379.76	238.44	109.45	1.61	135.56	161.06	184.85	204.1
2018	397.78	242.64	104.15	−11.7	132.54	159.94	185.35	206.38
2019	410.61	243.17	96.57	−26.25	127.01	156.04	182.8	205.45
2020	418.25	240.2	86.87	−41.84	119.12	149.51	177.36	201.45
2021	424.05	236.1	76.12	−59.06	110.28	142.05	170.95	196.53
2022	424.93	228.32	63.18	−76.78	98.94	131.77	161.43	188.31
2023	423.08	218.65	49.35	−94.19	86.48	120.15	150.39	178.44
2024	418.99	207.39	34.69	−111.49	73.02	107.38	138.04	167.16
2025	412.95	194.73	19.24	−128.85	58.61	93.53	124.5	154.61
2026	406.95	182.03	3.01	−148.36	43.7	79.34	110.75	141.98

续表

年份	无指数调整	不同群体无差异调整指数			不同群体采用有差异的调整指数			
		CPI	CPI＋0.5g_w	CPI＋g_w	最高方案	中等方案	较低方案	最低方案
2027	401.64	169.02	－13.5	－167.35	28.44	64.77	96.6	129.01
2028	397.39	155.96	－30.28	－186.15	12.91	49.95	82.24	115.9
2029	394.99	143.23	－47.27	－205.03	－2.75	35.09	67.93	102.97
2030	395.22	131.26	－64.33	－224.24	－18.32	20.47	53.99	90.61
2031	381.33	114.9	－77.34	－231.61	－31.92	6.1	38.88	75.54
2032	398.15	110.79	－90.35	－250.35	－42.4	－2.66	31.41	70.4
2033	416.35	106.94	－102.91	－268.32	－52.48	－11.08	24.26	65.58
2034	435.32	103.31	－114.94	－285.44	－62.11	－19.1	17.45	61.04
2035	453.21	99.63	－126.46	－302.09	－71.3	－26.77	10.9	56.62
2036	430.26	97.49	－139.54	－321.37	－81.45	－34.84	4.47	53.04
2037	449.32	96.51	－151.65	－339.82	－90.56	－41.84	－0.86	50.62
2038	471.39	96.62	－162.83	－357.47	－98.7	－47.82	－5.15	49.29
2039	496.55	97.79	－173.15	－374.31	－105.92	－52.84	－8.45	49.01
2040	524.97	100.03	－182.64	－390.4	－112.26	－56.94	－10.79	49.78
2041	550.75	103.43	－192.97	－411.88	－118.47	－60.39	－12.2	51.71
2042	576.09	107.52	－201.5	－431.05	－123.12	－62.48	－12.42	54.57
2043	600.92	112.12	－208.48	－448.13	－126.44	－63.43	－11.69	58.16
2044	625.43	117.14	－214.12	－463.37	－128.63	－63.43	－10.15	62.36
2045	649.87	122.54	－218.58	－476.96	－129.82	－62.58	－7.9	67.12
2046	679.84	129.46	－223.98	－493.77	－131.24	－61.47	－5.01	73.08
2047	710.97	137.62	－227.8	－509.03	－131.12	－58.86	－0.69	80.39
2048	743.55	147.09	－230.08	－522.89	－129.45	－54.75	5.08	89.15
2049	778.05	158.06	－230.85	－535.57	－126.21	－49.06	12.41	99.48
2050	814.95	170.77	－230.07	－547.24	－121.28	－41.64	21.48	111.64

注：最高方案为“老人”综合消费相对水平保持不变，“新人”衣食医相对消费水平保持不变；中等方案为“老人”衣食医相对消费水平保持不变，“新人”衣食相对消费水平保持不变；较低方案为“老人”衣食相对消费水平保持不变，“新人”食品相对消费水平保持不变；最低方案为“老人”食品相对消费水平保持不变，“新人”仅获得绝对消费水平的保障。

附表 24　个体缴费 20%及覆盖率和遵缴率分段提高下不同调整指数的统筹基金比（%）

年份	无指数调整	不同群体无差异调整指数			不同群体采用有差异的调整指数			
		CPI	CPI+0.5g_W	CPI+g_W	最高方案	中等方案	较低方案	最低方案
2001								
2002	19.28	18.92	18.49	18.08	18.57	18.66	18.74	18.79
2003	43.62	40.33	36.5	32.96	37.2	37.97	38.72	39.18
2004	71.49	62.94	53.17	44.33	54.95	56.9	58.8	59.98
2005	100.9	85.18	67.52	51.85	70.74	74.26	77.67	79.84
2006	112.88	91.8	68.43	48.03	72.7	77.33	81.84	84.75
2007	162.05	129.53	93.78	62.92	100.35	107.42	114.29	118.82
2008	207.65	163.01	114.29	72.62	123.3	132.92	142.24	148.52
2009	248.61	191.62	129.77	77.34	141.29	153.49	165.28	173.38
2010	284.65	215.35	140.49	77.53	154.53	169.28	183.5	193.47
2011	279.69	207.57	130.01	65.3	144.68	159.94	174.61	185.13
2012	322.22	234.57	142.76	65.99	160.35	178.44	195.72	208.38
2013	359.72	256.49	151.49	63.58	171.84	192.54	212.23	226.94
2014	392.2	273.63	156.51	58.37	179.48	202.59	224.46	241.13
2015	419.79	286.37	158.19	50.69	183.62	208.94	232.78	251.31
2016	396.52	263.98	140.17	36.45	165.01	189.47	212.39	230.6
2017	421.81	273.58	138.61	25.52	166.03	192.71	217.57	237.78
2018	441.9	279.26	134.44	13.03	164.24	192.89	219.43	241.49
2019	456.38	280.96	127.74	−0.9	159.68	190.02	217.96	241.71
2020	465.28	278.85	118.69	−16.06	152.51	184.26	213.31	238.57
2021	472.33	275.7	108.72	−32.65	144.54	177.7	207.81	234.62
2022	475.87	269.96	97.43	−49.08	134.97	169.27	200.2	228.41
2023	476.31	261.97	84.91	−65.52	123.94	159.17	190.71	220.2
2024	474.17	252.09	71.28	−82.12	111.63	147.6	179.62	210.27
2025	469.8	240.55	56.59	−98.99	98.11	134.71	167.1	198.83
2026	465.48	229.06	41.31	−117.8	84.25	121.63	154.47	187.43

续表

年份	无指数调整	不同群体无差异调整指数			不同群体采用有差异的调整指数			
		CPI	CPI＋0.5g_w	CPI＋g_w	最高方案	中等方案	较低方案	最低方案
2027	461.94	217.21	25.6	−136.28	69.92	108.06	141.37	175.61
2028	459.59	205.31	9.55	−154.68	55.26	94.2	128.03	163.64
2029	459.3	193.8	−6.73	−173.24	40.48	80.31	114.75	151.89
2030	461.92	183.19	−23.05	−192.15	25.84	66.74	101.96	140.83
2031	447.72	165.9	−37.25	−200.8	11.12	51.3	85.81	124.8
2032	468.41	163.77	−48.96	−218.78	2.14	44.16	80.07	121.57
2033	490.38	161.78	−60.36	−236.1	−6.59	37.24	74.52	118.51
2034	512.9	159.83	−71.38	−252.7	−15	30.56	69.15	115.58
2035	533.86	157.56	−82.02	−268.9	−23.17	24.03	63.81	112.52
2036	566.93	157	−93.74	−287.47	−31.7	17.75	59.31	111.09
2037	602.38	158.48	−104.55	−305.27	−39.27	12.47	55.83	110.74
2038	640.08	160.72	−114.51	−322.31	−45.93	8.14	53.33	111.41
2039	680.2	163.96	−123.65	−338.59	−51.72	4.71	51.75	113.08
2040	723.03	168.23	−132.01	−354.17	−56.68	2.17	51.1	115.75
2041	757.4	173.68	−140.79	−374.63	−61.18	0.54	51.58	119.69
2042	789.44	179.62	−147.92	−392.86	−64.26	0.1	53.06	124.37
2043	819.35	185.87	−153.62	−409.09	−66.16	0.64	55.33	129.6
2044	847.66	192.39	−158.09	−423.54	−67.05	2.01	58.27	135.3
2045	874.9	199.18	−161.47	−436.41	−67.02	4.14	61.84	141.46
2046	908.52	208.08	−165.31	−452.14	−66.72	7.07	66.59	149.39
2047	942.55	218.17	−167.59	−466.31	−64.89	11.46	72.74	158.66
2048	977.43	229.59	−168.31	−479.07	−61.5	17.38	80.35	169.38
2049	1013.82	242.55	−167.47	−490.58	−56.48	24.92	89.58	181.74
2050	1052.33	257.33	−164.99	−501.01	−49.68	34.29	100.63	196

注：最高方案为“老人”综合消费相对水平保持不变，“新人”衣食医相对消费水平保持不变；中等方案为“老人”衣食医相对消费水平保持不变，“新人”衣食相对消费水平保持不变；较低方案为“老人”衣食相对消费水平保持不变，“新人”食品相对消费水平保持不变；最低方案为“老人”食品相对消费水平保持不变，“新人”仅获得绝对消费水平的保障。

参考文献

1. 穆怀中. 国民财富与社会保障收入再分配. 北京：中国劳动社会保障出版社，2003
2. 穆怀中. 中国社会保障适度水平研究. 沈阳：辽宁大学出版社，1998
3. 穆怀中. 社会保障国际比较. 北京：中国劳动社会保障出版社，2002
4. 厉以宁等. 西方福利经济学述评. 北京：商务印书馆，1984
5. 钟仁耀. 养老保险改革国际比较研究. 上海：上海财经大学出版社，2004
6. 陈佳贵. 中国社会保障发展报告 1997—2001. 北京：社会科学出版社，2001
7. 薛微. 统计分析与 SPSS 的应用. 北京：中国人民大学出版社，2001
8. 邹根宝. 社会保障制度——欧盟国家的经验与改革. 上海：上海财经大学出版社，2001
9. 王晓军. 社会保障精算原理. 北京：中国人民大学出版社，2000
10. 成思危. 中国社会保障体系的改革与完善. 北京：民主与建设出版社，2000
11. 曾湘泉，郑功成. 收入分配与社会保障. 北京：中国劳动社会保障出版社，2002
12. 郑功成. 中国社会保障制度变迁与评估. 北京：中国人民大学出版社，2002

13. 朱青. 养老金制度的经济分析与运作分析. 北京：中国人民大学出版社，2002
14. 李绍光. 养老金制度与资本市场. 北京：中国发展出版社，1998
15. 和春雷. 社会保障制度的国际比较. 北京：法律出版社，2001
16. 和春雷等. 当代德国社会保障制度. 北京：法律出版社，2001
17. 高鸿业. 西方经济学. 北京：中国人民大学出版社，2001
18. 郭伟合. 福利经济学. 北京：经济管理出版社，2001
19. 李珍. 社会保障制度与经济发展. 武汉：武汉大学出版社，2001
20. 劳动和社会保障部社会保险研究所. 世纪抉择——中国社会保障体系构架. 北京：中国劳动社会保障出版社，2000
21. [英] 尼古拉斯·巴尔. 福利国家经济学. 北京：中国劳动社会保障出版社，2003
22. [英] 尼古拉斯·巴尔. 福利经济学前沿问题. 北京：中国税务出版社，2000
23. [丹] 考斯塔·艾斯平—安德森. 福利资本主义的三个世界. 北京：法律出版社，2003
24. [美] 马歇尔·N·卡特，威廉·G·希普曼. 信守承诺——美国养老社会保险制度改革思路. 北京：中国劳动社会保障出版社，2003
25. [美] 曼昆. 经济学原理. 北京：北京大学出版社，1999
26. [美] 曼昆. 宏观经济学. 北京：中国人民大学出版社，2000
27. [美] 古扎拉蒂. 计量经济学. 北京：中国人民大学出版社，2000
28. [澳] 黄有光. 福利经济学. 北京：中国友谊出版公司，1991
29. [印] 阿马蒂亚·森. 集体选择与社会福利. 上海：上海科学技术出版社，2004
30. 劳动部课题组. 中国社会保障体系的建立与完善. 北京：中国经济出版社，1994
31. 林义. 社会保险基金管理. 北京：中国劳动社会保障出版社，2001
32. 齐海鹏等. 社会保障基金管理研究. 大连：东北财经大学出版社，

2002

33. 郑秉文. 当代东亚国家、地区社会保障制度. 北京：法律出版社，2001
34. 王晓军. 中国养老保险制度及其精算评价. 北京：经济科学出版社，2000
35. [美] 劳伦斯·汤普森. 老而弥智——养老保险经济学. 北京：中国劳动社会保障出版社，2003
36. 齐良书. 发展经济学. 北京：中国发展出版社，2002
37. 科林·吉列恩等. 全球养老保障——改革与发展. 北京：中国劳动社会保障出版社，2002
38. 李子奈. 计量经济学——方法和应用. 北京：清华大学出版社，2000
39. 李子奈. 计量经济学. 北京：高等教育出版社，2000
40. [美] 达莫达尔·N·古亚拉提. 经济计量学精要. 北京：机械工业出版社，2005
41. [美] 尼尔·吉尔伯特. 社会福利的目标定位——全球发展趋势与展望. 北京：中国劳动社会保障出版社，2004
42. 吴敬琏. 比较（6）. 北京：中信出版社，2003
43. 吴敬琏. 比较（10）. 北京：中信出版社，2004
44. 卢现祥. 西方新制度经济学. 北京：中国发展出版社，2003
45. [美] 约翰·B·威廉姆森，弗雷德·C·帕姆佩尔. 养老保险比较分析. 北京：法律出版社，2002
46. 杨云彦. 人口、资源与环境经济学. 北京：中国经济出版社，1999
47. 阎坤. 中国养老保障制度研究. 北京：中国社会科学出版社，2000
48. 朱庆芳，吴寒光. 社会指标体系. 北京：中国社会科学出版社，2001
49. 邬沧萍. 社会老年学. 北京：中国人民大学出版社，1999
50. 张晓峒. 精量经济学软件 Eviews 使用指南. 天津：南开大学出版

社，2003
51. 詹姆斯·A·道等. 发展经济学的革命. 上海：上海人民出版社，2000
52. 丁开杰. 社会保障体制改革. 北京：社会科学文献出版社，2004
53. 平新乔. 微观经济学十八讲. 北京：北京大学出版社，2001
54. 王志凯. 比较福利经济分析. 杭州：浙江大学出版社，2004
55. 吴康平. 高级微观经济学. 北京：清华大学出版社，1999
56. 陈银娥. 现代社会的福利制度. 北京：经济科学出版社，2000
57. [美] 杰拉尔德·M·梅尔等. 经济发展的前沿问题. 上海：上海人民出版社，2004
58. 王志凯. 比较福利经济学分析. 杭州：浙江大学出版社，2004
59. 宋承先. 现代西方经济学. 上海：复旦大学出版社，1997
60. [美] 哈尔·R·范里安. 微观经济学：现代观点. 上海：上海人民出版社，1994
61. [美] 安塞尔·M·夏普等. 社会问题经济学. 北京：中国人民大学出版社，2003
62. 财经杂志编辑部. 转型中国. 北京：社会科学文献出版社，2003
63. 楚军红. 通货膨胀与中国的人寿保险. 北京：北京大学出版社，1997
64. 田小宝. 民生与国运——关于中国劳动和社会保障问题的观察与思考. 北京：中国劳动社会保障出版社，2004
65. [荷] 汉斯·范登·德尔，本·范·韦尔瑟芬. 民主与福利经济学. 北京：中国社会科学出版社，1999
66. [美] 阿瑟·奥肯. 平等与效率. 北京：华夏出版社，1999
67. [美] 威廉姆·H·怀特科，罗纳德·C·费德里科. 当今世界的社会福利. 北京：法律出版社，2003
68. 谢识予. 经济博弈论. 上海：复旦大学出版社，2002
69. [印] 阿马蒂亚·森. 集体选择与福利经济. 上海：上海科学技术

出版社，2004
70. 孙光德，董克用. 社会保障概论. 北京：中国人民大学出版社，2004
71. 高培勇，崔军. 公共部门经济学. 北京：中国人民大学出版社，2001
72. ［美］N·格里高利·曼昆. 宏观经济学. 北京：中国人民大学出版社，2002
73. 林毅夫. 论经济学方法. 北京：北京大学出版社，2005
74. ［英］萨拉·科诺里，阿里斯泰尔·曼洛. 公共部门经济学. 北京：中国财政经济出版社，2003
75. 胡家勇. 转型经济学. 合肥：安徽人民出版社，2003
76. 辽宁大学人口研究所课题组. 人口老龄化与养老保障研究. 北京：2003
77. 柳清瑞. 中国养老金替代率适度水平研究（博士论文）. 2003
78. 王立军. 养老金缺口财政支付能力研究（博士论文）. 2005
79. 米红，邱晓雷. 中国城镇社会养老保险替代率评估方与实证研究——兼论不同收入群体替代率的比较. 数量经济技术经济研究. 2005，2：12～18
80. 谭湘渝，樊国昌. 中国养老保险制度未来偿付能力的精算预测与评价. 人口与经济. 2004，1：55～58
81. 程永宏. 现收现付与人口老龄化关系定量分析. 经济研究. 2005，3：57～67
82. 邱长溶等. 中国可持续社会养老保险的综合评价体系和实证分析. 中国人口·资源与环境. 2004，3：27～31
83. 李珍. 养老社会保险的平衡问题分析. 中国软科学. 1999，12：19～23
84. 王晓军. 对我国养老金制度债务水平的估计与预测. 预测. 2002，1：29～32，40

85. 黎文武，唐代盛. 弹性退休制度与养老保险保障制度整合初论. 西北人口. 2004，3：39～42
86. 何新华. 养老保险体制改革成本的最小化研究. 社会保障制度. 2001，6：7～16
87. 郑秉文. 社会保障制度改革的一个政策工具：目标定位. 中央财经大学学报. 2004，8：42～46
88. 李珍. 缴费基数对收支平衡的影响. 中国社会保障. 2000，3：10～11
89. 胡晓义. 养老金替代率三题. 中国劳动保障报. 2001-11-29
90. 边恕. 日本公共年金的支付危机与养老保险制度改革. 日本研究. 2003，3：7～13
91. 王晓军. 对我国城镇企业养老保险改革的若干思考. 人口研究. 1997，5：13～18
92. 赵宇. 中国养老保险隐性债务问题研究. 山东经济. 2003，3：33～35
93. 王洪春，申越魁. 社会保障与国际经济竞争力研究. 经济与管理. 2003，7：19～20
94. 柳清瑞，穆怀中. 养老金替代率的精算模型与分析. 中国社会保障. 2003，9：15～16
95. 封进. 公平与效率的交替和协调——中国养老保险制度的再分配效应. 世界经济文汇. 2004，1：24～30
96. 林义. 西方国家社会保险改革的制度分析及其启示. 学术月刊. 2001，5：29～35
97. 杨艳琳. 西方社会保障理论的发展. 华中师范大学学报（人文社科版）. 2001，2：24～27
98. 张莉. 论养老保险的替代率. 现代经济探讨. 2002，4：21～23
99. 邱东等. 养老金替代率水平及其影响研究. 财经研究. 1999，1：30～32

100. 任保平．当代西方社会保障经济理论的演变及其评析．陕西师范大学学报（哲社版）．2001，2：47～53
101. 杨翠迎，何文炯．社会保障水平与经济发展的适应性关系研究．公共管理学报．2004，1：79～85
102. 张永清．正确认识当前基本养老保险费率和工资替代率．中国劳动保障报．2000，11：7
103. 程乐华．企业离退休人员养老待遇问题的透视与矫正．南昌大学学报（社会科学版）．1997，4：76～80
104. 穆怀中等．城镇老年人口养老金需求预测分析．党政干部学刊．2003，2：22～23：26
105. 郑功成．中国养老保险制度的未来发展．劳动保障通讯．2003，3：22～27
106. 何文炯等．职工平均工资的困惑．统计研究．2004，11：31～34
107. 柳清瑞，苗红军．基于部分积累制的养老金替代率水平研究．市场与人口分析．2003，4：32～37，10
108. 方卫东等．社会保障制度中贫困线和贫困率的测算．上海经济研究．2001，2：63～66
109. 林治芬．中国养老社会保险最终目标与现实路径选择．当代财经．2003，12：33～36
110. 刘海宁，穆怀中．辽宁省养老保障地方财政支持能力研究．辽宁大学学报（哲社版）．2003，6：114～118
111. 何平．中国养老保险基金测算报告．社会保障制度．2001，3：3～10
112. ［日］藤田桂子．中日老年社会保障问题比较．中国工业经济．2001，10：10～14
113. 郑秉文，史寒冰．东亚国家或地区养老社会保障模式比较．世界经济与政治．2001，8：32～37
114. 丁建定．20 世纪 80 年代以来瑞典的社会保障制度改革．国际论

坛. 2003，5：72～77

115. 费天保等. 养老保险基金缺口透视. 劳动月刊. 2003，9：32～35

116. 贾康，杨良初. 可持续养老保险体制的财政条件. 管理世界. 2001，3：53～60

117. 陆解芬，张秀莲. 对养老保险基金节支措施的研究. 税务与经济. 2001，4：66～68

118. 邓大松. 中国养老社会保险基金敏感性实证研究. 经济科学. 2001，6：13～20

119. 卢元. 论老龄化过程中我国城镇职工养老保险的可持续发展. 人口学刊. 2000，4：27～30

120. 蒋兆才. 增强养老保险基金支撑能力的思考. 经济问题探索. 2003，12：17～20

121. 班茂盛，朱连忠. 城市人口老龄化对养老保险筹资模式的影响及政策建议. 浙江大学学报（人文社会科学版）. 2003，11：73～78

122. 马国强，李吉利. 养老保险多层次互动. 中南财经政法大学学报. 2004，4：130～134

123. 黄余国. 工资与物价关系再研究. 华东交通大学学报. 2000，4：91～94

124. 洪兴建. 养老保险的指标分析及中国养老保险的政策建议. 财贸研究. 2002，2：48～52

125. 何文炯等. 企业职工基本养老保险预警系统初探. 浙江社会科学. 2002，4：179～181

126. ［美］麦可·凯伦，程杭生. 国外经验与中国退休改革. 社会保障制度. 2002，9：3～10

127. ［美］约翰·B·威廉姆森，孙策. 中国养老保险制度改革：从FDC层次向NDC层次转换. 经济社会体制比较. 2004，3：71～77，42

128. 仇雨临. 欧盟国家社会保障制度的主要问题与改革. 社会保障制

度. 2001，3：11～14

129. 冯兰瑞. 社会保障社会化与养老基金省级统筹. 中国社会保障. 2002，10：54～57

130. 茅于轼. 我国养老金改革的经济和非经济分析. 浙江社会科学. 2002，3：33～37

131. 李珍，万明国. 中国过渡期社会保障的政策选择分析. 华中科技大学学报（社科版）. 2003，6：16～20

132. 黄贻芳. 论中国养老社会保险的公平与效率. 经济评论. 2002，4：63～69、74

133. 宋旺，钟正生. 我国养老保险中的政企博弈分析. 社会保障制度. 2004，8：24～28

134. 徐延辉. 福利国家的理想与现实. 中国社会学网，http：//www. sociology. cass. cn

135. 袁志刚，宋铮. 人口老龄结构、养老保险制度与最优储蓄率. 经济研究. 2000，11：24～32

136. 岳颂东. 我国人口老龄化趋势及其对策. 社会保障制度. 2001，5：13～17

137. 刘俊霞. 试论养老社会保险制度与经济发展. 贵州财经学院学报. 2003，5：16～20

138. 张松. 论养老基金平衡机制——基于辽宁试点模式对养老基金. 中央财经大学学报. 2003，1：25～28

139. 崔少敏等. 对养老保险测算的两点质疑. 中国社会保障. 2001，4：18～19

140. 俞承璋等. 影响我国养老保险收支平衡的因素分析及对策. 财经研究. 1999，12：26～31

141. 姜向群. 韩国养老保险制度的发展、特点、问题及与中国的比较分析. 社会保障制度. 2003，12：46～51

142. 蒋岳祥. 国外未来养老金形式的发展趋势及其启示. 浙江社会科

学．2002，6：43～47

143. 阎中兴．我国养老保险制度改革：进展、问题及对策．人口与经济．2004，1：51～54

144. 王海东．我国城镇养老保险制度改革方案的对比研究——一种制度设计的可行性研究．市场与人口分析．2003，1：54～62

145. 何平．中国养老保险基金测算报告．社会保障制度．2001，3：3～10

146. 韩立森．从澳大利亚、智利养老保险模式看国家责任．中国改革．2001，5：48～49

147. 王应昌．匈牙利养老保险制度改革情况与启示．劳动理论与实践．2001，1：32～33

148. 王燕等．中国养老金隐性债务、转轨成本、改革方式及其影响——可计算一般均衡分析．社会保障制度．2001，9：39～46

149. 柏杰．养老保险制度安排对经济增长和帕累托有效性的影响．经济科学．2000，1：78～88

150. 郑伟．养老保险制度选择的经济福利比较分析．经济科学．2002，3：74～83

151. 王晓军．对我国养老保险制度财务可持续性的分析．市场与人口分析．2002，2：26～29

152. 郑伟，孙祁祥．中国养老保险制度变迁的经济效应．经济研究．2003，10：75～85

153. 王诚．论社会保障的生民周期及中国的周期阶段．经济研究．2004，3：98～106

154. 李兵等．老龄经济学分析：计量标准和经济状况．人口与经济．2004，4：34～38

155. 穆怀中．养老保险体制改革试点中的关键经济因素分析．中国人口科学．2004，4：44～51

156. 黄丹，席酋民．边际消费倾向递减论．数量经济技术经济研究．

1999，5：16～19

157. 刘长庚，吕志华. 改革开放以来我国居民边际消费倾向的实证研究. 消费经济. 2005，4：45～47

158. 刘大赵. 我国城镇居民边际消费倾向及消费需求收入弹性分析. 商业研究. 2000，9：35～37

159. Martin Feldstein. 1977. Social Security Wealth：the Impact of Alternative Inflation Adjustments,. Working Paper No. 212, NBER Working Paper Series

160. Martin Feldstein. 1980. Pension Funding , Share Prices and National Saing，Working Paper No. 509，NBER Working Paper Series

161. Lawrence H. Summers. 1982. Observations on the Indexation of Old Age Pensions，Working Paper No. 1023，NBER Working Paper Series

162. The Board of Trustees of the United States. 2005. The 2005 Annual Report of Trustees of the Board of Trustees of the Federal Old-Age and Survivors Insurance and Disability Insurance Trust Funds

163. A xel H. BÖrsch-Supan and Christina B. Wilke. 2003. The German Public Pension System：How It Was，How It Will Be

164. Hans Fehr and Christian Habermann. 2004. Pension Reform and Demographic Uncertainty，Würzburg Economic Papers No. 47

165. Congress of the United States Congressional Budget Office. 1982. Financing Social Security：Issues and Options for the Long Run

166. Richard W. Johnson. 1999. The Distributional Implications of Reductions in Social Security COLSA，Urban Institute Brief Series No. 5

167. Messurement Biases in the Consumer Price Idex

168. Congress of the United States Congressional Budget Office. 1981. Paying for Social Security：Funding Options for the Near Term

169. Congress of the United States Congressional Budget Office. 1998. Long-Term Budgetary Pressures and Policy Options

170. Congress of the United States Congressional Budget Office. 1982. Financing Social Security：Issues and Options for the Long Run

171. CBO. 2005. the Future of Social Security

172. CBO. 2001. Uncertainty in Social Security's Long-Term Finance：A Stochastic Analysis

173. Deborah Wilson. 1998. Complying Pensions-to Index or not to Idex，Technical Paper，No. 11

174. Martin Feldstein. 1981. Should Private Pensions Be Indexed? Working Paper No. 787，NBER Working Paper Series

175. Martin Feldstein，Jeffrey Liebman. 2000. The Distributional Effects of an Investiment-Based Social Security System，Working Paper No. 7492，NBER Working Paper Series

176. Martin Feldstein. 1998. Social Security Pension Reform in China，Working Paper No. 6794，NBER Working Paper Series

177. Kent Smetters. 2002. Controlling the Cost of Minimum Benefit Guarantees in Public Pension Conversions，Working Paper No. 8732，NBER Working Paper Series

178. Jeffrey R. Brown，Mark J. Warshawsky. 2000. Longevity-Insured Retirement Distributions from Pension Plans：Market and Regulatory Issues，SIEPR Discussion Paper No. 00-05

179. Zvi Bodie. 1981. Investment Strategy in an Inflationary Environment，Working Paper No. 02138，NBER Working Paper Series

180. Zvi Bodie. 1980. An Innovation for Stable Real Retirement Income，The Journal of Portfolio Management，9

181. Suzanne Doyle and John Piggott. 2002. Integrating Payouts: Annuity Design and Public Pension Benefits in Manadatory Defined Contribution Plans, PRC WP 2002-17

182. John Creedy and Richard Disney. 1993. The Earnings-Related State Pension, Indexation and Lifetime Redistribution in the U.K., Riview of Income and Wealth, Series 39, Number3

183. Edward Palmer. 2000. The Swedish Pension Reform Model: Framework and Issues, Social Protection Discussions Paper

184. Orazio Attanasio and Susann Rohwedder. 2001. Pension Wealth and Household Saing: Evidence from Pension Reforms in the UK, IFS WP01/21

185. Richard Disney and Carl Emmerson. 2004. Public Pension Reform in the United Kingdom: What Effect on the Financial Well Being of Current and Future Pensioners?

186. Eiji Tajika. 2002. The Public Pension System in Japan-the Consequences of Rapid Expansion, WBI Working Paper Stock No. 37203

187. Colin Brown. 1997. Preservation and the Effectiveness of Retirement Incomes Policy, Conference Paper 97/1

188. Sheetal K. Chand and Albert Jaeger. 1999. Reform Options for Pay-As-You-Go Public Pension Systems, Social Protection Discussion Paper Series No. 9927

189. Vincenzo Galasso and Paola Profeta. 2004. Lessons for an Ageing Society: the Political Sustainability of Social Security Systems, Poletics, Ageing and Pensions, 5

190. Colin Gillion and John Turner. 2000. Social Security Pensions Development and Reform. International Labour 498, 550